amor seguro

julie menanno

amor seguro

COMO CRIAR RELACIONAMENTOS PARA A VIDA TODA

Tradução
LÍGIA AZEVEDO

Copyright © 2025 by The Secure Relationship, LLC

O selo Fontanar foi licenciado para a Editora Schwarcz S.A.

Grafia atualizada segundo o Acordo Ortográfico da Língua Portuguesa de 1990, que entrou em vigor no Brasil em 2009.

TÍTULO ORIGINAL Secure Love: Create a Relationship That Lasts a Lifetime

CAPA Alceu Chiesorin Nunes e Ale Kalko

IMAGEM DE CAPA Caroline Bogo

IMAGENS DE MIOLO NataliaMalikova@Dreamstime.com

PREPARAÇÃO Ana Clara Werneck

ÍNDICE REMISSIVO Gabriella Russano

REVISÃO Natália Mori e Ingrid Romão

Dados Internacionais de Catalogação na Publicação (CIP)
(Câmara Brasileira do Livro, SP, Brasil)

Menanno, Julie
  Amor seguro : Como criar relacionamentos para a vida
toda / Julie Menanno ; tradução Lígia Azevedo. — Iª ed. —
São Paulo : Fontanar, 2025.

  Título original : Secure Love : Create a Relationship That
Lasts a Lifetime
  ISBN 978-65-84954-58-8

  I. Casais – Aspectos psicológicos 2. Comportamento
de apego 3. Comunicação interpessoal 4. Relações interpessoais I. Título.

24-224876   CDD-646.78

Índice para catálogo sistemático:
I. Casais : Relacionamentos : Vida familiar   646.78

Cibele Maria Dias – Bibliotecária – CRB-8/9427

Todos os direitos desta edição reservados à
EDITORA SCHWARCZ S.A.
Rua Bandeira Paulista, 702, cj. 32
04532-002 — São Paulo — SP
Telefone: (11) 3707-3500
facebook.com/Fontanar.br
instagram.com/editorafontanar

Para meu marido, Mario, e meus filhos,
John, Clare, Kate, Meg, Sophie e Lizzie

O amor é um processo constante de sintonia, conexão, leitura correta ou equivocada de sinais, desconexão, conserto e busca de uma ligação mais profunda. É uma dança que envolve se aproximar e se distanciar, depois voltar a se encontrar. Minuto a minuto e dia a dia.

Sue Johnson

Sumário

Introdução 13

PARTE I: COMPREENDENDO SUAS NECESSIDADES

1. O problema por trás do problema 25
2. Entendendo a teoria do apego 42
3. Identificando seu estilo de apego 71

PARTE II: COMPREENDENDO VOCÊ EM CONFLITOS —
E COMO SE RECUPERAR

4. Qual é o seu ciclo negativo? 119
5. Interrompendo o ciclo negativo 144
6. Impedindo o ciclo negativo 178
7. Pedindo e respondendo 217
8. Reparação do ciclo negativo 241
9. Feridas de apego e reparação 262

PARTE III: CONSIDERAÇÕES NO MUNDO REAL

10. Intrusos manejáveis 281
11. O fator sexo 296
12. Quando você não vê resultados 317
13. Em vez disso, faça isso 337

Conclusão 371

Apêndice 383
Agradecimentos 403
Notas 407
Índice remissivo 409

Aviso: Este livro foi escrito para ajudar casais em dificuldades a curar seu relacionamento. No entanto, seu conteúdo não é apropriado ou seguro para pessoas em relações abusivas. Um relacionamento é considerado abusivo e inseguro quando uma das partes tenta exercer poder e controle sobre a outra por meio de violência física, manipulação emocional, abuso verbal, coerção sexual, restrição financeira, isolamento e/ou intimidação. Se você está em um relacionamento abusivo, desconfia de que esteja ou quer saber mais sobre a definição de abuso, é altamente recomendado que procure aconselhamento profissional. Se precisar de ajuda para determinar se está em um relacionamento abusivo ou de direcionamento quanto ao que fazer, no Brasil você pode ligar para a Central de Atendimento à Mulher (180), que atende 24 horas por dia.

Introdução

eu te vejo

eu te ouço

sou confiável

estou do seu lado

eu te vejo

eu te ouço

Que cara tem um relacionamento saudável?

Muitos de nós já se perguntaram isso, mas quero que você esqueça essa pergunta para sempre. Em vez disso, se pergunte: "Qual é a *sensação* de estar em um relacionamento com *apego seguro*?".

Se você não sabe o que é um relacionamento com apego seguro e muito menos qual a sensação de estar em um, tudo bem. É por isso que estamos aqui. Ao fim deste livro, você saberá mais sobre o assunto e, o mais importante, qual é a sensação de estar em um relacionamento que de fato satisfaz. Você não precisará se questionar se um relacionamento está funcionando porque terá a resposta dentro de si. Se não estiver funcionando, você aprenderá o que precisa mudar e o que fazer para isso acontecer. Se estiver enfrentando dificuldades, não terá que se perguntar: "É ele/a/u ou sou eu? Ou somos incompatíveis?"; você será capaz de fazer distinções claras, que lhe darão as ferramentas necessárias para promover a mudança.

No nível mais profundo, *todos* os seres humanos têm as mesmas necessidades básicas de desfrutar do senso sentido de segurança e proximidade com as pessoas que amam. Independente de personalidades, inseguranças e desejos, todos falamos a mesma língua e cada um de nós pode aprender a trabalhar sua própria programação para conquistar a harmonia pela qual ansiamos, mesmo que não tenhamos conseguido encontrá-la sozinhos. Essa verdade se aplica a quem não está em um relacionamento e procura um, a quem está em um relacionamento que enfrenta dificuldades há anos ou décadas, a quem acabou de terminar um relacionamento e está atrás de respostas ou a quem se encontra em qualquer lugar intermediário.

Se todos temos as mesmas necessidades nos relacionamentos, por que o amor e o romance são tão complicados? A verdade é que não precisa ser assim. Só que vivemos em um mundo onde é raro uma pessoa estar em sintonia com suas maiores necessidades, que também são as mais básicas. A maior parte de nós nunca aprendeu a nomear suas demandas, nunca aprendeu a percebê-las no nível físico em que ocorrem. Sem essa consciência e sem esse vocabulário, é difícil comunicar suas necessidades de maneira precisa e autêntica a outra pessoa. E é igualmente difícil demonstrar compreensão quanto às necessidades da outra parte, mesmo quando se quer desesperadamente isso, se a pessoa não consegue expressá-las com precisão e autenticidade.

Por exemplo, pense em quantas vezes um amigo já te perguntou: "Você se sente emocionalmente validada em nosso relacionamento?". Provavelmente nenhuma. No entanto, a validação emocional talvez seja (junto com a compreensão) o elemento mais importante de uma relação verdadeiramente satisfatória. E, se uma alma iluminada tivesse perguntado sobre sua percepção dessa validação emocional, talvez você nem soubesse como responder.

Sentir-se emocionalmente validada é uma necessidade de apego — é uma em meio a um bocado de necessidades de apego essenciais em um relacionamento. Para explicar essas necessidades, gosto de começar com a frase "Para me sentir próxima de você, preciso...". Por exemplo: "Para me sentir próxima de você, preciso me sentir validada"; "Para me sentir próxima de você, preciso saber que você me valoriza e enxerga meus esforços"; "Para me sentir próxima de você, preciso saber que você me respeita e me valoriza"; "Para me sentir próxima de você, preciso saber que minhas necessidades importam para você"; ou "Para me sentir próxima de você, preciso saber que você me entende". Vamos falar em detalhes sobre necessidades de apego mais adiante; no momento, é importante saber que cada parte deve ter o *senso sentido* de que suas necessidades de apego estão sendo atendidas para que o relacionamento seja próximo, satisfatório e harmonioso.

Mas o que exatamente é o "senso sentido"? Pense da seguinte maneira: você não apenas *sabe* que está com fome, você *sente* a fome. Seu cérebro e seu corpo trabalham juntos: seu corpo sente o que seu cérebro chama de "fome". Desde que aprendeu a falar, você é capaz de nomear sua sensação de fome porque te ensinaram, repetidamente, a associar a palavra "fome" com a sensação que ela causa. Assim, você não tem nenhuma dificuldade de dizer "Estou com fome" e a partir disso criar um plano para sentir o oposto: saciedade. A mesma lógica se aplica às necessidades de apego. Se você teve a sorte de crescer com adultos relativamente sábios em termos emocionais, eles foram capazes de reconhecer seu senso sentido de dor emocional associada a angústia e te ajudar a aprender a nomear experiências, da mesma maneira que ensinaram você a relacionar a *sensação* de fome com a *palavra* correspondente. Eles podem ter dito: "Você está chateada? Você não sabe que é importante para mim?", ou "Você sente que não estou te entendendo?". Se isso não aconteceu com você, no entanto, saiba que não está só.

Embora você possa não ser capaz de nomear suas necessidades de apego no nível consciente, seu sistema nervoso, a parte mais primitiva de quem você é, sabe *exatamente* quais são, e vai oferecer uma resposta fisiológica forte quando elas não forem atendidas — seu corpo pode ficar tenso, sua respiração e seus batimentos cardíacos podem acelerar. Da mesma maneira, quando suas necessidades de apego *são* atendidas, seu sistema nervoso responderá com paz e tranquilidade (ou pelo menos com ausência de tensão), sinalizando que você está a salvo e em segurança. Isso é bom.

A teoria do apego vê todos os comportamentos dentro de uma relação como tentativas de vivenciar, manter, ganhar ou recuperar proximidade e segurança com as pessoas que amamos. Em um ambiente de apego inseguro, o comportamento disfuncional dentro da relação é uma tentativa equivocada de atender a necessidades de apego. Quando suas demandas são atendidas, você se sente em segurança, o que cria um ambiente seguro no relacionamento. Por trás de cada briga, discussão, gelo, comportamento passivo-agressivo e ataque há uma necessidade de apego não atendida. Você aprenderá mais sobre essas tentativas equivocadas ao longo deste livro — e começará a entender por que companheiros/as/es gritam para tentar fazer com que você se aproxime, ou por que se fecham durante uma discussão na tentativa de proteger o relacionamento. Não estou desculpando ou apoiando esses comportamentos, porém compreendê-los sob a ótica do apego é a chave para encontrar maneiras melhores de alcançar os mesmos objetivos.

Este livro, no entanto, envolve muito mais do que saber como problemas de apego afetam nossos relacionamentos. No fim das contas, ele é sobre aprender a fazer o que é preciso para criar um relacionamento mais saudável; funciona como uma terapia de casal, pensada para guiar pessoas da mesma forma que faço nos meus atendimentos no consultório. Você pode se beneficiar desta leitura mesmo que não esteja em uma relação? Claro que sim. Este conteúdo é universal. Se você não estiver em um relacionamento, use as informações para compreender como suas experiências de apego na infância se fizeram notar em relacionamentos passados e/ou como podem vir a se manifestar no futuro. Você também pode usar esta obra para melhorar seu relacionamento consigo mesma. Afinal, este e o autocuidado estão ligados à saúde da sua relação com outras pessoas tanto quanto se conectam ao trabalho de desenvolvimento pessoal. Você pode usar essas informações como guia para saber mais sobre o que você quer de uma futura outra parte e sobre como oferecer a ela sua melhor versão. Quer você esteja ou não em um relacionamento, pense neste livro como um manual cujas instruções foram orientadas pela teoria do apego. Afinal, *todos* os relacionamentos são influenciados pela energia do apego em algum nível, e, por mais prepotente que possa parecer, acredito de verdade que este livro foi escrito para qualquer pessoa que queira aprender a se relacionar.

Se você cresceu com o *senso sentido* de que suas necessidades eram atendidas por seus cuidadores, na vida adulta provavelmente é atraída por pessoas que sabem como atender às suas necessidades, e sabe como atender às delas. Você faz isso sem nem ter que pensar a respeito: seu sistema nervoso indica o que te traz sensações boas, e você é livre para confiar em si. Tem um apego seguro e se vê em relacionamentos com apego seguro. Para quem se encaixa nessa categoria, este livro vai fornecer detalhes quanto a por que isso acontece e como obter ainda mais satisfação em seu relacionamento. O apego seguro é um espectro — nenhum casal tem um relacionamento perfeito, e às vezes surgem fatores de estresse que dificultam que as duas partes realmente estejam presentes uma para a outra, o que pode impactar o vínculo. Acredito que quanto mais informações a pessoa tem sobre como os relacionamentos funcionam, mais preparada estará para enfrentar os desafios inevitáveis. Creio também que *todos* podemos crescer.

Por outro lado, se você cresceu em um lar onde na maior parte do tempo sentia que não era atendida quando necessário, que não havia espaço para seus sentimentos, que não era valorizada, vista, ouvida, compreendida, validada, ou que era constrangida, e/ou ainda se você sentia que suas necessidades eram sempre deixadas em último lugar, provavelmente procura relacionamentos que fazem com que você se sinta bem no começo, mas que em algum momento acabam levando a diferentes graus de angústia. Nesse caso você tem um apego inseguro, e, junto com seu par com apego inseguro (a maior parte das pessoas com apego inseguro se relaciona com outras que agem da mesma forma), acaba em um relacionamento estagnado. Você provavelmente tem consciência de como esse tipo de relacionamento é doloroso, ainda mais quando começa a ter conflitos e falhas de comunicação. Ao mesmo tempo, você pode não ter muita noção de como é se sentir de outra forma. Mas acredite em mim: você não está só. Estatisticamente falando, pelo menos 50% da população tem apego inseguro.

A boa notícia é que se você tem apego inseguro não precisa passar o resto da vida assim — cheia de gatilhos, aflita, confusa no relacionamento, com um sistema nervoso hiperativo. Você tampouco precisa reprimir seus desejos inatos para se conectar, sentir proximidade e ver suas necessidades naturais de apego serem atendidas. Este livro ajudará você a compreender que tipo de apego inseguro tem, por que e de que modo isso aconteceu, e como passar a um relacionamento seguro consigo e com outra pessoa. Você não precisa mais se sentir só mesmo quando está com alguém, nem como se tivesse defeito irreparável. Você pode encontrar um relacionamento capaz de nutrir e unir. Sei que é verdade porque ajudo casais passando por isso todos os dias.

Quando decidi me tornar terapeuta, estava determinada a não trabalhar com casais. Depois de concluir o mestrado, sentia-me feliz atendendo individualmente, mas precisava cumprir certo número de horas de atendimento a casais para obter uma licença plena. Por isso, marquei minha primeira sessão e me senti meio (tá, muito) desmoralizada; não fazia ideia de como terapia de casal era difícil, de quantas questões era preciso administrar. O lado bom disso foi que me senti desafiada, e é diante de desafios que me saio melhor. Uma semana depois da primeira sessão, peguei um voo de Los Angeles, onde eu morava, para Bozeman, Montana, onde ocorreria um treinamento básico de Terapia Focada nas Emoções (TFE) para casais, método criado pela dra. Sue Johnson que usa a teoria do apego a fim de ajudar casais a atingir o apego seguro.

Embora esse tenha sido o primeiro passo de anos e centenas de horas de treinamento, supervisão individual e prática clínica, voltei a Los Angeles apaixonada pelo trabalho, porque vira o poder e os resultados incríveis de se aplicar a teoria do apego a um relacionamento, fornecendo aos casais as ferramentas e o vocabulário necessários para criar segurança emocional. Em minhas primeiras sessões depois do curso, testemunhei o vínculo que o trabalho com apego pode criar no casal em uma única hora que seja. Percebi quão gratificante era quando um casal saía do meu consultório se sentindo mais próximo e mais seguro do que quando havia entrado. Trabalhar com relacionamentos sob a ótica do apego tornava isso possível.

Depois de voltar para casa desse primeiro treinamento em TFE, comecei a aceitar apenas casais como novos clientes. O objetivo agora era atendê-los em tempo integral.

O que eu mais gosto na TFE é que ela atua tanto na cura no nível pessoal quanto na cura do relacionamento. Trabalhar com casais também me agrada pelo fato de que em vez de mandar para casa clientes que encontrarão a outra parte do relacionamento em uma trajetória de crescimento diferente, como acontece na terapia individual, eu mando para casa duas pessoas com uma experiência compartilhada, uma conexão mais profunda e habilidades de comunicação mais sólidas.

A jornada em que os casais e eu embarcamos ao longo da terapia é similar à trajetória que percorreremos juntos neste livro. Primeiro busco saber sobre o histórico de apego de cada parte. Meu interesse é sobretudo no apego dos relacionamentos da infância. A Parte 1 deste livro tem o intuito de espelhar essa etapa do processo, para que cada pessoa do casal possa entender melhor, sob a ótica do apego, o que cada uma trouxe do passado para o relacionamento. Para que seja ainda mais fácil se identificar com o processo, incluí exemplos de pessoas reais com quem trabalhei (as histórias dos casais e indivíduos sobre quem escrevo são autênticas, embora nomes e detalhes que pudessem identificá-los tenham sido alterados e alguns sejam combinações de dois ou mais casos).

Na Parte 2, aprenderemos como o passado de cada membro do casal se une à sua realidade atual para criar ciclos negativos de comunicação, repetitivos e padronizados. Trataremos do que são esses ciclos negativos de comunicação, como operam e como identificar os seus. Depois abordaremos como prevenir e interromper ciclos negativos, e como se recuperar deles quando for o caso. Apresentarei as ferramentas para criar ambientes propícios ao apego, que reduzirão o conflito, criarão laços inquebráveis e ajudarão a encontrar soluções para os problemas.

Na Parte 3, discutiremos algumas questões reais que podem interferir nos ciclos negativos de comunicação e exacerbá-los, ou talvez sabotar suas intenções de resolver conflitos. Cobriremos questões universais, como sexo, bem como desafios particulares, como trauma e vício. Fornecerei insights e instruções sobre como corrigir o curso caso não esteja vendo resultados e apresentarei roteiros específicos para conduzir conversas difíceis rumo ao sucesso.

Quando eu já tinha uma boa experiência como terapeuta de casais, decidi criar um perfil no Instagram como uma válvula de escape intelectual e criativa, onde também poderia compartilhar com um público mais amplo as ferramentas que fornecia aos clientes. No perfil The Secure Relationship (@thesecurerelationship), ofereço informações que todos os casais podem usar, façam terapia ou não, cobrindo temas como "Você está emocionalmente disponível?", "Respondendo aos pedidos de conexão da outra pessoa" e "Quando pedir desculpas não basta". Incluí artes e roteiros parecidos neste livro, para ajudar você a assimilar os conselhos mais facilmente. Se minhas publicações nas redes sociais dão toques rápidos sobre cada assunto, este livro mergulha fundo, embora seja simples pôr as orientações em prática.

Ao fim desta leitura, não é que você *saberá* que está em um relacionamento melhor; você terá aprendido a encontrar, reconhecer e recriar momentos de conexão e segurança, terá aprendido a tornar essa experiência uma coisa comum na sua relação, de modo que ela persista quer vocês estejam em uma viagem romântica, enfrentando um problema difícil ou apenas levando o dia a dia. Você também se conhecerá melhor, de modo que se sentirá mais confortável e em segurança sendo quem é, e trará esse conforto para todas as suas interações. Essa é a raiz da verdadeira conexão. Isso é amor seguro.

PARTE I
COMPREENDENDO SUAS NECESSIDADES

1. O problema por trás do problema

"O problema não é o problema."

"Oi, que bom que você chegou", Jen diz ao marido, Andrew. Ele entra, deixa a chave na mesa e vai cumprimentá-la. "Você vai deixar a chave na mesa outra vez. Já te disse mil vezes que o lugar certo é o porta-chaves. É por isso que ele tem esse nome."

"Está falando sério?", Andrew pergunta. "Acabei de entrar. Quase sempre coloco a chave no porta-chaves. Você precisa mesmo tocar nesse assunto assim que chego em casa?"

"Quase sempre? Até parece. Está mais pra nunca", Jen resmunga. "Pode não parecer importante pra você, mas pra mim é. Sou eu que acabo arrumando depois."

Talvez você já tenha ouvido a frase "O problema não é o problema", principalmente se faz terapia. Quando um casal briga — seja por causa de dinheiro, da criação dos filhos, de onde vão morar, da família do outro, de sexo ou do lixo que precisa ser tirado —, o conflito quase nunca é sobre a questão do momento. Não me entenda mal, as questões do momento são importantes. Alguém precisa levar o lixo, contas não se pagam sozinhas, crianças precisam ser educadas, e a justiça de modo geral importa. O maior problema, no entanto, é o que está impedindo que todas as questões do momento sejam resolvidas de uma forma que não prejudique o vínculo no relacionamento. É só quando o problema maior é abordado que as questões do momento podem ser resolvidas. O problema *maior*, o problema por trás do problema, quase sempre é de comunicação, o que podemos ver aqui em uma discussão típica entre o casal formado por Andrew e Jen.

E, no geral, não para aí.

"Me dá uma folga, Jen." Andrew suspira. "Não importa o quanto eu faça, você sempre vai reclamar. Eu não arrumei a garagem na semana passada? E agora o problema é a chave?"

"Por que você tem que rebater tudo?", Jen pergunta, ficando mais agitada. "Por que não pode reconhecer que não está nem aí para a chave? Ou para o que eu quero?"

"Porque você está sendo irracional!", Andrew explode.

Jen fica furiosa. "Por que você não pode ser como o meu cunhado? Ele apoia a minha irmã!" A essa altura, Andrew, sentindo que a coisa está saindo de controle, muda de tática. "Tá bom, pronto, vou pendurar a chave no lugar. Podemos esquecer isso?"

Jen não acha que ele está sendo sincero. Ela acusa Andrew de ser condescendente.

"Eu desisto", Andrew diz. "Não tem como você ficar feliz quando está de mau humor." E sai do cômodo, com Jen fumegando.

Imagino que você consiga se identificar com alguma versão desse conflito, mesmo que os argumentos tenham sido completamente diferentes. A discussão entre Andrew e Jen começa com a chave, mas em questão de minutos se torna uma guerra envolvendo armas e escudos emocionais, incluindo atribuição de culpa, constrangimento, atitude defensiva, crítica e esquiva. O episódio se encerra com um silêncio mais ensurdecedor que a briga em si. Andrew e Jen talvez nem lembrem como tudo começou. Mas se lembram como se sentiram: furiosos, distantes, sozinhos, desvalorizados e ignorados.

Andrew e Jen permanecem distantes a noite toda. No dia seguinte, quando estão mais calmos e a tensão diminui, eles sentem falta um do outro e tentam passar por cima do aborrecimento. Seguem o fluxo e, embora a chave esteja no lugar certo, o ressentimento provoca rachaduras no vínculo sólido do casal. No entanto, eles não retomam a conversa, por medo de outra explosão. A briga acaba sem que o conflito seja resolvido.

Esse episódio, ou alguma variação dele, é surpreendentemente comum entre casais. No entanto, quando você se vê nele, é fácil sentir que é a única — que o seu relacionamento está condenado, que deve haver algo de errado com você. Estou aqui para te dizer que não é nada disso. Vejo clientes em situações assim o tempo todo. Você não está só.

Talvez esse tipo de interação fale mais do seu passado que do seu presente... você costumava brigar, mas se cansou e largou de mão. Em vez de discutir, o casal passa a coexistir no mesmo espaço, a viver em um estado crônico de desconexão, pontuado por períodos de maior tensão. Pode parecer diferente de Jen e Andrew na superfície — em vez de gritar sobre a chave fora do lugar, talvez você se resigne a guardá--la no lugar—, mas casais nesse estado de mera coexistência também estão perdidos em meio ao conflito. A diferença é que em vez de abordar o problema de maneira desproporcional, eles simplesmente não o abordam. O resultado, no entanto, é o mesmo: questões importantes não são resolvidas, o ressentimento aumenta e a conexão é abalada.

Essas duas situações — conflitos desmedidos e distanciamento persistente — são o que costumam levar casais a procurarem minha ajuda. Quando se sentam no sofá à minha frente é porque o relacionamento degringolou tanto que as duas pessoas concluem que são simplesmente incompatíveis.

A boa notícia é que na maior parte do tempo a incompatibilidade não é um problema. A questão é usar a comunicação para criar ambientes propícios ao apego e ao apego seguro. Andrew e Jen só precisam, assim como tantos outros casais, de uma maneira de se comunicar melhor.

O PROBLEMA *DE VERDADE*

Milhões de casais se veem presos a ciclos como o de Jen e Andrew. Não é preciso estar nas mesmas circunstâncias — uma relação tradicional norte-americana, formada por um homem e uma mulher — para se identificar com suas dificuldades. Talvez vocês estejam em um relacionamento heterossexual e morem na Índia, na Alemanha ou na Argentina, por isso suas questões diferem culturalmente da maioria dos exemplos deste livro. Talvez vocês sejam pessoas LGBTQIAPN+. Ou talvez não haja outra maneira de definir vocês além de como dois seres humanos que se amam, estão em um relacionamento e querem que ele dê certo. Todos os exemplos que encontrarão neste livro são específicos, mas também universais. Todos temos nossos próprios problemas e estamos em determinadas circunstâncias, mas não importa se você é gay ou hétero, se é seu primeiro ou seu terceiro casamento ou se nunca se casou; essa dinâmica te afeta. A verdade é que as circunstâncias exatas em que você se encontra importam muito menos que seu estado emocional.

Casais como Jen e Andrew podem brigar por causa da criação dos filhos, discordar sobre dinheiro ou se distanciar totalmente. Alguns casais leem livros, aprendem a começar sua argumentação com "Eu sinto que" e estabelecem limites melhores em um esforço para abordar o problema. Essas estratégias às vezes funcionam por um tempo, como band-aids, mas a verdade é que não podemos resolver questões superficiais de maneira duradoura enquanto não chegarmos à raiz do problema, que quase sempre é o apego inseguro.

O apego, em sua forma mais básica, é a qualidade do vínculo que criamos com as figuras centrais em nossa vida, e se faz presente em todas as nossas interações. Pessoas que têm uma *ligação de apego* dependem uma da outra para apoio emocional. Em termos práticos, isso significa, por exemplo, que elas sabem que são vistas e compreendidas, que são valorizadas e estimadas, que podem contar com apoio quando precisarem. As ligações de apego mais poderosas são aquelas que existem entre pais/mães e filhos pequenos ou parceiros afetivos, porque essas são as pessoas de quem mais dependemos ao longo da vida. Em relacionamentos amorosos, nos quais as ligações de apego são recíprocas (diferente dos relacionamentos entre pais/mães e filhos pequenos, em que os primeiros são responsáveis pelos últimos, mas não o contrário), o vínculo é mais forte quando as *necessidades de apego* de ambas as partes são atendidas. Vamos explorar em mais detalhes as necessidades de apego no próximo capítulo, mas falando de maneira geral isso significa que pessoas podem atender e reagir aos pedidos de conforto e conexão uma da outra e podem navegar e resolver conflitos com segurança emocional. Podem oferecer e receber amor, e quando as coisas ficam difíceis podem se expressar de maneira construtiva. Tudo isso faz com que se sintam confiantes em sua conexão e seguras em sua relação de apego.

O apego afetivo não existe no vácuo, porque tanto você quanto a outra parte entram no relacionamento trazendo bagagem emocional da infância e dos relacionamentos importantes de sua vida adulta (ou adolescência). Ninguém escapa disso; é tudo uma questão de intensidade. Nem toda bagagem é inerentemente negativa; ela é o que é: bagagem. Começamos relacionamentos com diferentes graus de confiança nos outros e em nós mesmos, necessidades de apego atendidas ou não na infância, padrões de comunicação, crenças pessoais, maneiras de gerenciar nossas emoções e comportamentos aprendidos. Também atraímos, mais ou menos, o mesmo nível de crescimento, ainda que expressado de maneira diversa. O apego inseguro é um espectro, e, embora sempre haja exceções, o grau em que se expressa em alguém provavelmente é o grau que também se expressa em seu par. No entanto, sentir segurança em seu apego não tem a ver *apenas* com seu relacionamento atual — seu passado sempre afetará seu presente.

Quando discussões ficam desproporcionais, como no caso de Jen e Andrew, a dificuldade dos casais na verdade é com o *apego inseguro*. Eles estão expressando o quanto precisam um do outro e quão devastador é estarem perdidos e se sentirem desconectados e sós. Usam motivos superficiais — chaves, contas, a criação dos filhos e por aí vai — como um código para falar sobre os medos e as necessidades ignoradas que não são capazes de expressar. Então, para se protegerem da dor de não conseguir o que querem, eles assumem posturas defensivas — queixam-se de maneira vigorosa, vão embora, se fecham —, sem medir esforços para impedir a vulnerabilidade e a dor. Eis o problema, no entanto: ao se protegerem da dor, eles também impedem a conexão.

Com tudo isso em mente, procure pensar na briga entre Jen e Andrew de maneira diferente.

Andrew chega em casa animado para passar a noite com Jen. Quando ela o repreende por causa da chave, ele se sente diminuído, como se não conseguisse acertar nunca. Quando criança, Andrew era incapaz de acertar com a mãe, por isso Jen está cutucando uma ferida. O corpo de Andrew fica tenso. Seu subconsciente lhe diz: *Se eu conseguir convencer Jen de que não sou o vilão aqui, talvez pare de sentir que ela me vê como um fracasso, o que não é justo, considerando o quanto me esforço para agradá-la.* Então ele se defende.

Jen também está animada para ver Andrew. Ela chegou mais cedo do trabalho e deixou a casa arrumada para que pudessem relaxar quando estivessem juntos. Organização faz parte de seu autocuidado. Jen sabe que Andrew não segue os mesmos padrões, mas para ela é importante se sentir apoiada nas pequenas coisas. Ela não está pedindo muito, imagina. Quando vê a chave na mesa, suas próprias feridas de infância — a sensação de que não é vista, não tem apoio, não consegue o que quer — vêm à tona. Jen diz a si mesma: *Me esforço tanto para fazer com que ele me ouça. Ele sabe que isso é importante para mim, então simplesmente não deve se importar.* Jen fica desesperada para fazer com que Andrew entenda o que está acontecendo e a apoie.

Os dois se alternam, a cada hora um tentando se comunicar com o outro. Jen precisa saber que ele se importa e precisa ter seus sentimentos validados. Andrew precisa saber que Jen não apenas o vê como digno, mas que também confia que seu amor por ela é real e que ele se importa. No entanto, independente do quanto tentem, os dois não conseguem se comunicar. Estão presos a suas posturas defensivas, brigando por algo que parece ser uma questão de vida ou morte: segurança no apego. Ambos procuram por uma mensagem aparentemente simples: sou amado/a, sou compreendido/a, conseguirei uma resposta para minhas demandas, estou acertando. Em vez disso, Jen e Andrew se afastam mutuamente e reforçam os medos um do outro.

Jen e Andrew acabam fazendo as pazes, ou pelo menos seguindo em frente, mas o dano ao vínculo está feito e eles não sabem como repará-lo. O mesmo conflito ressurgirá, seguindo o mesmo padrão, indefinidamente, até que eles aprendam como se manter conectados durante o desentendimento.

Quero que você se imagine tendo uma conversa com alguém com quem tem, teve ou mesmo terá um relacionamento. Você fala sobre uma situação estressante no trabalho, explica o problema. Então a outra pessoa diz que você está vendo tudo errado — que deveria agradecer só por ter um trabalho. Você tenta argumentar, mas só recebe em troca acusações de não aceitar críticas.

Como você se sente? Invisível? Frustrada? Confusa? Todas as alternativas anteriores?

O que você percebe que está acontecendo aí dentro? A maioria das pessoas sente um aperto, talvez no peito ou na garganta. Algumas dizem que congelam ou são pegas desprevenidas. Esse é o senso sentido da ruptura de apego. Quando ocorrem várias dessas rupturas em um relacionamento, quando elas criam um clima geral de falta de apoio, quando não são reparadas ao longo do caminho, acabam reforçando um apego já inseguro.

Algumas das pessoas que estão lendo este livro podem estar lidando com questões mais sérias que o lugar certo onde guardar a chave: infidelidade, doenças crônicas físicas ou mentais, dificuldade de integração entre famílias de diferentes casamentos, transferência para o exterior, vícios e preocupações com a família estendida, só para nomear algumas. Não posso mudar essa realidade, mas o que posso fazer — e o que espero que venhamos a fazer juntos aqui — é ajudar a encontrar uma maneira de proteger seu relacionamento do impacto negativo de fatores de estresse externos. Por que o apego seguro é *especialmente* importante quando a vida não está facilitando? Porque a conexão e o apoio que as partes de um casal obtêm de um relacionamento com apego seguro as ajuda a se sentirem mais confiantes, competentes e resilientes. Se você busca curar feridas e transgressões do passado, vou te ajudar a ver como é esse processo. Os eventos em si podem continuar sendo difíceis, mas o relacionamento não precisa ser. Na verdade, seu relacionamento pode ser uma fonte de força e apoio enquanto você enfrenta os desafios da vida. As duas partes podem aprender a encarar o mundo como um time.

Não estou dizendo que todos os casais devem ficar juntos a qualquer custo. Não acredito nisso. Alguns desafios são grandes demais para serem superados. E, às vezes, o problema *é* mesmo o problema. Casais podem discordar em pontos que não são negociáveis, em situações em que um meio-termo não é possível. Duas pessoas podem se amar, mas uma querer filhos e a outra não; uma querer morar na cidade e a outra querer permanecer no interior; uma não conseguir superar um caso do passado e a outra acreditar que é hora de seguir em frente. Às vezes há uma incompatibilidade real, ou as feridas são profundas demais para que a confiança possa ser reconstruída. Vamos falar mais adiante sobre o que fazer nesses casos, mas por ora quero apenas reconhecer o fato de que alguns casais enfrentam desafios insuperáveis.

Mesmo com circunstâncias externas iguais, alguns casais vão conseguir e outros não. Então o que os casais que sobrevivem e prosperam fazem de diferente? Há múltiplos fatores em jogo, mas é certo que eles sabem evitar ciclos negativos de comunicação como o de Andrew e Jen. Só isso já aumenta imensamente suas chances. Nenhum evento isolado acaba com um relacionamento. Ciclos negativos de comunicação, no entanto, certamente o fazem.

AMOR SEGURO

Vamos revisitar o mesmo exercício, aquele em que você conta à outra parte do relacionamento sobre um problema estressante no trabalho. Imagine agora que, enquanto fala, você percebe que a pessoa está realmente ouvindo. Enquanto você fala, ela assegura que seus sentimentos são válidos e razoáveis.

Como você se sente? Provavelmente atendida e compreendida, vista e valorizada.

O que percebe no seu corpo? Quando estou dando palestras e peço ao público que faça esse exercício, recebo muitas respostas parecidas: uma sensação de bem-estar, uma redução na tensão, um relaxamento dos ombros. Preste atenção em seu corpo um minuto. Visualize o rosto amoroso da outra pessoa enquanto você fala. Note o que acontece dentro de você. Esse é o senso sentido de um apego seguro.

A satisfação em um relacionamento está intrinsecamente ligada ao apego seguro. Pares com esse tipo de apego são fontes confiáveis de intimidade, apoio e conforto. Durante conflitos, são menos negativos e reativos. São capazes de manter uma imagem positiva um do outro mesmo na hora do aperto e são mais calorosos e afetuosos que pares inseguros. Até mesmo suas expressões faciais são menos hostis, e eles têm mais confiança de que vão superar os conflitos sem que o vínculo seja prejudicado. Embora *todos* os casais passem por conflitos, aqueles com apego seguro passam com menos frequência, porque têm uma propensão menor a encarar deslizes como rejeições. Isso se deve em parte à autoestima elevada de cada parte do relacionamento.

Em um relacionamento seguro, cada parte oferece o que tem de melhor, não com o objetivo de obter algo em troca, mas por amor e desejo de se conectar. O casal compartilha uma rica variedade de pensamentos e emoções, e uma parte responde à outra com cuidado e sensibilidade. Ambas trabalham para atender às demandas de conexão sexual e afeto físico, mesmo quando elas não correspondem às suas. Cada parceiro está disposto a fazer os sacrifícios apropriados pelo bem do relacionamento: um apoia a autonomia do outro, a necessidade de explorar interesses particulares, e se responsabiliza por manter a conexão e ser fácil de amar; há um esforço contínuo para compreender o outro e validar seus sentimentos. Esses casais se apoiam mutuamente e enfrentam a vida como uma equipe. Divertem-se juntos. Casais com apego seguro tomam decisões difíceis juntos de uma forma que até pode causar decepção, mas não ressentimento. Cada parte é o sistema de apoio primário da outra, mas também tem sistemas de apoio fora do relacionamento.

Casais com apego seguro não são perfeitos porque nenhum casal é. O que descobri no meu trabalho é que casais com apego seguro, mesmo quando não parecem ter muito em comum, são capazes de aproveitar a saúde do relacionamento para encontrar maneiras de atender ambas as partes mesmo quando elas não veem as coisas da mesma forma. Casais com apego seguro mantêm um senso sentido de conexão e conforto no relacionamento. Nem sempre estão pensando na outra parte (quando estão, no entanto, os pensamentos são predominantemente positivos, resultado natural de quando as necessidades de apego são atendidas) e não passam todo o seu tempo trabalhando ativamente no relacionamento e falando a seu respeito. Eles simplesmente sabem como *agir* um com o outro. Reconhecem que a perfeição é inatingível e têm aspirações realistas — sua própria versão do perfeito.

COMO CHEGAR NESSE LUGAR?

Alguns de vocês têm relacionamentos em que se sentem próximos e conectados à outra parte, mas quando surgem questões difíceis acaba dando briga. Alguns de vocês estão em relacionamentos nos quais a tensão é constante e pontuada por momentos de intensidade. Alguns de vocês não brigam com frequência, mas sentem mais desconexão do que gostariam. E alguns apresentam suas próprias versões de disfunção. Independente das circunstâncias, a solução é a mesma: começar a se comunicar, de maneiras verbais e não verbais, como abordaremos neste livro. Pondo as ferramentas em prática, você irá aprender a encontrar a conexão e a harmonia que vem procurando *e* começar a resolver as "questões do momento" com mais facilidade. Esse é o caminho para criar um apego seguro.

Para isso, é preciso minimizar o que não está funcionando no relacionamento e fazer crescer o que está. Nos capítulos a seguir, examinaremos como o estilo de apego de cada parte do casal transparece no relacionamento. Consideraremos os vínculos de apego da sua infância, que a ajudaram a se proteger na época, mas que agora precisam ser reprogramados. Substituiremos comportamentos antigos e ineficazes por outros novos e produtivos, tudo enquanto construímos proximidade emocional. Aprenderemos a nos comunicar de um lugar de vulnerabilidade — o ponto crucial deste trabalho. Se a palavra "vulnerabilidade" faz você se arrepiar, saiba que ela não tem nada a ver com se abrir de uma maneira que não pareça autêntica. Comunicação vulnerável é simplesmente o oposto de comunicação defensiva; você compartilha o que pode quando pode. Assume os riscos necessários para se mostrar de outra maneira no relacionamento, com menos crítica ou menos defensividade, mesmo quando isso é desconfortável a princípio. A vulnerabilidade cura.

Mudanças reais em um relacionamento podem ocorrer de duas formas. Primeiro, de cima para baixo, com uma mudança de *comportamento* para melhorar o *clima* do relacionamento. Esse é o foco de muitas abordagens de terapia de casal. Casais são instruídos a dizer e fazer coisas de forma diferente, e com essas mudanças criam segurança e alteram a saúde do relacionamento. A outra opção é de baixo para cima, trabalhando diretamente as questões de apego latentes nos comportamentos, na esperança de que, curando o que está por baixo, o comportamento mude por conta própria.

Qual delas é melhor? Nem uma nem outra. Precisamos de ambas.

Imagine que vocês estejam discutindo. Em um esforço para impedir danos maiores, você para e vai embora, sentindo-se derrotada e ignorada. A sensação é péssima. Você não fica satisfeita. Mas é uma solução eficaz no sentido de proteger o relacionamento dos danos que podem ser infligidos por críticas, gritos, xingamentos, manifestações de emoções descontroladas, constrangimento e acessos de raiva. Sim, você pode ter impedido algo feio, porém a que custo? Ao custo da resolução e da conexão. Se parar aí, seu relacionamento sofrerá. A outra parte vai se sentir ignorada e abandonada. Se vocês dois optarem por uma abordagem exclusivamente de cima para baixo, sem mergulhar nos conflitos subjacentes, é grande a probabilidade de não conseguirem se curar. Porém há um meio-termo entre brigar e desistir, e é bem onde fica o apego seguro. Quando você complementa o trabalho comportamental com uma atuação mais profunda, buscando compreender *por que* você assume uma postura defensiva e *é empático* com tais posturas, é possível lidar com a discussão e com a outra pessoa de maneira mais aberta. Podemos começar tratando as causas implícitas que culminaram na discussão. Em outras palavras, mudar o comportamento é mais uma questão de controle de danos do que de criar relacionamentos satisfatórios, mas o controle de danos ajuda a criar espaço para fazer o trabalho mais profundo.

Esmiuçarei aqui ambas as abordagens, dando conselhos específicos sobre o que não fazer e o que fazer em seu relacionamento. Contudo, para que o trabalho seja completo e a mudança duradoura, precisamos realizar também a empreitada mais profunda: reenquadrar a nós mesmas, a outra parte e o relacionamento sob a ótica da teoria do apego. A atuação comportamental previne o dano; o trabalho com o apego constrói vínculo, e o vínculo constrói resiliência.

Antes de começarmos, precisamos acreditar no reenquadramento. A mudança não pode acontecer até que você reenquadre seu relacionamento: a outra parte não é o inimigo. O inimigo é o ciclo negativo de comunicação. O inimigo são as palavras e os comportamentos destrutivos. Para que a mudança ocorra, precisamos nos afastar da ideia de que casais são compostos de duas pessoas que devem se proteger uma da outra. Quando aceitamos esse reenquadramento, começamos a enxergar como até mesmo os comportamentos que parecem mais perversos na verdade são pedidos desesperados de segurança e proximidade. Quando vemos o conflito sob a ótica do apego e compreendemos que no fim das contas todos os seres humanos querem formar vínculos e se sentir seguros, a magia pode começar.

Um último comentário: embora os relacionamentos interpessoais obviamente envolvam mais de uma pessoa, não posso subestimar a importância de se concentrar no crescimento pessoal quando se trata de melhorar a relação. Todas as crenças sobre o que podemos esperar dos outros se baseiam em experiências passadas, e essas experiências podem nos levar a reagir à outra parte não como ela é no momento presente, mas como acreditamos que seja, de acordo com nosso tipo de apego e histórico pessoal. Isso nem sempre é benéfico, portanto é claro que abordar esses padrões pessoais é parte crucial da cura do relacionamento. Porém tenha em mente que não se trata de uma questão de tudo ou nada: você também contribui para o relacionamento com seus pontos fortes. E um dos seus pontos fortes é a disposição para ler este livro, o que indica que você tem determinação e desejo de melhorar. Use seus pontos fortes em benefício próprio e trabalhe no restante.

Costumo encerrar a primeira sessão de um casal dizendo: "À medida que avançarmos, lembrem-se de que não vou tentar convencer vocês a manter o relacionamento. Meu trabalho não é esse; é olhar para o que está abaixo da superfície, diagnosticar as questões de apego envolvidas e ajudar vocês a se comunicarem a respeito das discordâncias de maneira respeitosa e emocionalmente segura. Somente com uma comunicação afinada podemos descobrir o que mais está atrapalhando".

Depois que vocês aprenderem a se comunicar de maneira saudável, será possível observar e vivenciar o relacionamento com clareza. Quando a comunicação melhora e os vínculos são solidificados, a probabilidade de que as pessoas consigam resolver suas diferenças aumenta.

Concluirei este capítulo com uma pergunta que a maioria de vocês deve estar se fazendo: Quanto tempo leva? A resposta depende do casal. Não apenas cada dupla parte de um ponto diferente como isso também ocorre com cada parte dela. Todos os relacionamentos podem melhorar. Para isso, é preciso ter acesso a informações úteis, compromisso com o trabalho e prática. Então quando você estiver conjecturando quanto tempo levará até ver resultados, uma questão legítima, considere alguns fatores. Primeiro: se você se sente bem em seu relacionamento em 10% do tempo e esse número aumenta para 20%, já é uma melhora. Segundo: o crescimento nunca acontece de forma linear; ele segue uma tendência positiva, com altos e baixos, dois passos para a frente e um para trás. Terceiro: as partes envolvidas provavelmente crescerão em ritmos diferentes. E por fim: mesmo quando os elementos certos são adicionados, principalmente no início, você pode não ver resultados mesmo quando há. É como plantar sementes. Na superfície, às vezes as coisas pioram antes de melhorar, porque a mudança, até mesmo a positiva, pode deixar as pessoas nervosas com a falta de familiaridade. Procure não se abater e mantenha sua confiança de que o que está fazendo é saudável, mesmo que isso não fique aparente de imediato. Você está se comprometendo com uma mudança positiva em si mesma e em seu relacionamento.

2. Entendendo a teoria do apego

Na infância, quando você precisava de conforto emocional ou conexão, como os adultos à sua volta respondiam? Quando você estava triste, seus cuidadores retribuíam com acolhimento de maneira consistente? Ou rejeição? Quando você ficava insegura, se sentia valorizada? Ou repelida? Você tinha a impressão de que seus sentimentos importavam e eram dignos de atenção, ou te diziam (talvez não em tantas palavras) que eram "exagerados"? Seus sentimentos eram validados e atendidos? Ou procuravam distraí-la do que estava sentindo dizendo coisas como: "Não chora. Toma esse biscoito". Ou te constrangiam e te deixavam isolada com seus sentimentos, talvez dizendo que você precisava "ir para o quarto e ficar lá até a raiva passar"?

Para compreender como você chega a seus relacionamentos atuais, precisamos começar por sua família de origem. A maneira como os cuidadores mais próximos respondiam às suas necessidades emocionais certamente influenciará suas interações com as pessoas que ama na vida adulta. Experiências de infância moldam o que esperamos, ou não, em nossos relacionamentos adultos mais íntimos, assim como quão responsivos somos à outra parte do casal. O cérebro humano aprende em um ritmo incomparavelmente acelerado na infância, por isso experiências emocionais diretas nessa época enviam uma mensagem importante: "É assim que os relacionamentos são e é isso que preciso fazer para lidar com eles. É disso que preciso para sobreviver nesse ambiente". Quer você tenha sido criada por pessoas emocionalmente disponíveis ou não, seu cérebro aprende a ler relacionamentos de acordo com esses primeiros modelos.

Quando começo a trabalhar com qualquer casal, quero saber, como terapeuta, qual foi o *clima emocional regular* da infância de ambas as partes. Quão representativas foram as coisas boas? Você teve o bastante delas? Quanto tempo passava se sentindo bem em casa? Quanto tempo passava lidando com a ansiedade, sentindo que os outros não viam você? Com que frequência te ajudavam a encontrar palavras para suas experiências internas, como alegria, ciúme, raiva e empolgação?

Com que frequência seus sentimentos eram validados? "Entendo a sua raiva. Também sinto raiva. Não posso deixar que dirija no escuro até que tenha mais experiência ao volante, mas sua raiva e decepção são legítimas, e não é errado se sentir assim." Você se sentia em segurança e achava que estaria protegida se coisas ruins acontecessem? Alguém tentava te ajudar a refletir quando coisas ruins aconteciam *de fato*? As respostas a essas perguntas me ajudam a compreender do que cada pessoa precisa hoje e a chegar à raiz de qualquer falha de comunicação.

Atendi recentemente um casal, Reyna e Sabino, que me procurou porque não conseguia parar de brigar. Era sempre a mesma coisa, não importava quem "começava" ou como as discussões tinham início. Reyna acabava ficando brava e fazendo ataques verbais, Sabino partia para a defensiva e depois se fechava. Logo no início da sessão, pedi aos dois que descrevessem o clima emocional em seu lar de infância. Sabino disse que não conseguia lembrar. Ele não conseguia lembrar nem de ter vivido sentimentos fortes na infância. "Vamos dizer que você tenha se sentido angustiado *de fato* na infância", propus. "O que aconteceria se tentasse falar com seus pais a respeito?"

"Talvez eu pudesse contar com a minha mãe. Não lembro mesmo", ele disse. "Mas não com o meu pai. Ele me diria para aguentar. A sensação era de que me via como um bebê. Eu queria que meu pai me visse como alguém forte. Isto era algo que ele valorizava, a força."

"Então você sabe que seu pai não teria lhe dado conforto e talvez isso fosse até uma fonte de constrangimento, e não tem certeza se sua mãe o acolheria ou não", resumi. "Parece que havia uma boa chance de que falar sobre seus sentimentos faria com que você corresse o risco de se sentir rejeitado. Como é para você hoje quando Reyna se chateia com você? Também parece que você está sendo rejeitado?"

"Sim", Sabino disse, olhando para o chão. "É horrível."

"Tenho certeza de que *é* horrível mesmo", concordei. "Mas falando com você agora, parece que aprendeu desde cedo a evitar a sensação de rejeição. Essa era uma maneira de o seu cérebro te proteger. Ele dizia: 'Sentimentos não são seguros, sentimentos levam à rejeição'. Por isso, aqui e agora, no relacionamento com sua esposa, você continua mantendo os sentimentos a distância."

Quando Sabino me contou que não se lembrava de emoções fortes na infância, o que ouvi foi: "Minhas emoções não importavam quando eu era pequeno; aprendi a reprimi-las antes mesmo de aprender a falar". Afinal de contas, por que sentir dor emocional se não há ninguém por perto para oferecer apoio? Por que não ficar com a segunda melhor opção: repudiar os sentimentos dolorosos (ainda que no nível do subconsciente) e se proteger do desespero da rejeição emocional e da decepção? Essa estratégia defensiva funcionou — protegeu o jovem Sabino. O lado negativo, no entanto, é que o Sabino de hoje não sabe como se envolver emocionalmente consigo mesmo *ou* com sua esposa, e isso está cobrando um preço em sua vida e em seu relacionamento.

Já Reyna teve uma experiência diferente na infância. "Minha família era disfuncional, e ainda é", ela explicou. "Sou bastante próxima da minha mãe e das minhas irmãs, mas sempre tem um drama rolando. Estou tentando estabelecer limites, mas elas fazem com que eu me sinta culpada se não participo do que quer que esteja acontecendo no momento."

"E durante sua infância?", perguntei. "Sua vida familiar parecia caótica?"

"Sim. Minha mãe ficava ansiosa com qualquer coisa e tratava meu pai como se fosse empregado dela", Reyna explicou. "Ele fazia tudo o que ela mandava, até que se cansava e explodia."

"Você podia recorrer a algum dos dois em busca de conforto emocional?"

"Não, eu era sensível demais", ela disse. "Todo mundo da família brinca a respeito. Ficava superchateada, mesmo na adolescência, e todos estavam sempre tentando me acalmar... me subornavam, me puniam... tentavam de tudo. Às vezes minha mãe até conseguia me reconfortar, mas na maior parte do tempo só ficava chateada junto comigo."

"O que acontecia se você ficasse quieta e não se aborrecesse?", perguntei.

"Nunca pensei nisso. Provavelmente nada. Ninguém me notava até que houvesse uma crise", Reyna disse.

"Então você teve que escolher entre se sentir privada de atenção ou fazer um escândalo para ser notada?"

"Isso, duas opções ruins", ela disse. "Mas é igual com o Sabino. Sinto que tenho que ficar chateada para que ele me ouça."

Como com Sabino, o tipo de apego de Reyna na infância estava se manifestando em seu casamento. Quando criança, ela tinha duas opções: fazer um escândalo — o que ela chamava de "ser sensível demais" — ou se sentir emocionalmente abandonada. É muito doloroso para uma criança se sentir desamparada, por isso o cérebro de Reyna aprendeu que fazer escândalo (o que significava elevar a voz e agir de maneira emotiva) era uma maneira de obter a confirmação de que ela existia e importava. Era como Reyna conseguia que as pessoas fossem ajudá-la.

Não existem pais ou mães perfeitos. Até mesmo os mais amorosos têm momentos de deslize quando gritam e logo se arrependem, quando se cansam e mandam a criança para o quarto, mesmo que ela precise justamente de mais proximidade. Não existem pais ou mães que respondam da maneira mais equilibrada e carinhosa possível 100% do tempo. E tudo bem. De acordo com pesquisas, as crianças só precisam de reações em sintonia em *50% do tempo*[1] para desenvolver um apego seguro. É por isso que me concentro no clima geral da infância, e não em incidentes isolados.

O cérebro da criança é uma esponja: absorve todas as informações do ambiente que a cerca, para o bem e para o mal, e isso acontece quase que inteiramente de forma alheia à percepção consciente. É uma questão de eficiência — o aprendizado inconsciente garante que não precisemos parar e ponderar cada decisão ou reaprender informações no processo. Imagine que você é uma criança de quatro anos. A essa altura, talvez já tenha aprendido que o banheiro fica mais adiante no corredor, que a torneira da esquerda é a da água quente, que a pasta de dente fica na primeira gaveta. Graças à habilidade do seu cérebro em adquirir informações e armazená-las para uso futuro, você não precisa gastar uma energia mental preciosa considerando cada movimento seu. Da mesma maneira que aprendeu a se virar no mundo físico, você aprendeu a fazê-lo no mundo emocional. Talvez tenha aprendido que, em caso de frustração, pode procurar a ajuda do pai ou da mãe e se sentirá apoiado. Talvez tenha aprendido que seu pai fica ansioso quando você está triste e conclui que é melhor esconder as lágrimas, ou que quando você mostra seus desenhos à sua mãe, querendo que ela te veja e conheça, sente um calorzinho por dentro diante da reação dela. A partir dessas informações, você desenvolveu um conjunto de regras emocionais para a vida toda.

Quando explico isso aos meus clientes, eles muitas vezes reagem com perguntas sobre temperamento inato. Quem você é não depende da sua natureza, só da sua criação? É possível que Sabino tenha nascido com uma tendência ao desapego, enquanto Reyna sempre foi mais sensível? Sim e não.

Todos nascemos com um temperamento básico, mas o ambiente determina como esse gênio vai se manifestar. Em seu estudo decisivo sobre a relação entre o temperamento inato de uma criança e o ambiente onde nasce, os pesquisadores Alexander Thomas e Stella Chess[2] descrevem o que é chamado de "adaptação excelente" entre o temperamento do pai ou da mãe e o da criança. A ideia é que, na infância, se seu pai e você não têm uma adaptação excelente, por exemplo, as interações entre ambos serão tensas. Relacionamentos tensos criam mais oportunidades para uma comunicação tensa, o que aumenta a probabilidade de que as necessidades emocionais não sejam atendidas, o que por sua vez aumenta dramaticamente as chances de apego inseguro. Isso não é de modo algum culpa da criança, que inocentemente veio ao mundo com um temperamento específico; tampouco é culpa do pai ou da mãe, que podem não ter o necessário para enfrentar o desafio. Embora nosso objetivo seja afastar a culpa e focar na responsabilidade, estilos de apego individuais *de fato* se desenvolvem em resposta ao ambiente, que é criado pelos adultos. Os adultos são *responsáveis* pelo ambiente que criam, mas não é porque são maus, falhos, preguiçosos ou despreocupados que não acertam o bastante. Talvez apenas não tenham as ferramentas adequadas. Ainda assim, as crianças se voltam a seus cuidadores para aprender como se expressar e gerenciar suas emoções. Se o pai ou a mãe não é capaz de gerenciar o temperamento da criança, ou mesmo seu próprio temperamento, de maneira saudável, isso cria um ambiente propício ao apego inseguro.

Enquanto mergulhamos juntos na teoria do apego, tenha em mente que o comportamento dos pais e mães não precisa ser intencional para que alguém desenvolva um estilo de apego inseguro. A maioria dos responsáveis quer o melhor para as crianças, mas se um deles ou ambos não têm apego seguro sua capacidade de criar um ambiente emocionalmente seguro, no qual a criança pode prosperar emocionalmente, fica limitada. Talvez tenha havido circunstâncias extenuantes na sua vida, como morte ou doença crônica — física ou mental — de sua mãe ou pai, ou mesmo um desastre natural que afetou a capacidade deles de se mostrarem emocionalmente disponíveis. Conforme avançarmos juntos, e em especial à medida que entrarmos em mais detalhes nos estilos de apego, procure ter compaixão por seus cuidadores e por você — lembre-se de que, na maior parte do tempo, estamos todos fazendo o melhor que podemos com o que temos. (Se você tem filhos e interesse em aprender sobre como criá-los de uma maneira que promova o apego seguro, recomendo o livro *Eduque sem medo*, da dra. Becky Kennedy.)[3]

Antes de aplicar a teoria do apego a seu relacionamento, é preciso compreender o conceito básico. Quando souber o que é a teoria do apego, de onde veio e por que é importante, ela será sua guia. Você começará a ter um entendimento mais profundo de por que certas interações são gatilhos, o que pode estar acontecendo com a outra pessoa quando uma discussão se torna acalorada e por que você talvez esteja seguindo um padrão que não sabe muito bem como abandonar. Entender o *porquê* por trás de seus comportamentos e de suas necessidades tornará a mudança muito mais fácil. Permitirá que você veja a si mesma e à outra pessoa com compaixão, e esse é o primeiro passo rumo à harmonia que buscamos nos relacionamentos.

HISTÓRIA DA TEORIA DO APEGO

Em meados do século xx, o psiquiatra John Bowlby descobriu que adolescentes que ele tratava em um lar para meninos em Londres, e que eram denominados "delinquentes", tinham uma coisa em comum: o que Bowlby chamou de "privação materna", ou seja, não tinham a mãe, haviam sido separados repetidamente dela ou eram passados de uma mãe adotiva a outra.[4] A partir dessa observação, ele começou a desenvolver a ideia de que a experiência com relacionamentos na primeira infância afetava a pessoa ao longo de toda a vida. Embora isso pareça óbvio hoje, na época era novidade. Bowlby também sugeriu que todos nascemos com um "sistema de comportamento de apego", que nos motiva a buscar proximidade com nossas figuras de apego da mesma maneira que o apetite nos motiva a buscar comida.[5]

A biologia por trás da teoria do apego não é complicada, e a maioria de nós a compreende de maneira intuitiva: humanos precisam de outros humanos para sobreviver e se reproduzir. A evolução favorece quaisquer traços que propiciem a reprodução de uma espécie. Os primeiros humanos que nutriam relacionamentos mais saudáveis e cooperativos tinham mais facilidade de conseguir comida, construir abrigos, espantar predadores e cuidar da prole. E não é apenas natural aos humanos desejar e buscar relacionamentos, mas também atravessar níveis altos de angústia quando esses laços se veem ameaçados. Quando a outra pessoa não atende suas ligações ou não responde suas mensagens como de costume, ou quando você sente que está recebendo críticas injustas, você não é "maluca", irracional, carente ou tem algum outro problema porque se sente desconfortável. Na verdade, você foi *programada* para se sentir desconfortável. Dito isso, não é porque você *sente* uma ameaça ao apego que o apego está de fato sendo ameaçado. Às vezes percebemos uma ameaça onde não há. Por exemplo, a outra pessoa estar séria pode acionar algum gatilho que te faz pensar: "Ah, não, ela está brava comigo", quando ela pode apenas estar imersa em pensamentos (motivo pelo qual é tão importante para os casais aprenderem a se comunicar).

Com o tempo, a comunidade da psicologia começou a aceitar as ideias de Bowlby sobre o impacto do apego inicial. Nos anos 1970, ele se juntou à psicóloga Mary Ainsworth para conduzir uma pesquisa formal que consolidou a teoria do apego como uma lente respeitável e útil através da qual podemos enxergar os relacionamentos. Essa pesquisa levou a uma classificação de estilos de apego: seguro, ansioso, evitativo e, posteriormente, desorganizado.[6] No fim da década de 1990, Sue Johnson, apoiada no trabalho de Bowlby e Ainsworth — assim como no estudo dos pesquisadores Cindy Hazan e Phillip Shaver, os primeiros a aplicar a teoria do apego a relacionamentos adultos[7] —, começou a estudar maneiras de tratar casais em dificuldades usando a teoria do apego. Em 1988, Johnson desenvolveu o que é conhecido como Terapia Focada nas Emoções (TFE) para casais, um roteiro que utiliza a teoria do apego com o objetivo de ajudar na cura de relacionamentos amorosos. A TFE ajuda os casais a compreenderem como o estilo de apego de cada parte está por trás da comunicação deficiente que não apenas impede uma solução mas também prejudica sua conexão emocional, sua segurança e seu apoio — tudo o que permite que casais sejam resilientes diante de uma comunicação deficiente —, e desencadeia círculos viciosos. A TFE pega a ciência envolvida na teoria do apego e a põe em prática para ajudar casais não apenas a sobreviver, mas a prosperar. Como praticante de TFE, sei em primeira mão quão eficaz ela é. Para mais informações a respeito, acesse o site iceeft.com (em inglês).

NECESSIDADES DE APEGO E MEDOS

Em relacionamentos, o que desejamos mais do que tudo é nos sentir amados por quem somos internamente e dignos pelo que fazemos externamente. Além disso, queremos usar nosso eu amado e digno como uma maneira de nos conectarmos com outros eus amáveis e dignos, em particular os das pessoas com quem nos envolvemos afetivamente. Quando sentimos que somos vistos pela outra pessoa dessa forma, nos sentimos seguros. Nosso sistema nervoso diz: "Esta pessoa me vê como amável e digna, e indivíduos assim estão a salvo da rejeição e do abandono, portanto estou em segurança". Por exemplo, prosperamos profissionalmente quando sabemos que nossos empregadores e colegas gostam do nosso trabalho; isso nos ajuda a sentir que o merecemos. Espera-se que nossos parentes atendam nossa necessidade de nos sentirmos dignos de amor, nos aceitando por quem somos mais do que pelo que fazemos. Mesmo quando fracassamos, eles ainda nos amam. Praticamente todos os comportamentos no relacionamento derivam da necessidade de sermos vistos como amáveis e dignos — ou da dor de quando sentimos que não estamos sendo vistos assim. Essas duas necessidades estão no fundo de qualquer conjunto individual de *necessidades de apego*. A capacidade de nos relacionarmos intimamente com os outros *depende* de nos sentirmos merecedores e dignos de amor. Por quê? Porque pessoas que não se sentem assim precisam se esconder para se sentirem protegidas da rejeição e do abandono. E se esconder é o oposto de se conectar.

Se dividirmos essa necessidade de nos sentirmos queridos e dignos em partes com que podemos trabalhar, teremos as necessidades de apego, que são os tijolos do apego seguro. Precisamos que elas sejam atendidas para nos sentirmos próximos da outra parte, da mesma forma que a outra parte precisa disso para se sentir próxima de nós. Proximidade é importante. Quando você se sente próxima da outra pessoa, também se sente apoiada e segura. Quando nos sentimos apoiados e seguros, vistos e aceitos como as pessoas merecedoras e dignas de amor que somos, buscamos nos conectar, o que leva a mais proximidade. A conexão satisfaz. Pessoas satisfeitas se saem melhor nos relacionamentos e no mundo de modo geral. Têm uma saúde emocional, mental e física mais sólida. Quando nos sentimos apoiados e seguros, lidamos com os problemas da vida com maior facilidade.

Como sabemos que somos próximos de alguém? Em geral não pensamos nisso — só sabemos. Mas vamos fazer um exercício e identificar os requisitos para a proximidade. Pense por um momento na pessoa com quem você está se relacionando. Então se pergunte: "Fico animada para ver essa pessoa e conversar com ela? Eu a procuro quando preciso de apoio? Divido meus pensamentos e sentimentos com ela? Sinto que somos uma equipe? Quando as coisas ficam tensas, sinto necessidade de me reconectar com ela?". Se no quadro geral as duas pessoas responderem sim a essas perguntas na maior parte do tempo, provavelmente são próximas. A proximidade não é algo que simplesmente acontece; ela é conquistada a depender de como as pessoas pensam e se sentem uma em relação à outra e da maneira como conversam e agem em seu relacionamento.

As necessidades de apego são bastante consistentes entre os casais, embora as pessoas sejam mais sensíveis ao não atendimento de certas necessidades. Você pode ser mais suscetível à invalidação se não foi suficientemente validada na infância, ou seu foco pode estar em ser vista como bem-sucedida porque era como você se sentia digna. Algumas pessoas têm maior dificuldade de confiar nas outras quando seus cuidadores não transmitiam uma sensação de segurança, enquanto outras estão mais afinadas com seu eu no todo, portanto têm um equilíbrio de suas necessidades.

A seguir, enumero algumas necessidades de apego. Para compreender as suas, experimente usar a frase "Para me sentir próxima de você, preciso saber que...":

- você me valoriza e valoriza nosso relacionamento

- você vai estar lá quando eu chamar

- você me apoiará em momentos de necessidade

- você me admira, assim como admira meus esforços

- minhas necessidades individuais importam para você

- você me tem em alta conta

- você está disposto/a/e a me ver e compreender

- meus sentimentos são válidos para você

- você me respeita

- existe uma maneira clara de agradar você

- você me vê como uma companheira de sucesso

- posso confiar em seu amor e em sua lealdade

- você confia em meu amor e em minha lealdade

Quando as necessidades de apego das duas partes são atendidas e há confiança de que continuarão assim no futuro, o apego seguro acontece. De maneira análoga, quando suas necessidades não são atendidas e as duas partes não têm certeza de que serão no futuro, temos uma situação de apego inseguro. O atendimento das necessidades de apego é o que ajuda as partes de um casal a se sentirem amadas e dignas aos olhos uma da outra, e a partir disso ambas podem testemunhar a beleza de uma conexão profunda. Se isso parece demais, não se assuste. Relacionamentos não são tão misteriosos quanto podem parecer. Necessidades de apego são atendidas com palavras, sentimentos, pensamentos e atitudes, e este livro foi escrito para ajudar você a saber exatamente como.

Por ora, saiba que relacionamentos seguros têm menos a ver com o que um relacionamento *aparenta* e mais com a *sensação* que ele transmite, motivo pelo qual compreender as necessidades de apego no nível intelectual não basta. Também precisamos *sentir*, no quadro geral do relacionamento, que nossas necessidades de apego são atendidas. Se necessidades de apego não atendidas não fizessem com que nos sentíssemos mal, não teriam importância. Mas elas fazem. Causam dor emocional, que se manifesta no corpo: ficamos tensos, a garganta fecha, nos sentimos pesados, os braços e pernas começam a formigar, vem um aperto no peito, os batimentos cardíacos aceleram e temos a sensação de que estamos murchando. Isso acontece mesmo que não estejamos conscientes de que está acontecendo. A dor emocional nos dá vontade de gritar, de nos fechar, chorar, correr, xingar, desligar o telefone, continuar brigando, tomar uma taça de vinho, arranjar uma distração e muito mais.

Quando você conseguir articular suas necessidades de apego, começará a compreender os sentimentos horríveis que se expressam no corpo quando elas não são atendidas. Esses sentimentos são seu sistema nervoso acionando o alerta de perigo. Só quando você compreender suas necessidades poderá comunicá-las à outra pessoa, em vez de expressá-las em ações ou dizer coisas que a afastam e reduzem a probabilidade de que suas necessidades de apego sejam atendidas. Só quando você compreender as próprias necessidades saberá como reconhecer, demonstrar empatia e responder às necessidades da outra pessoa.

Em todos os casais, inclusive os mais saudáveis, haverá momentos em que as necessidades de apego de uma parte não serão atendidas. Chamamos isso de *ruptura de apego*, um momento no qual uma ou as duas partes se sentem incompreendidas, desrespeitadas, invalidadas e desvalorizadas, como se não estivessem sendo apoiadas e como se suas necessidades não importassem. Isso significa que todos os casais têm apego inseguro? Felizmente não.

Gosto de usar a analogia da contraposição entre clima e tempo. Casais com apego seguro vivem em um clima geral de necessidades de apego atendidas: ambas as partes se sentem compreendidas, valorizadas, validadas, e por aí vai. No entanto, até os casais mais seguros enfrentarão tempo ruim. Quando ele vem, na forma de uma ruptura de apego, é um evento isolado. O casal pode fazer um ajuste e voltar ao clima geral. Por outro lado, quando o clima de um relacionamento é um estado quase constante de necessidades não atendidas, temos um caso de apego inseguro.

Essa diferença entre o clima e o tempo do relacionamento também ajuda a explicar como às vezes um relacionamento começa com proximidade, mas semanas, meses ou anos depois as partes se sentem distantes uma da outra. No início, quando os casais ainda não têm certo número de conflitos não resolvidos e de rupturas de apego, suas necessidades são, na maior parte, atendidas (e, quando não são, eles mantêm a esperança de conseguir dar um jeito juntos). No entanto, conforme as rupturas se acumulam, eles começam a sofrer com os prejuízos, o que leva a ainda mais rupturas, e até mesmo a desespero e desesperança. É quando os momentos de tempo ruim se tornam o novo clima.

Vamos falar brevemente sobre o lado B das necessidades de apego: os medos de apego. No geral, necessidades e medos são dois lados da mesma moeda. Se você necessita de algo para sobreviver, obviamente vai sentir algum nível de medo quando essa necessidade é ameaçada. Pense em comida. Você precisa de comida para sobreviver. Se seu suprimento é ameaçado, não vai demorar muito para que o medo venha. O mesmo vale para o apego. Para sentir segurança em um relacionamento, o que está ligado ao seu senso de segurança geral, você precisa que suas necessidades de apego sejam atendidas e confiar que continuarão sendo atendidas no futuro. Quando elas parecerem ameaçadas, você sentirá algum nível de ansiedade ou medo. Humanos fazem de tudo para evitar a dor, de modo que é claro que nossos medos de apego desempenham um papel importante: motivar-nos a reparar o vínculo.

Agora calma: ter necessidades de apego não torna você "carente". Com frequência me perguntam: "Se espero que a outra pessoa atenda a todas essas necessidades minhas, não sou codependente?". A resposta é não. Ter suas necessidades de apego atendidas (note que estamos falando de necessidade *de apego*, e não de todas as necessidades de uma pessoa) é necessário para que você sinta proximidade com outra pessoa. Isso não torna ninguém completo, mas torna o relacionamento amoroso completo. O que não significa que a outra pessoa precisa te amar para que você se ame. O amor de alguém pode nos *ajudar* a nos amar, ou nos ajudar a expandir o amor que já sentimos por nós mesmos, mas esse amor não tem o poder de *fazer* com que amemos a nós mesmos — isso precisa acontecer de maneira independente.

E quanto à codependência? Muitas pessoas acreditam erroneamente que ter necessidades de apego as torna codependentes. Codependência é um termo vago, com definições diferentes dependendo de a quem se pergunta. Defino codependência como uma subordinação exagerada dos sentimentos, pensamentos e comportamentos de outros para *se sentir bem consigo*. Necessidades de apego, por outro lado, são definidas pelos sentimentos, pensamentos e comportamentos da pessoa com quem você se relaciona necessários *para que se sinta próxima dela* (e vice-versa). Se você se preocupa que suas necessidades de apego sejam um sinal de codependência, faça as seguintes perguntas: "Posso sentir a proximidade de uma pessoa que não me respeita nem me valoriza? Que não me entende nem quer entender? Com quem não posso contar quando preciso de apoio? Que não confia em mim? Que não é digna de confiança?". A maior parte das pessoas tem dificuldade de se sentir próxima de quem quer que seja, e mais ainda de alguém com quem se relaciona, quando não tem um senso sentido de que essas necessidades estão sendo atendidas. E como os riscos emocionais são mais altos em relacionamentos afetivos, nossas necessidades de apego serão maiores nesse caso.

O SISTEMA DE COMPORTAMENTO DE APEGO[8]

Você *sabe* que está com fome ou você *sente* fome? Seu corpo sente fome sem você precisar pensar "Estou com fome". A maior parte dos pais e mães compreende a importância de ensinar as crianças a reconhecer os sinais físicos da fome: barriga roncando, irritabilidade, fraqueza, desejo por comida. Por quê? Porque os bebês não nascem sabendo nomear a fome — precisam ser ensinados.

O mesmo vale para a segurança no apego. A única diferença real é que a maioria das pessoas não é ensinada a nomear suas necessidades de apego. Nossos corpos *sentem* a necessidade, porém há uma desconexão entre a sensação experimentada e a capacidade de comunicá-la. Assim como acontece com a fome, às vezes precisamos de um reconhecimento consciente antes de poder garantir que a necessidade seja atendida. A maioria de nós não foi criada ouvindo: "Você se sente invalidada? Sinto muito. Ajude-me a entender melhor seus sentimentos para que eu possa te ajudar a lidar com eles". Ou: "Você está sentindo que suas necessidades não têm importância para mim. Puxa, que difícil. Mas garanto que elas são muito relevantes". Ou: "Dá para ver que você está bem chateada. Vamos conversar sobre o que você está precisando agora".

Parte do brilhantismo do trabalho de John Bowlby foi ele ter nomeado a experiência corporal do apego. Bowlby chamou isso de sistema de comportamento de apego. Assim como o sistema sexual, que promove a sobrevivência nos motivando a procriar, e o sistema do apetite, que promove a sobrevivência nos motivando a comer, o sistema de comportamento de apego nos motiva a sentir sofrimento emocional quando um apego é ameaçado, ou quando acreditamos que ele esteja ameaçado, e a sentir desconforto até voltarmos à segurança.

Mencionei que compreender as necessidades de apego e ser capaz de nomeá-las é vital. O mesmo vale para reconhecer e nomear o sofrimento emocional. Como você aprenderá a se autorregular ou pedirá ajuda em relação a algo que não é capaz de reconhecer e nomear, e que vivencia apenas como uma "dor" difusa? Imagine que você pisa em um prego. Seu corpo diz: "Alerta! Dor! No dedão! Arranque o prego!". Mas e se você só sentisse dor e pronto, sem ter ideia do que realmente está acontecendo? Você não saberia que precisa arrancar o prego e continuaria sofrendo. O mesmo vale para o sistema de comportamento de apego: você precisa ser capaz de compreender e nomear o que está acontecendo no nível do apego para então saber como aliviar o sofrimento emocional.

OS QUATRO Cs DO APEGO

Os problemas superficiais nunca são os mesmos entre os casais. Seus vizinhos não chegam a um acordo sobre economizar ou gastar dinheiro. Você está em um relacionamento em que ambas as partes concordam quanto às finanças, mas se sentem emocionalmente distantes. Sua vida sexual é ótima, porém sua irmã e a esposa dela enfrentam dificuldades com isso desde o nascimento do último filho; ainda assim as duas formam uma boa dupla em outras áreas, como na realização das tarefas da casa. Você ouve sua chefe brigando constantemente na sala dela. Sabe que o casal se ama e que ambos são comprometidos um com o outro, mas as coisas podem ficar feias quando discutem. O companheiro de um colega de trabalho decidiu parar de beber, mas o álcool sempre foi uma parte importante do tempo que passam juntos e eles não estão sabendo lidar com a mudança.

Todos esses casais quase certamente estão enfrentando problemas de comunicação, e problemas de comunicação são ao mesmo tempo alimentados e mantidos por questões de apego subjacentes. No entanto, como os exemplos demonstram, as questões de apego se manifestam de maneira diversa nos casais. Em geral, elas podem ser divididas em quatro caixinhas: conforto, conexão, cooperação e conflito. Chamo isso de os quatro Cs, e praticamente qualquer problema que um casal venha a enfrentar se encaixa em pelo menos um deles. Alguns casais têm problemas de apego em todos os quatro Cs, e dificuldades em uma área podem se estender a outras. Não importa apenas saber sobre os quatro Cs, é preciso compreender como eles interagem. Por exemplo: pesquisadores descobriram que a capacidade dos casais de apoiarem um ao outro (conforto) quando estão discutindo questões pessoais *independentes* do relacionamento em si era um sinal de menos emoções negativas durante conflitos *sobre o relacionamento* um ano depois. Isso significa que os casais podem aumentar a qualidade do conforto emocional externo ao conflito para que dificuldades futuras sejam resolvidas de maneira mais saudável.

Compreender os quatro Cs ajudará você a descobrir onde concentrar sua cura; também auxilia a avaliar melhor a saúde geral do seu relacionamento e a ver com mais clareza pontos fortes que talvez estejam sendo ignorados.

CONFORTO

Quão bem vocês se amparam mutuamente quando alguém do casal enfrenta dor emocional ou física? Por exemplo, quando você tem uma discussão tensa com seu irmão sobre algo importante, pode contar com a outra pessoa para trazer conforto em vez de apenas conselhos? Quando a outra pessoa sente que foi humilhada pelo chefe, você é capaz de controlar sua ansiedade (que pode ser motivada por pensamentos como "E se isso acabar em demissão?") para estar emocionalmente presente? Quando a outra pessoa fica doente, você é capaz de oferecer empatia e apoio? Às vezes parece que a reação exagerada da outra pessoa às suas angústias só piora as coisas?

Quando casais têm dificuldade de confortar um ao outro, cada um acaba se vendo sozinho com seus problemas. Um dos muitos benefícios de um relacionamento é receber apoio quando necessário. O suporte emocional pode não resolver o problema do momento, mas certamente faz com que nos sintamos menos sós e mais regulados, o que nos ajuda a encarar o problema com mais clareza quando a hora chegar — e, o que é muito importante, ajuda a nos sentirmos próximos e apoiados pela outra pessoa, o que se estende a outras áreas do relacionamento.

CONEXÃO

Vocês se sentem emocionalmente conectados? Falam não apenas sobre detalhes dos acontecimentos das suas vidas, mas também sobre o significado emocional deles? Tive um cliente que quando chegava em casa contava longas histórias sobre seu dia no trabalho, em geral sobre diferentes versões de conflitos com colegas. Seu marido tentava se manter envolvido, mas a interação era monótona e ele acabava se distraindo. Quando notou isso, meu cliente se sentiu rejeitado e sozinho. Trabalhei com ele para que falasse não apenas sobre os detalhes superficiais da história ("Ele disse isso, eu disse isso"), mas sobre como se sentia a respeito. Ele aprendeu a dizer coisas como "Eu me senti muito humilhado quando ele falou isso", que despertavam a empatia do marido e o ajudavam a se envolver com a história. Não apenas os dois passaram a se sentir mais conectados como, nomeando seus sentimentos, meu cliente passou a compreender melhor a si mesmo e começou a trabalhar como agia em seu relacionamento com os colegas. Ou seja, todo mundo saiu ganhando.

Divertir-se juntos também é uma ótima maneira de se conectar emocionalmente. A alegria une. É por isso que os especialistas em relacionamentos incentivam casais a reservarem um momento de tempos em tempos para desfrutar a vida. No passado, os casamentos eram feitos por conveniência, não amor. Agora nós nos casamos por amor e amizade, o que envolve, entre outras coisas, se responsabilizar por esses sentimentos. A única maneira de fazer isso é criando espaço para a conexão. Momentos de conexão ajudam casais a serem resilientes em situações de estresse futuras.

Para a maioria dos casais, a relação física é vital. Isso inclui o toque e a conexão sexual; o contato afetuoso, seja ficar de mãos dadas ou aconchegados, e tudo que se situe entre esses dois polos. Alguns casais encontram na conexão física a *melhor* maneira de se sentir ligados emocionalmente. Sexo e outras formas de toque ajudam as pessoas a se sentirem valorizadas, reconfortadas, queridas e revigoradas no relacionamento. Isso acalma o sistema nervoso. Como terapeuta de casais, não quero que ninguém *só* seja capaz de se conectar emocionalmente através do sexo, mas isso não muda o fato de que para muitas pessoas essa forma de conexão corporal é tão emocional quanto física. Quando casais têm problemas nessa esfera, ou seja, quando pelo menos uma parte se sente fisicamente negligenciada, isso pode ser devastador para outras áreas do relacionamento.

COOPERAÇÃO

Cooperação tem a ver com como você e a outra pessoa encaram a vida como equipe, tomando decisões juntas e se apoiando no dia a dia. Isso pode incluir manter a casa limpa, lidar com os parentes, as finanças, a criação dos filhos ou o lugar onde moram. Dado o número ilimitado de decisões que os casais precisam tomar, faz sentido que questões de apego surjam aqui também. A maior parte dos conflitos e das angústias envolvendo cooperação traz perguntas como: *Minhas necessidades são importantes para você? Considero sua opinião válida, mesmo quando não concordo com ela? Você se dispõe a chegar a um acordo quanto a alguns dos meus desejos e preferências pelo bem da relação? E eu, me disponho?*

CONFLITO

Os conflitos estão relacionados a como os casais lidam quando as coisas não vão bem nos outros Cs. O que acontece se vocês não concordam em questões que envolvem a criação dos filhos ou as tarefas do lar? Como conversam a respeito quando se sentem emocionalmente ou sexualmente distantes? Vocês conseguem falar sobre seus problemas mantendo a regulação emocional — ou seja, estando no controle de suas emoções, em vez de se deixarem levar por elas — de uma forma que não prejudique o envolvimento na situação? Ou ficam presos a culpa, constrangimento, defensividade e distanciamento? Vocês discutem de maneira respeitosa mesmo quando não concordam ou se veem em ciclos negativos que corroem a segurança emocional e alimentam o apego inseguro?

Todos os casais em dificuldades têm problemas com conflito. No entanto, depois que dominarem esse tema — e isso vai acontecer!—, vocês serão capazes de falar sobre seus desafios nos outros Cs de maneiras muito mais propensas a chegar a soluções saudáveis.

ESTILOS DE APEGO

Os estilos de apego determinam em grande parte como cada pessoa gerenciará seus desejos, suas necessidades e seus medos em diferentes áreas — os diferentes Cs — do relacionamento.

Como você se relacionava com seus cuidadores na infância influencia o modo como você se comporta em um relacionamento adulto. No fim da década de 1970, Mary Ainsworth decidiu testar a teoria do apego de Bowlby, conduzindo o primeiro estudo sobre o tema. A partir de sua pesquisa, ela determinou que embora todos tenhamos as mesmas necessidades de apego básicas, os estilos de apego, ou maneiras de *gerenciar* necessidades, desejos e medos de apego, variam de pessoa para pessoa.[9] Esses estilos, que se iniciam na infância, continuam a se adaptar em resposta aos relacionamentos afetivos durante a adolescência e a vida adulta. Eles impactam a maneira como amamos e nos sentimos amados, como brigamos, como nos recuperamos, como encaramos a vida, como solicitamos conforto e conexão e como respondemos às demandas que recebemos a esse respeito.

No próximo capítulo, mergulharemos fundo em cada estilo de apego, e ajudarei você a identificar o seu. Por ora, faço um resumo rápido de cada um deles, já que foi para compreender esses estilos — e como eles se manifestam no seu relacionamento — que começamos a falar sobre a teoria do apego.

APEGO SEGURO

Se você está em um relacionamento com apego seguro, na maior parte do tempo se sente confiante de que pode contar com a outra pessoa em momentos de sofrimento emocional. Há um senso sentido de segurança mesmo quando não está com a outra pessoa, e, quando ela busca conexão e conforto, você reage de maneira acolhedora. Indivíduos com apego seguro e as pessoas com quem se relacionam têm um vínculo emocional profundo, então embora se vejam em conflitos de tempos em tempos, são capazes de encontrar soluções e de reparar as coisas. Quando necessário, você é capaz de estabelecer limites saudáveis com delicadeza.

APEGO EVITATIVO

Se você tem apego evitativo, provavelmente apresenta alguma desconexão com suas emoções e necessidades de apego, o que torna difícil compreender e responder às emoções e necessidades de apego da pessoa com quem se relaciona. Você quer que ela te veja como bem-sucedida no relacionamento — só que você ainda não aprendeu as maneiras de tornar esse desejo realidade. Às vezes parece que não importa o quanto tente, nunca será o bastante. Se você tem apego evitativo, é possível que enfrente os percalços do relacionamento com desconexão, distração, contra-ataques, defensividade e até mesmo sendo exageradamente racional para se proteger dos sentimentos dolorosos de fracasso e rejeição (o que é improvável que esteja aparente na superfície). Essas estratégias de autoproteção prejudicam a capacidade de responder ao sofrimento da outra pessoa e dificultam a formação e sustentação do vínculo emocional, ou mesmo a capacidade de se envolver em um conflito saudável. Embora qualquer pessoa possa ter apego evitativo, pesquisas demonstram que há uma tendência maior de que ocorra em homens — na minha experiência clínica, a proporção é mais ou menos de três para um.[10]

APEGO ANSIOSO

Se você tem apego ansioso, sente dificuldade de se separar emocional ou fisicamente da outra pessoa, e necessidade de se manifestar quando ela não responde a suas angústias e a seus pedidos de conexão. Você se sente ambivalente: anseia profundamente por amor e atenção, ao mesmo tempo que se amargura e se entristece com a incapacidade do outro de atender suas necessidades. Você pode ter dificuldade de ver como seu próprio comportamento contribui para os problemas. Se você tem apego ansioso, provavelmente tenta atingir a outra pessoa com atribuição de culpa reativa, carência, críticas e acusações — tudo porque deseja mais conexão e quer se proteger do medo de abandono. Quando você *finalmente* consegue a conexão que buscava, com frequência é difícil aceitá-la em sua totalidade, porque você não acredita que vai durar. Embora qualquer pessoa possa ter apego ansioso, pesquisas demonstram que há uma tendência maior de que ocorra em mulheres — na minha experiência clínica, a proporção é mais ou menos de três para um.[11]

APEGO DESORGANIZADO

Mesmo aqueles que estão familiarizados com a teoria do apego podem não conhecer esse quarto tipo. Azarão dos estilos de apego, ele é menos comum e mais difícil de entender. Quando comparados às pessoas com apego seguro, ansioso ou evitativo, aqueles que demonstram apego desorganizado vivenciam maior turbulência emocional, contam com menos estratégias de enfrentamento e têm menor capacidade de confiar em si mesmos e nos outros. Eles vão mais longe (muitas vezes de maneira imprevisível) para gerenciar suas angústias de apego, podendo apresentar "apagões" ou até mesmo se tornando abusivos (embora nem todo mundo com apego desorganizado seja abusivo). Esse tipo de apego também está altamente associado a traumas de infância. Muitas pessoas o veem apenas como uma combinação dos apegos ansioso e evitativo, mas não é o caso. Embora seja verdade que alguém com apego desorganizado possa apresentar altos níveis de ansiedade e de evitação, o todo é maior que a soma de suas partes.

Se você tem apego desorganizado, pode apresentar emoções intensas e humor instável, além de se comportar de maneira contraditória, alternando entre busca de proximidade e desinteresse. Você também experimenta sentimentos que variam entre a hostilidade e a impotência, e sente um medo extremo da rejeição. Se é o seu caso, você provavelmente já tomou medidas drásticas para evitar a dor e buscar formas de se reconectar na separação. Mas como assim? Quando alguém com apego ansioso leve sente medo do abandono, pode mandar uma mensagem para a outra pessoa várias vezes até conseguir uma resposta. Quando a resposta vem, passa a sentir uma mistura de alívio e raiva, mas consegue lidar com isso sem se desregular e/ou ser destrutiva. Se você tem apego desorganizado, a coisa pode ficar ainda mais intensa — você liga, manda mensagem, vai ao trabalho da pessoa e talvez até faça um escândalo. Por outro lado, ocorrem momentos, até mesmo longos, de entorpecimento, ou períodos em que você é capaz de bloquear seus sentimentos.

Independente do estilo de apego com que se identifica (e você terá uma ideia melhor disso no próximo capítulo), é importante saber que você não está só. Ter apego inseguro não é um defeito — na verdade, é algo incrivelmente comum. Não significa necessariamente que você teve uma infância ruim, que seus cuidadores não te amavam ou que você nunca vai conseguir viver um relacionamento saudável, pleno e amoroso. Isso é totalmente possível, e é por isso que estamos aqui. Na minha experiência, encontrar um apego seguro sem qualquer esforço ou consciência das ferramentas de relacionamento que abordaremos aqui é muito difícil. Se meu perfil nas redes sociais cresceu como cresceu, é porque centenas de milhares de pessoas com formas de apego inseguro se enxergaram nessas definições e decidiram trabalhar em si mesmas e em seus relacionamentos. Se entramos na questão dos estilos de apego não é para rotular ninguém, e sim para criar um entendimento profundo que vai te ajudar a ser mais saudável e avançar rumo à parceria conectada que você sabe que é possível. Depois que identificar seu estilo de apego, você vai ser capaz de usar esse conhecimento para tornar sua conexão melhor e mais segura.

3. Identificando seu estilo de apego

Vamos entender *você*: ao identificar seu estilo de apego, você poderá compreender por que se comporta de determinada maneira nos relacionamentos, o que por sua vez vai te ajudar a fazer as mudanças necessárias para se comunicar melhor, uma interação por vez, e encontrar o relacionamento seguro que tanto busca.

Embora o entendimento seja necessário para a mudança, ver com clareza às vezes é bastante desconfortável. Testemunhar seus próprios padrões emergirem pode despertar velhos sentimentos que você deixou enterrados por um bom tempo. Isso é absolutamente normal. Conforme lê este capítulo, por favor saiba que não é a hora de pegar pesado, e sim de demonstrar compaixão por si mesma e pelas pessoas que ama. O estilo de apego é adquirido, ninguém nasce com um específico: ele é criado no contexto dos relacionamentos. Assim como você aprendeu onde a pasta de dente ficava (assim espero), também aprendeu como responder emocionalmente aos adultos na sua vida, formando padrões que permanecem aí até hoje. Agora você pode escolher compreender essas posturas defensivas e superá-las — elas podem até ter ajudado, mas agora provavelmente estão prejudicando você (e a pessoa com quem se relaciona). Seu estilo de apego, qualquer que seja, não envolve julgamento de valor. Investigamos os estilos de apego não para ver quão "bons" somos nos relacionamentos, mas porque eles estão na raiz de muitos dos nossos conflitos. Compreender onde você está vai te ajudar a crescer e iniciar seu processo de cura.

Por fim, sua experiência única com a pessoa com quem está importa mais que qualquer rótulo. Embora saber os tipos de apego ajude a enxergar melhor você mesma e seus relacionamentos, não é preciso se encaixar perfeitamente em uma categoria para conseguir uma melhora na relação. E mesmo que você se encaixe perfeitamente em uma categoria, lembre-se de que não há dois apegos inseguros idênticos. Os estilos de apego existem em um espectro. Uma pessoa com apego evitativo pode ser mais evitativa que outra pessoa com o mesmo estilo de apego. O mesmo ocorre com o apego ansioso. Uma pessoa pode ter um apego ansioso mais próximo ao extremo desorganizado do espectro, enquanto outra pode ter um apego ansioso mais próximo ao extremo seguro. Ambas, no entanto, precisam se mover na mesma direção, realizando o mesmo trabalho. Isso é vital. Estilos de apego não foram gravados em pedra; um indivíduo pode se mover de qualquer ponto do espectro rumo ao apego seguro. A premissa deste livro é que você não precisa ter crescido com apego seguro para vivenciá-lo agora. Quando adultos trabalham para desenvolver as habilidades e os traços de pessoas que tiveram uma infância segura, chegam ao que chamamos de *apego seguro conquistado*.

O gráfico a seguir ajudará você a visualizar a progressão ao longo do espectro da versão mais extrema de apego inseguro (desorganizado) ao apego seguro.

ESPECTRO DOS ESTILOS DE APEGO

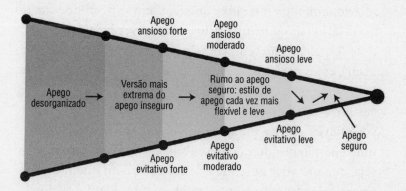

Veja como as setas mudam de direção conforme o espectro avança para o apego seguro. Isso acontece porque quando o estilo de apego de uma pessoa começa a avançar para a segurança, seu comportamento se torna mais flexível. À medida que se torna segura, a pessoa melhora sua capacidade de alcançar mais partes de si mesma. Quem tem apego evitativo pode acessar seus sentimentos e se envolver mais emocionalmente. A princípio sua expressão pode não estar totalmente afinada, mas com a prática isso se resolverá. O parceiro ansioso, por outro lado, pode se tornar menos reativo e começar a relaxar mais do que antes. Pessoas desorganizadas desenvolvem melhores mecanismos de enfrentamento diante de estresse e aprendem a confiar. Aos poucos, se continuarem trabalhando, ambas as partes encontrarão o equilíbrio.

A cereja do bolo é que quando as pessoas encontram segurança uma na outra, começam a ver melhora não só em seu relacionamento amoroso, mas em todos os outros — com os filhos, com a família estendida, com os colegas de trabalho, com os amigos/as/es. Por quê? Para começar, todos carregamos "projetos" de apego dentro de nós. Mesmo em relacionamentos fortuitos, que não têm o nível de vínculo necessário para que um estilo de apego verdadeiro se manifeste (ou *ainda* não têm, como quando as pessoas começam a sair), esses projetos de apego impactarão nossas interações. Você pode não ter um vínculo de apego com o chefe, mas ele pode te lembrar sua mãe controladora, de modo que você talvez reaja a ele de maneira similar. Apego seguro é uma questão de aprender a se conectar verdadeiramente, ou seja, quando você aprende a se conectar com quem está em um relacionamento afetivo, também aprenderá a se conectar com as outras pessoas em sua vida (de maneiras apropriadas à profundidade e ao papel de cada relação).

APEGO NA INFÂNCIA

Seu estilo de apego se formou quando você era criança. Estilos de apego podem se alterar durante a vida adulta, mas a maior parte das pessoas permanece com o que desenvolveu na infância. Ao ler sobre cada um deles, você pode reconhecer sua própria infância — isso vai ajudar a identificar seu estilo de apego e compreender *por que* você se sente como se sente. Talvez uma ferida seja cutucada. Reviver dores antigas pode ser difícil, por isso quero que demonstre empatia pela criança que você foi. Também quero que se lembre, de novo, que ter um estilo de apego inseguro não envolve necessariamente uma criação por cuidadores abusivos ou que não te amavam. A maior parte das pessoas com estilos de apego inseguro foi criada por uma família amorosa que fez o melhor que podia. Você pode ter tido uma infância idílica na teoria, e talvez seja assim que se recorda dela. Um apego inseguro significa apenas que seus cuidadores não conseguiram fornecer as habilidades de apoio emocional de que você precisava com frequência o bastante. Eles não poderiam dar o que eles próprios não tinham. Não estamos falando de atribuir culpa, mas de compreender como seu passado impacta seu presente para que encontremos soluções.

Depois que você entender como ou por que sua infância desenvolveu determinado tipo de apego, discutiremos como esses estilos se manifestam em seus relacionamentos adultos — porque as feridas de infância quase sempre influenciam nossa experiência adulta.

Vamos começar abordando os três estilos de apego mais propensos a causar problemas de relacionamento, e concluir dando uma olhada no objetivo final de todos nós: o apego seguro. (Se você tem interesse em aprender mais sobre suas experiências de infância com o apego, ou como seu estilo de apego pode se manifestar em seu relacionamento, há gráficos abordando todos os estilos no Apêndice.)

APEGO ANSIOSO

A CRIANÇA COM APEGO ANSIOSO

Minha ex-cliente Nora se lembra de brigar muito com a irmã mais nova, como costuma acontecer com as crianças, mas ela também se lembra de sempre ter que assumir a culpa. Os pais não permitiam que Nora falasse da sua raiva, ou de quão injustamente sentia que estava sendo tratada, tampouco a reconfortavam quanto ao peso desses sentimentos. Ela não recebeu ajuda para processar o que sentia nem aprendeu a estabelecer limites saudáveis — em vez disso, só lhe diziam para se comportar e parar de pegar no pé da irmã. Nora se viu sozinha, tentando descobrir como controlar as emoções, e porque era ignorada quando se sentia mal chegou à conclusão de que "se tenho um sentimento 'mau', como raiva, é porque tenho um defeito". Daí surgiu uma pergunta lógica (ainda que quase sempre subconsciente): "Se meus sentimentos me tornam defeituosa e má, serei digna de amor como as outras crianças?".

Às vezes os pais de Nora conseguiam estar presentes, e esse é o ponto crucial do apego ansioso: a pessoa obtém atenção suficiente para saber como é a sensação de ser notada, porém não o bastante para acreditar que isso vai durar. Para crianças como Nora, a ansiedade no relacionamento é resultado de não ter suas necessidades de apego atendidas de maneira consistente. (Qualquer pessoa com qualquer estilo de apego pode apresentar ansiedade em outras áreas da vida, mas o apego ansioso tem a ver especificamente com ansiedade *nos relacionamentos*.) Penso no termo "insegurança alimentar": alguém com insegurança alimentar não está passando fome, porém nunca sabe realmente como estará no futuro. Se você foi uma criança com apego ansioso, recebeu "alimento" emocional suficiente para saber que ele existia, mas não o bastante para relaxar diante da consciência de que estaria ali quando você sofresse ou simplesmente precisasse se conectar e ser vista. Em vez de usar sua energia emocional em nome de um desenvolvimento saudável, você se ocupava em perguntar: "Posso contar com você agora? E agora? Vou poder contar com você na próxima vez? E na vez seguinte?". Parece exaustivo, não acha?

Lutar por segurança e validação era a maneira de Nora se sentir digna de amor e de ter certeza de que suas necessidades importavam. Todas as crianças são motivadas pelo desejo de se sentirem dignas de amor. Sem nem perceber, deixam tudo de lado para ter essa necessidade atendida. Se você teve que lutar pela validação das suas emoções, provavelmente se perguntou, talvez não de maneira consciente, o que significava não poder contar com apoio e o que significava para as pessoas de quem você dependia o fato de elas nem sempre estarem presentes quando você precisava. Você podia confiar que *alguém* estaria presente? Tudo isso leva ao principal medo da criança com apego ansioso: o medo do abandono emocional ou físico. A palavra "abandono" pode soar dramática, mas quando consideramos que o sistema de apego existe para garantir nossa sobrevivência, fica claro que não é inadequada.

Crianças ansiosas também são ambivalentes em relação a seus sentimentos. Por um lado, não confiam que eles são válidos ou aceitáveis; por outro, permanecem motivadas a expressá-los. Isso as deixa presas a um ciclo de expressões grandiosas, que por sua vez incitam respostas negativas, o que as leva a se sentirem mal por não conseguirem se conter. A tensão entre quererem ser vistas e acreditarem que serão rejeitadas contribui para o aumento da ansiedade.

Se você tem um apego ansioso, seus sentimentos e suas perspectivas provavelmente não foram validados de maneira consistente. Na verdade, talvez *nunca* tenham sido validados. Você se lembra de ouvir quando criança que seus sentimentos faziam sentido e eram razoáveis, mesmo quando a maneira como você se comportava em relação a eles não era apropriada? Se a resposta é não, você não está só. Alguns clientes ansiosos que atendo se lembram de ter recebido validação emocional uma ou outra vez, porém muitos não se recordam disso acontecendo em nenhum momento.

Você pode estar se perguntando por que seus cuidadores não estiveram presentes da maneira que você precisava. Talvez eles estivessem sob um nível elevado de estresse, talvez lhes faltassem habilidades parentais, talvez eles precisassem trabalhar muito para pôr comida na mesa, talvez lidassem com doenças crônicas físicas ou mentais, talvez não tivessem apoio suficiente para cuidar dos outros filhos ou de um deles que tivesse necessidades especiais, talvez enfrentassem traumas e feridas não resolvidos da infância, talvez tivessem que cuidar de pais doentes ou idosos, de cônjuges doentes, e por aí vai. Com frequência, esses pais e mães não sabem como atender a suas próprias necessidades emocionais, de modo que fazer isso por outra pessoa, mesmo que seja uma criança, se revela desafiador.

Então *como* suas necessidades eram atendidas? Se você foi uma criança com apego ansioso, provavelmente teve que aprender a se fazer notar para que seus sentimentos provocassem uma reação. Talvez tenha precisado se expressar por meio de chiliques e comportamentos que exigiam atenção, talvez testasse a disponibilidade de seus cuidadores para garantir que poderia contar com eles no futuro. Em sua busca por reafirmação, algumas crianças com apego ansioso se esforçam para agradar a todos. Se você se identifica com isso, se sentia valorizada e segura fazendo as pessoas à sua volta felizes. Ambas as estratégias servem para ajudar crianças ansiosas a se sentirem vistas, valorizadas e correspondidas de maneira positiva.

Crianças ansiosas muitas vezes têm sentimentos contraditórios em relação a seus cuidadores. Elas desejam amor e cuidado e se sentem motivadas a buscar isso, mas também se magoam por todas as vezes em que se viram abandonadas. Essa tensão pode parecer insuportável e provocar ansiedade... entre querer pedir algo que será atendido e querer que sua dor seja reconhecida.

O ADULTO COM APEGO ANSIOSO

Com frequência digo que enquanto o mais difícil em trabalhar com clientes evitativos é fazer com que passem pela porta, o desafio em atender pessoas ansiosas é fazer com que vejam que são parte do problema. A maioria das pessoas com apego ansioso que atendo chegam à terapia de casal porque estão certas de que a outra pessoa é o problema e precisam que eu dê um jeito nela. Sua busca por amor tende a ser desequilibrada: uma fome de amor autocentrada, em detrimento de um desejo autêntico de ser sensível e responsivo à outra pessoa. Quando consideramos esses indivíduos sob a ótica do apego, faz sentido: parceiros ansiosos foram programadas durante a infância a focar nos outros. Dado o modo como os padrões de apego se fizeram presentes em sua vida, essas pessoas têm um bom motivo para se sentirem deixadas na mão. No entanto, isso não significa que não desempenham um papel equivalente nas dificuldades do relacionamento, algo que muitas vezes não conseguem ver em meio à grande dor que sentem.

Quero dizer com isso que todas as pessoas com apego ansioso são pouco razoáveis e não enxergam as próprias falhas? Nem um pouco. Muitas delas são capazes de reconhecer sua parcela de culpa. Com frequência trabalham em si mesmas incessantemente. Fazem terapia individual, pesquisam a respeito, esforçam-se ao máximo para seguir todos os conselhos que recebem. E, quando veem que a outra pessoa não está fazendo nada — não vai à terapia, não lê sobre relacionamentos —, percebem isso como uma despreocupação e chegam à conclusão compreensível e dolorosa de que só elas se importam, e a outra parte não. Falaremos mais adiante sobre por que esse não costuma ser o caso, mas, se você tem apego ansioso, provavelmente vai se identificar.

Considere também que o que parceiros ansiosos acreditam trabalhar no relacionamento nem sempre traz resultados eficazes. Eu me refiro a isso como "regar a planta com gasolina". Por exemplo, uma pessoa com apego ansioso compra um livro sobre relacionamentos e aprende sobre comunicação saudável. Ela lê que as duas partes devem ser autênticas. Então no domingo, quando a outra pessoa preferiria, vamos dizer, assistir a um jogo de futebol a arrumar a garagem, ela diz "de maneira autêntica": "Você não está atendendo às minhas necessidades e isso me deixa triste". Ela está "trabalhando no relacionamento", mas está levando em conta as necessidades da outra parte? Se não for o caso, então não está regando a planta *de verdade*.

Vamos voltar à ideia de *focar nos outros*. Se você tem apego ansioso, grande parte da sua percepção de si fica nas mãos dos outros — no caso, da pessoa com quem se relaciona. Você cede à experiência e ao comportamento da outra pessoa um controle significativo sobre sua experiência do mundo. Vamos dizer que você saiu com amigos/as/es, manda uma mensagem para a pessoa e não recebe resposta. O que conclui disso é que ela não está pensando em você. Sua ansiedade cresce a um nível que faz com que você não esteja mais presente com seus/suas/sues amigos/as/es. Em vez de reservar um tempo para perceber o que sente em relação às ações da pessoa e depois dividir seus medos com ela, talvez perguntando sobre sua experiência, procurando acolhimento e elaborando um plano para a próxima vez, você vai exigir que ela responda dentro de certo intervalo de tempo porque "é isso que pessoas que se importam com as outras fazem". Você não está *tentando* ser controladora — só em raras circunstâncias acredito que alguém queira conscientemente controlar cada movimento do outro —, mas na sua cabeça você precisa que ele saiba o quanto isso te magoa e mude, fazendo com que você sinta mais segurança. Isso é considerado uma abordagem focada no outro porque você escolhe o caminho do "o que você precisa fazer de diferente para que eu me sinta bem" em vez de se voltar para dentro e dizer: "Hum... o que está rolando *comigo* neste momento? Do que se trata exatamente? Do que preciso de mim mesma agora? Do que preciso da outra pessoa?". E depois: "Do que a outra pessoa precisa de mim?".

Quando sua segurança depende das palavras e dos comportamentos alheios no nível dos padrões de apego ansioso, *haverá* ansiedade. Por quê? Porque ninguém controla os outros. Pensar diferente é abrir mão do seu próprio senso de poder. E a impotência gera ansiedade.

Lembre-se de que nada disso torna você ruim, defeituosa ou mesmo uma causa perdida. Você é uma pessoa completa. Suas experiências com apego na infância não criaram o espaço necessário para que desenvolvesse um senso de self saudável e interdependente. Quando você sentia algo normal, como ciúme, talvez ouvisse que era "sensível demais" ou má por sentir algo "inaceitável". Quando estava carente ou com raiva, você recebeu a seguinte mensagem: "Esses sentimentos são excessivos, não temos tempo para isso". Você passou a se preocupar menos com "Me sinto só; estou com raiva; estou orgulhosa" e começou a pensar mais em termos de "*Você acha* que eu não deveria me sentir só, *você acha* que minha raiva é motivo de vergonha, *você decide* do que devo me orgulhar", e "Se você acha meus sentimentos excessivos, então eu devo ser excessiva". Basicamente, você aprendeu a se desconectar das próprias experiências. Sua mentalidade ambivalente — precisar que outros definam se você é "boa" ou "má", "digna" ou "indigna" de amor no momento, mas depois ficar brava com eles por terem tanto poder (ou pelo que você percebe como isso) — alimenta suas expectativas e interações no relacionamento. Também alimenta a comunicação baseada no medo, e você se vê obrigada a gastar uma quantidade de energia exaustiva garantindo que a outra pessoa estará presente da maneira que você acredita que vai te deixar menos ansiosa, mas isso só prejudica a conexão pela qual você anseia desesperadamente, fazendo com que sinta *mais* ansiedade.

Na minha prática clínica, vejo muitas consistências entre os clientes com apego ansioso. Se você tem apego ansioso, provavelmente apresenta uma das seguintes características, se não todas: alta sensibilidade a qualquer ameaça real ou percebida à segurança do relacionamento ou à invalidação; retenção apenas do que é negativo; dificuldade de se autorregular; necessidade constante de reafirmação em detrimento da conexão como uma via de mão dupla.

Absorver apenas os aspectos negativos é particularmente comum entre pessoas com apego ansioso. A sensibilidade a qualquer coisa que pareça ameaçar a segurança do relacionamento deixa você propensa a vê-lo sob uma ótica negativa, porque tem dificuldade de confiar que terá apoio emocional consistente. Você acredita que se conseguir identificar o que há de errado, poderá consertar antes que seja tarde demais. Como resultado, a outra pessoa pode fazer dez coisas em um dia qualquer que mostram seu cuidado e amor, mas, graças à sua necessidade de destacar o que é negativo, uma resposta um pouco mais distante dela (seja intencional ou não) faz o medo crescer dentro de você e te leva ao extremo: "Viu? É uma prova de que não me ama de verdade". Rapidamente seu medo se transforma em frustração ou raiva, e esses sentimentos contaminam a maneira como você se comunica. Essa é a diferença entre a vulnerabilidade e a proteção, entre o eficaz e o ineficaz.

Seu apego ansioso faz com que você se desdobre para se sentir digna de amor e com que sempre procure reafirmações de que poderá contar com a outra pessoa quando precisar. Sua dificuldade de perceber o amor que *é* dirigido a você faz com que se sinta cronicamente insatisfeita com a quantidade e a qualidade de cuidado que recebe da outra pessoa. Quem tem apego ansioso muitas vezes não confia que algo de bom que surja em sua vida vá permanecer nela, o que a leva a evitar subconscientemente a proximidade. Você pode acabar tendo longas discussões sobre os problemas do relacionamento, bombardeando a outra pessoa com perguntas (repetindo as mesmas, sem acreditar nas respostas) e testando comportamentos, que em geral são configurados no subconsciente, na tentativa de receber reafirmação (a ideia é: "Se você conseguir passar nesse último teste, finalmente me sentirei em segurança").

Como alguém com apego ansioso, você tem uma necessidade desesperada de amor e reafirmação, e pode ser difícil autorregular a dor do desejo insatisfeito. Sem uma fonte de alívio, você faz demonstrações intensas de emoção, sobretudo se estiver mais para o extremo angustiado do espectro, o que sobrecarrega tanto você quanto a outra pessoa. Você quase certamente tem dificuldade de encerrar ou pausar discussões, porque brigar muitas vezes é melhor que se ver a sós com sua dor emocional.

Assim como crianças ansiosas, adultos/as/es com apego ansioso são mais sensíveis a invalidação, portanto se a outra pessoa reage dizendo algo como "Você está exagerando", vai ser como se tivesse levado um soco no estômago. Ninguém gosta de ouvir que está exagerando quando quer ser ouvido, mas no seu caso é um golpe duplo: a invalidação no presente já é dura de engolir, *e* ainda por cima toca em uma ferida antiga e muito sensível. Sentimentos de invalidação servem como ponto de entrada bastante comum para ciclos negativos.

Se você se reconhece nessa descrição, não pegue pesado. Tudo o que está fazendo é por um bom motivo — você acredita de todo o coração que se conseguir acertar, se conseguir convencer a outra parte a te ouvir, vai encontrar a proximidade e os sentimentos de segurança pelos quais anseia há um bom tempo. Você só não aprendeu ainda outra maneira de fazer isso.

Também é importante não tirar o que estou descrevendo do contexto da sua relação específica. A maioria das pessoas com apego inseguro se relaciona com outras pessoas com apego inseguro, de modo que seus comportamentos reforçam a insegurança uma da outra, e muitas vezes até a pioram. Se você está lendo isso e pensando: "É claro que vou exigir que a outra pessoa me ouça, senão ela não presta atenção em mim", quero deixar claro que acredito em você. Acredito que a pessoa com quem você está se relacionando faça e diga muitas coisas que a levam a se sentir invalidada, frustrada, sozinha. Os estilos de apego não existem no vácuo. Minha intenção não é constrangê-la ou invalidar seu comportamento, mas lançar uma luz sobre ele para que você possa compreendê-lo, e, em última instância, oferecer uma opção melhor, que aumente suas chances de ser ouvida sem precisar se exaurir.

TENHO APEGO ANSIOSO?

1. No seu relacionamento amoroso você sente desamparo, seja o tempo todo ou especialmente quando percebe que a segurança do apego está sendo ameaçada?
2. Você deseja mais tempo juntos e mais proximidade do que a outra pessoa parece desejar?
3. Você apresenta preocupações com o relacionamento com mais frequência do que a outra pessoa?
4. Você acha que se a outra pessoa fizesse as coisas direito (segundo sua definição de "direito") não haveria *necessidade* de reclamar, ser emotiva, crítica e/ou exigente demais?

5. Não receber validação e apoio emocional é um grande gatilho para você?

6. Você sente necessidade de resolver as coisas aqui e agora?

7. Você se pega querendo sustentar discussões até encontrar a sensação de segurança que busca?

8. Durante discussões, você recai com frequência em alguns dos seguintes padrões: ser a pessoa que menciona suas preocupações (principalmente quanto ao relacionamento), reclamar, criticar, sentir que suas emoções saem do controle, chorar ou sentir raiva, perder a paciência (e talvez fantasiar em deixar a outra pessoa), querer fazer as pazes?

APEGO EVITATIVO

A CRIANÇA COM APEGO EVITATIVO

Jake me disse que seus pais fizeram um excelente trabalho cuidando de suas necessidades físicas, sociais e educacionais. Ele sempre tinha as roupas de que precisava, um ambiente estável, ajuda para fazer a lição de casa e se lembrava de se sentir amado. Foi só quando começamos a nos aprofundar em por que na vida adulta Jake tinha tanta dificuldade de se relacionar que ele passou a ver as coisas com mais clareza. Sim, ele foi bem cuidado em se tratando de suas necessidades básicas, o que não é pouca coisa, mas como não recebia apoio emocional dos pais tentava negar essa necessidade. Quando ficava triste, por exemplo, encontrava maneiras de fazer a tristeza "ir embora" (em geral, ignorando-a e procurando uma distração), de forma que não precisava lidar com duas camadas de sofrimento: a tristeza em si *e* a realidade dolorosa de que não havia ninguém por perto para ajudá-lo. Como todas as crianças evitativas, Jake acabou dizendo a si mesmo (ainda que subconscientemente) que os sentimentos ruins não importavam, então era melhor superá-los. Ele aprendeu a *desativar* suas necessidades de apego.

O modo como Jake se lembra da infância é bastante comum. Crianças com apego evitativo com frequência não vivenciam conscientemente uma infância estressante. As pessoas com apego evitativo que atendo muitas vezes descrevem sua infância como normal, às vezes até "perfeita". Elas não entendem por que os outros reclamam tanto dos pais. "Os meus às vezes eram duros comigo, claro", elas dizem, "mas eu merecia." Muitos parceiros evitativos não se lembram de se sentir ansiosos ou de sofrer negligência ou abuso. Não é incomum descobrir, com o progresso da terapia, que *na verdade* essas coisas aconteciam. Lembranças de longo prazo só são armazenadas pelo cérebro quando há um forte componente emocional envolvido, por isso crianças capazes de ignorar suas emoções podem ter menos recordações *conscientes* de eventos estressantes. Também faz sentido que elas não achem que tenha havido carência emocional na infância, porque não têm com o que comparar.

Algumas crianças aprendem a ser evitativas porque um dos cuidadores principais ou ambos são emocionalmente intrusivos. Nesses casos, as crianças têm pouca privacidade, são forçadas ou coagidas a dividir pensamentos e sentimentos mesmo quando não querem. Cuidadores emocionalmente intrusivos não sabem se conectar, ou não precisariam ser intrusivos, portanto crianças com esse tipo de criação acabam tendo aversão a "falar sobre os sentimentos" *e* ficam carentes de uma fonte de conforto emocional e conexão. Outra versão disso é quando as crianças compartilham o que estão sentindo e seus sentimentos deixam os responsáveis ansiosos, agitados ou sobrecarregados. Lembre-se: crianças precisam se sentir seguras, e não se sentem assim se acreditam que as pessoas de quem dependem em termos de cuidado não estão seguras.

Se você foi uma criança com apego evitativo, teve que aprender desde cedo a abrir mão de expressar suas necessidades emocionais e suas angústias, e a afastar seus desejos de apego e suas necessidades emocionais da consciência. Você pode estar lendo isso agora e pensando: "Não me identifico nem um pouco. Nunca reprimi meus sentimentos... Só não sinto nada". Sem conseguir acessar seus sentimentos, o cérebro aprendeu a recorrer à lógica, ao raciocínio e à abordagem de resolução de problemas à custa de um eu emocionalmente rico (e que traz consigo uma dificuldade de se conectar com o eu emocional dos outros). Você se tornou emocionalmente distante.

Como ocorre com os outros estilos de apego inseguro, se você é evitativo a raiva não devia ser bem gerenciada na sua família. Talvez você tenha visto parentes se comportarem de maneira escandalosa, assustadora ou desconcertante quando ficavam bravos e tenha passado a acreditar que a *emoção raiva* equivale a *comportamentos raivosos* desproporcionais. Talvez um parente em particular demonstrasse raiva e os outros fingissem que ela não existia, fazendo com que você pensasse: "Não quero ser a pessoa raivosa". Talvez você nunca tenha visto a raiva sendo expressa. Talvez o que parecia estabilidade na verdade fosse um desequilíbrio de poder, com o pai ou a mãe tomando a maior parte das decisões e o outro apenas concordando para evitar o conflito. Qualquer que tenha sido sua experiência com a raiva, uma coisa que você não devia presenciar era duas pessoas ficando zangadas uma com a outra, lidando com isso e fazendo reparações. Você aprendeu a ver a raiva, e a expressão da raiva, como algo vergonhoso. Embora crianças com apego ansioso também sintam vergonha da sua raiva, elas continuam a demonstrá-la. Por quê? Porque, para elas, é melhor brigar para conseguir uma reação do que serem ignoradas. Crianças evitativas, por outro lado, preferem evitar a vergonha que associam à raiva contendo-a.

Com frequência me perguntam se é "melhor" ter um apego evitativo para não sentir dor. Entendo a lógica desse raciocínio, mas a verdade é que embora crianças com apego evitativo não sintam dor *diretamente* relacionada ao apego, elas a vivenciam de outras maneiras, mesmo que se manifeste apenas como uma sensação de vazio. Manter os sentimentos inconscientes não faz com que eles desapareçam. Na verdade, quando o estudo original que definiu os estilos de apego foi conduzido com crianças, aquelas com apego evitativo demonstraram *menos* sinais de estresse externo e *mais* sinais de estresse no corpo, como pressão e batimentos cardíacos elevados. Se você cresceu com um apego evitativo, tinha muito mais rolando aí dentro do que imaginava na época, e provavelmente mais do que imagina agora.

Como crianças com apego evitativo têm uma carência de conexão real, elas são privadas da garantia de que seu eu emocional mais íntimo é aceitável tal como é. O resultado é que se esforçam para conseguir aprovação em outras áreas, e muitas vezes são boas em diversas coisas. Em alguns casos, no entanto, essas crianças se sentem incapazes de conseguir aprovação externa, desenvolvem um medo paralisante do fracasso e acabam sendo constantemente malsucedidas. Quando crianças evitativas têm dificuldade de atingir os padrões que seus cuidadores valorizam, podem projetar seus sentimentos de fracasso em coisas como comida, hobbies, video games ou mesmo drogas.

O ADULTO COM APEGO EVITATIVO

Pete chegou à terapia de casal como muitas pessoas com apego evitativo que atendo chegam: com ceticismo. Em relação a mim, à terapia e à ideia de que "falar sobre sentimentos" poderia mudar alguma coisa. Seu ceticismo fazia sentido, considerando que pessoas com apego evitativo tratam os problemas de relacionamento da mesma maneira que abordam seu não relacionamento com a vida: com uma ênfase excessiva na lógica e no raciocínio e uma ênfase insuficiente no emocional. Essa abordagem muitas vezes resulta em carreiras de sucesso, e em certa medida pode ajudar a se virar nos relacionamentos. Com frequência, sua capacidade de suprimir o que sentem neutraliza situações que de outra maneira sairiam do controle. Há um custo, no entanto. Na cabeça de Pete, a solução para seus problemas de relacionamento era simples: sua companheira, Freya, precisava *parar* de ser tão emotiva. Se ela fosse racional, os dois não discutiriam tanto: "Faço tudo o que posso para ser um bom companheiro. Sou leal e trabalho duro. Vejo vários caras no trabalho traindo a esposa. Eu nunca faria isso com Freya. Mas ela sempre acha algo para reclamar, e existe um limite para o quanto consigo 'falar sobre como falamos'" (era assim que Pete descrevia a necessidade de Freya de discutir os problemas de comunicação no relacionamento).

Pete foi teimoso e resistente à mudança? Não, ele não era um caso perdido. Na verdade, acabou se saindo muito bem na terapia. Juntos, descobrimos que Pete *precisava* minimizar as necessidades emocionais de Freya porque foi assim que ele se virou na vida. Era se desapegando de emoções que podiam ameaçá-lo ou sobrecarregá-lo, principalmente em momentos de estresse, que Pete se sentia seguro no mundo, e ele fazia isso sem se dar conta. De início o sucesso e a estabilidade de Pete atraíram Freya, porque ela não havia tido isso na infância. Em seu subconsciente, Pete acreditava que não conseguiria começar a jogar um jogo diferente, cujas regras nem sabia, e acabaria falhando consigo mesmo e com Freya. Quando se agarrava à crença de que ela precisava parar de ser tão emotiva, o que estava dizendo era: "Não entendo a parte emocional do meu eu e não sei como ajudar Freya com a dela. Por isso, em vez de encarar as limitações que tenho medo de ver em mim mesmo, é mais fácil me convencer de que os sentimentos dela é que são o problema". Pete queria ter um bom relacionamento tanto quanto Freya; ele só via uma maneira muito diferente de chegar lá.

Outro motivo pelo qual pessoas com apego evitativo podem ser avessas à ideia de fazer terapia é uma crença de que *deveriam* ser capazes de resolver tudo sozinhas e ter todas as respostas, principalmente em se tratando de relacionamentos, que na cabeça delas são algo simples. Quando os problemas surgem, elas culpam a si mesmas por ter errado, e nada sinaliza um erro em um relacionamento tanto quanto uma briga. Se você consegue se identificar como alguém que evita conflitos por causa da ameaça que eles oferecem ao relacionamento ou à própria visão de si mesmo, ou porque os considera exaustivos e uma perda de tempo, talvez se esquive das preocupações da outra pessoa quanto ao relacionamento dizendo coisas como: "Não quero falar sobre isso agora, acabei de chegar em casa". Se mesmo assim as coisas ficam acaloradas, você diz à outra pessoa que ela está exagerando ou misturando as coisas. Você pode ficar na defensiva enquanto tenta manter a calma e a razão, ou simplesmente dizer o que a outra pessoa quer ouvir só para acalmar a situação o mais rápido possível.

O estereótipo do apego evitativo é uma pessoa reservada, fechada, avessa a conflitos e a conexão, mas muita gente não se identifica com essa imagem. Na minha experiência com casais reais, as coisas não são simples assim. Seu apego evitativo pode se esconder atrás de comportamentos que buscam conexão em algumas áreas do relacionamento (por exemplo, sexo), de palavras e gestos românticos (principalmente no começo, antes que ciclos negativos se iniciem), de uma personalidade tempestuosa e de um comportamento explosivo em conflitos.

Então o que torna evitativa uma pessoa com apego evitativo? Nos meus atendimentos, vejo três pontos em comum: medo de fracassar, desconexão dos sentimentos (distanciamento emocional) e medo de ser tomado pelo outro.

Se você falhar no seu relacionamento, terá que lidar com a vergonha devastadora de decepcionar a si mesma porque decepcionou seu/a/e parceiro/a/e ou mesmo outras pessoas que você acredita que vão te julgar por não ter conseguido fazer a relação funcionar. Às vezes esse medo do fracasso se manifesta no que você *faz* — se esquivar ou se defender para não ter que ser a malvada da história — e às vezes no que você *não faz* — se fechar, encontrar maneiras de se distrair, dizer à outra pessoa o que ela quer ouvir em vez de ser verdadeira, tudo para impedir que as coisas piorem. Enquanto a pessoa com apego ansioso tenta encurtar a distância no relacionamento para não se sentir tão só, você tenta impedir que as coisas piorem para não precisar enfrentar a vergonha de ter fracassado.

Pessoas com apego evitativo muitas vezes são acusadas de não querer conexão emocional. Eu não poderia discordar mais. Em meus atendimentos, aprendi que essas pessoas simplesmente perderam o contato com seus sentimentos e suas necessidades emocionais, incluindo a necessidade de proximidade emocional. Mais do que isso, elas nunca tiveram boas experiências com conexão ou intimidade. Aprenderam a associá-las com fraqueza e dependência, ou com expectativas que não têm como atender, e é claro que não querem se sentir fracas, dependentes e fracassadas. Meu trabalho como terapeuta não é fazer pessoas com apego evitativo desejarem intimidade e conexão, e sim ajudá-las a abandonar suas noções equivocadas de intimidade e derrubar os obstáculos a uma necessidade de conexão que já existe. Não é que pessoas com apego evitativo não queiram se conectar — *elas não sabem o que isso significa, e mesmo que soubessem não têm ideia de como fazê-lo.*

Se você tem apego evitativo a raiva deve ser uma emoção particularmente complicada. Muitas das pessoas com apego evitativo que atendo não admitem que estão bravas, seja porque não conseguem reconhecer sua própria raiva ou porque foram condicionadas a pensar que essa é uma emoção vergonhosa ou perigosa. Elas têm momentos de mau humor que não conseguem enxergar, mas que todos a sua volta sentem. Se você tem um apego evitativo pode demonstrar raiva se fechando, sendo maldoso, passivo-agressivo, recolhendo-se ou demonstrando frustração com coisas pequenas e muitas vezes alheias ao relacionamento (uma torneira quebrada, por exemplo, pode causar uma explosão emocional).

Se você tem apego evitativo, pode estar pensando: "Mas nem sempre me fecho. Às vezes eu brigo". É relativamente comum que pessoas com apego evitativo percam as estribeiras durante um conflito, em geral quando as estratégias para evitá-lo fracassam e elas são levadas ao limite. Se com você é assim, talvez reconheça o seguinte padrão: a outra pessoa reclama porque quer que vocês passem mais tempo juntos. Primeiro você se defende, dizendo que vocês já ficam bastante juntos, e lista tudo o que fizeram na última semana. Ela não se convence, então você a acusa de nunca estar satisfeita. Isso não funciona, então você desiste e diz algo vago como: "Tá. Se você quer que a gente passe mais tempo juntos, a gente passa mais tempo juntos". A outra pessoa não acredita e a invalidação a deixa brava, fazendo com que chore e assuma um tom mais acalorado. Você fica com raiva, porque uma tarde até então perfeita foi perdida com uma briga, e acaba combatendo fogo com fogo. Depois se martiriza por ter ficado com raiva e jura que "nunca mais vai acontecer". Infelizmente, como você não aprendeu outra maneira de agir, o padrão volta a se repetir.

Se você tem apego evitativo, deve achar sufocantes e desconfortáveis as tentativas da outra pessoa de te atingir emocionalmente e busca afastá-las. Em algum lugar lá no fundo, você anseia pelo senso sentido de proximidade, mas quando o obtém, mesmo que a sensação seja boa, uma parte sua associa isso com fraqueza e dependência, o que, na falta de um termo melhor, corta a onda. Você pode associar proximidade a uma perda total do eu. Em vez de encarar seus medos, é mais fácil concluir que as necessidades da outra pessoa são o problema. Você talvez se pergunte: "Por que ela tem que ser tão carente?". Quando se afasta um pouco, sabe que seu comportamento deixa o outro confuso e se sentindo sozinho, mas seu medo assumiu o controle no momento.

Gigi foi criada por uma mãe solo que era repetidamente deixada na mão pelos homens. Gigi se lembra de a mãe insistir na importância de que ela se tornasse uma mulher forte ao crescer, que não dependesse dos homens. Dessa maneira, a mãe tentava protegê-la de suas próprias experiências dolorosas. Mas o que Gigi absorveu foi que mesmo uma *interdependência* emocional saudável com outra pessoa violaria o senso de independência que a mantinha a salvo.

Gigi se apaixonou por Colin e eles logo tiveram problemas, porque ele cultivava expectativas razoáveis de conexão emocional. No dia do casamento deles, Gigi se mostrou relutante em ficar de mãos dadas com Colin na frente dos outros por medo de que a vissem como uma mulher fraca e dependente. Quando Colin falava de seus sentimentos ou pedia seu apoio emocional, Gigi se irritava e o acusava de ser carente. Naturalmente isso fazia com que Colin se sentisse invalidado e sozinho, o que prejudicava o relacionamento.

Gigi tinha vindo com um defeito, o de ser biologicamente programada para afastar a proximidade? Não, ela encarava seus medos com honestidade, como você. Quando Gigi começou a se entender melhor, conectar-se com seu mundo interior e usar o que tinha à disposição para criar conexões verdadeiras, seu relacionamento com Colin (que também tinha trabalho a fazer) conseguiu alcançar o apego seguro.

TENHO APEGO EVITATIVO?

---

1. Você sente mais medo de que a pessoa com quem está veja você como um fracasso (ou um fracasso no relacionamento) do que do abandono emocional ou físico?
2. A outra pessoa parece precisar de mais tempo juntos e de mais proximidade que você?
3. Às vezes você se sente desconfortável com proximidade demais?
4. Você tende a não trazer à tona questões de relacionamento porque não as tem, não quer falar sobre elas ou teme que abordar o assunto possa ser um gatilho para a outra pessoa?
5. Você costuma se sentir desvalorizada ou como se nunca conseguisse fazer a coisa certa com a outra pessoa?
6. Você procura conter a raiva e tenta ver tudo pelo lado positivo só para depois perder o controle, no relacionamento ou em outras áreas da vida?
7. As tentativas de encerrar discussões costumam vir de você?
8. Você costuma recair em um dos seguintes padrões durante discussões: defender-se, contra-atacar, apaziguar a situação ou se fechar?

APEGO DESORGANIZADO

A CRIANÇA COM APEGO DESORGANIZADO

Crianças com apego ansioso, evitativo ou seguro dispõem de estratégias consistentes para que suas necessidades sejam atendidas. Crianças ansiosas pedem atenção reclamando, tentando agradar ou fazendo o que quer que as faça se sentirem vistas, validadas e dignas de amor; crianças evitativas se esquivam da decepção se desconectando de suas necessidades; crianças seguras pedem e recebem (falaremos mais sobre isso a seguir). Devido à consistência dessas estratégias, a pesquisa original sobre apego considerou esses três grupos "organizados". No entanto, há uma quarta categoria de crianças que não se encaixam nessas descrições. Essas crianças costumam se ver sobrecarregadas por suas experiências interiores e abrigar conflitos internos enormes. Quando desencadeados por gatilhos, seus comportamentos são imprevisíveis, por isso os pesquisadores classificaram esse grupo como "desorganizado".

Se você foi uma criança com apego desorganizado, nunca se sentiu completamente segura. Você se identifica com sentimentos de medo e desconfiança em relação a seus cuidadores. As pessoas de quem mais precisava talvez fossem também uma fonte de perigo. Talvez punissem demais, fossem abusivas ou negligentes ao extremo. Pode ser que não o tempo *todo*, mas o bastante para causar um impacto. Nesse caso, você teve que viver com um conflito interno doloroso: sentir um desejo intenso e biológico de conforto e segurança emocionais, mas sem qualquer esperança de que fosse atendido. Isso é chamado de angústia aproximação/medo: a ideia de que "Preciso me aproximar, só que tenho medo demais" e a sensação profunda de desespero que a acompanha.

Esse tumulto interno todo mantinha seu sistema nervoso ativado durante grande parte do tempo. Você apresentava significativamente mais dificuldade de gerenciar emoções fortes, que por sua vez alimentavam comportamentos intensos, exagerados e muitas vezes difíceis. Seu sistema nervoso talvez tenha aprendido a se dissociar (uma sensação de estar fora do próprio corpo) para sobreviver a experiências traumáticas. Ou você pode ter aprendido a manter suas emoções tão distantes do consciente que era como se elas não existissem.

Embora um apego desorganizado seja com frequência associado a trauma e abuso, nem sempre é o caso. Pesquisas apontaram que pais e mães de crianças com apego desorganizado têm pelo menos uma coisa em comum: trauma e sofrimentos não resolvidos no próprio passado.

O ADULTO COM APEGO DESORGANIZADO

Se você tem apego desorganizado, sua infância foi altamente disfuncional (mesmo que isso não ficasse óbvio na superfície ou olhando de fora), o que faz com que você conte com menos recursos internos para fazer seus relacionamentos prosperarem. Você vai vivenciar mais angústia de apego, será mais suscetível a gatilhos e seus comportamentos para gerenciar toda a dor ligada a relacionamentos que carrega serão mais extremos, o que é compreensível. Como mencionei no capítulo anterior, muitas pessoas acreditam erroneamente que o apego desorganizado é uma mera combinação do ansioso e do evitativo, porém não se trata disso. Embora seja verdade que alguém com apego desorganizado possa ter níveis elevados tanto de ansiedade quanto de evitação, o todo é maior que a soma de suas partes.

A maioria das pessoas com apego desorganizado se identifica com a experiência do apego ansioso, mas de forma mais intensa e imprevisível. Um estudo definiu esse tipo de apego desorganizado como desorganizado-oscilante.[1]

Pessoas com estilo de apego desorganizado-oscilante e ansioso compartilham o medo de abandono e rejeição, a necessidade de manter a outra pessoa próxima, insatisfação frequente nos relacionamentos e comportamentos como reclamações e exigências. Ao mesmo tempo, você pode descobrir que logo depois que consegue que a outra pessoa se aproxime, sente a necessidade de afastá-la, como se dissesse: "Preciso de você, mas sei que vai me abandonar, então vou te abandonar antes que você faça isso. Mas espera, eu preciso de você. Volte". Se seu relacionamento atual ou algum relacionamento passado foi especialmente tumultuoso — se as brigas podiam chegar ao abuso verbal extremo ou à violência, se vocês terminavam por impulso e voltavam depois e tudo aquilo que consideraríamos drama excessivo —, é possível que o apego desorganizado tenha um papel nisso.

Dizer que ter apego desorganizado é uma maneira dolorosa de viver é pouco. Se você se identifica com essa situação, suas dificuldades não são gratuitas e você não tem um defeito. Sua criação ocorreu em um ambiente que te tornou incapaz de confiar nos outros ou em si mesma. Ser capaz de acreditar que existem pessoas em quem pode confiar é necessário para a segurança no relacionamento, e a segurança é necessária para a proximidade. Não ser capaz de acreditar nisso faz com que você sinta desconexão e solidão mesmo quando não está fisicamente só. Para muitas pessoas, uma experiência contínua de intimidade real e segurança no relacionamento parece um conceito absurdo. Quando a dor é quase insuportável, você pode tomar medidas extremas para se sentir melhor: mandar mensagens sem parar, exigir uma resposta ou reagir de maneira desproporcional quando acreditar que a outra pessoa foi de alguma maneira desleal. Também pode ir para o extremo oposto e de repente terminar do nada, sem se explicar direito ou mesmo nem falar (principalmente se o relacionamento estiver no início). O nível em que as coisas saem do controle varia, mas há sempre uma sensação de se perder em meio a emoções fortes demais. E por um bom motivo: nesses estados de desregulação extrema, é seu sistema nervoso em alarme que dirige o carro, não você.

A maioria das pessoas que exibem apego desorganizado-oscilante relata alternar entre momentos de intensidade e de se fechar completamente. Isso acontece porque, se a experiência com o apego desorganizado é marcada por algo, é pela imprevisibilidade. Seus pensamentos, atitudes e sentimentos são imprevisíveis. O que hoje é um gatilho amanhã pode não incomodar. Você talvez note oscilações de humor, às vezes múltiplas no mesmo dia (não como no transtorno bipolar, em que as oscilações ocorrem ao longo de dias ou semanas). Você pode ter acessos de fúria seguidos de sentimentos de impotência e vulnerabilidade, e depois fúria outra vez.

Não estou dizendo que sua vida toda foi assim. Em certas situações, quando se sente em segurança e quando há menor propensão a gatilhos, você consegue ficar bem. Algumas pessoas com apego desorganizado nos relacionamentos se saem muito bem no trabalho ou com amigos/as/es. No entanto, quando se sentem *de fato* inseguras e gatilhos são acionados, o que vem é tão poderoso que às vezes permanecer no controle em meio à dor parece um desafio intransponível. Existe uma dificuldade com limites saudáveis, seja com estabelecer e manter os próprios, seja com respeitar os dos outros. Talvez você encare limites como punições e tenha medo de ser abandonada caso imponha algum. Se você tem apego desorganizado e sofreu um trauma, o que muitas vezes acontece, talvez experimente dissociação (a sensação de deixar o próprio corpo) quando as coisas ficam particularmente intensas. Pode ser fácil confundir dissociação com o comportamento evitativo típico do recolhimento ou do fechamento, mas a dissociação é uma resposta ao trauma, e não uma reação evitativa.

Embora menos comum, em especial entre pessoas que buscam ajuda no relacionamento, há uma segunda subcategoria do apego desorganizado. Marcada não pela intensidade emocional, mas sim por seu oposto, o apego desorganizado-empobrecido é definido pela ausência de expressão emocional, e se situa no extremo do espectro evitativo.[2]

O apego desorganizado-empobrecido e o apego evitativo se assemelham no distanciamento das emoções e do anseio por apego, assim como na visão de que depender do outro é uma fraqueza. No entanto, no apego desorganizado-empobrecido isso é mais extremo. Se você se identifica com esse estilo, talvez reconheça uma necessidade de levar uma vida segura e discreta, optando, por exemplo, em manter um emprego abaixo das suas qualificações e evitando experiências novas, como viajar. Enterrados bem lá no fundo há sentimentos de caos interno similares aos do tipo mais comum de apego desorganizado, só que mais alheios à consciência. Para não entrar em contato com eles, você se esforça para mantê-los sob controle evitando o estresse. Talvez você tenha sistemas de crença rígidos ou até evite relacionamentos por completo.

TENHO APEGO DESORGANIZADO-OSCILANTE?

1. Você respondeu "sim" a muitas das perguntas relacionadas a apego ansioso?
2. Você sente um medo intenso de abandono físico e/ou emocional em seu relacionamento amoroso?
3. Você tem dificuldade de se autorregular depois de um gatilho e muitas vezes se sente completamente perdido em suas emoções?

4. Quando uma discussão se torna intensa, você vai com tudo, desmorona emocionalmente ou foge?
5. Você se ofende ou se magoa com mais facilidade que as outras pessoas?
6. Sua raiva se expressa mais como fúria?
7. Você não sabe bem como se comportará em situações difíceis — às vezes reage com vigor e em outras não faz nada, mesmo quando são gatilhos similares?
8. Você costuma ter oscilações de humor que passam a impressão de que a sua vida é instável e imprevisível?
9. Seus sentimentos pela pessoa com quem se relaciona amorosamente podem mudar de positivos para negativos, e vice-versa, em um período curto de tempo?
10. Você tem dificuldade de confiar no amor e/ou na lealdade da pessoa com quem está em um relacionamento amoroso mesmo quando os indícios são de que deveria acreditar nela?

TENHO APEGO DESORGANIZADO-EMPOBRECIDO?

1. Você associa sacrifícios no relacionamento com fraqueza e perda de individualidade?
2. A ideia de autorreflexão (explorar seus próprios pensamentos, sentimentos e motivações) te parece estranha?
3. Não tem nenhuma curiosidade sobre o mundo interior dos outros?
4. Se tem alguma consciência dos seus sentimentos, sente dificuldade de nomeá-los?
5. Você gosta mais de trabalhar ou de praticar algum hobby do que de se conectar com outras pessoas?
6. Você pensa que caso se comprometa com coisas demais na vida vai ficar sobrecarregada e fracassar?

Se você tem apego desorganizado, pode aprender muitas habilidades neste livro. Dito isso e considerando o que você passou na vida, pode ser mais difícil se autorregular ou se envolver emocionalmente bem o bastante em momentos desafiadores. Se descobrir que isso é verdade, não se desespere. Você pode precisar de uma ajuda especial para trabalhar eventuais traumas que estejam interferindo em sua vida. Recomendo a abordagem terapêutica da Experiência Somática (www.traumahealing.org, em inglês). Ela ajuda a acessar melhor as emoções e a se autorregular, e colocará você em um ponto de partida melhor para ter sucesso. Discutirei esse tipo de terapia em mais detalhes no capítulo 10.

UM COMENTÁRIO SOBRE OS TRÊS ESTILOS DE APEGO INSEGURO

Se você se reconhece em qualquer uma das descrições anteriores, é importante lembrar que ter um estilo de apego inseguro não é uma sentença para o resto da vida nem significa que você é um fracasso. Pessoas com estilos de apego inseguro enfrentam dificuldades em seus relacionamentos mas encontram sucesso em outras áreas da vida, como nas amizades e na carreira. Às vezes traços de um apego inseguro podem ser pontos fortes em outras áreas. Uma antiga cliente minha, Anika, era cirurgiã, algo que exigia que contivesse emoções dolorosas. Se ela não fizesse isso, as consequências seriam devastadoras para os pacientes. Quando brigava com a esposa ou tinha uma manhã complicada com as crianças — o tipo de situação que deixa muitas pessoas fora do prumo —, graças a seu estilo de apego evitativo Anika tinha uma capacidade impressionante de compartimentalizar sentimentos e realizar seu trabalho, algo que contribuía para que fosse reconhecida como uma das melhores cirurgiãs do país. No entanto, era importante que Anika compreendesse que, embora esse traço beneficiasse sua carreira, manifestava-se em seu relacionamento de uma forma *não* positiva. Assim, trabalhamos em busca do equilíbrio, como espero que você faça. No caso de Anika, isso significou aprender a se regular emocionalmente para realizar cirurgias durante o dia e estar disponível para sua família depois.

APEGO SEGURO

A CRIANÇA COM APEGO SEGURO

Depois de ler todas essas descrições de como as coisas dão "errado" você pode estar se perguntando como é quando elas dão "certo". Em se tratando de teoria do apego, o "certo" é o que chamamos de apego seguro. Como mencionei, não é que crianças com apego seguro vivam em ambientes perfeitos, com cuidadores perfeitos; na verdade, elas vivem em ambientes bons o suficiente, com cuidadores bons o suficiente, e têm um senso sentido de confiança de que podem buscar conforto emocional e conexão em seus responsáveis quando precisarem, de que estão protegidas do mal e do abandono e de que na maior parte do tempo serão atendidas com amor e cuidado.

No contexto dos quatro Cs, crianças com apego seguro recebem suporte emocional suficiente quando estão angustiadas (conforto); tempo e atenção suficiente, inclusive emocional (conexão); ajuda suficiente quando as coisas dão errado (conflito); e vivem em um ambiente seguro, com cada membro da família sentindo que suas necessidades são respeitadas (cooperação). Quanto é o suficiente? Voltemos ao clima. Quanto de sol é necessário para que se considere que o clima seja ensolarado? Climas ensolarados incluem dias de chuva? Claro que sim. Crianças podem levar uma vida difícil — passando por perdas, tragédias, desastres naturais, divórcios e outros desafios — e ainda assim ter um apego seguro se receberem apoio emocional o bastante no processo.

Se você teve apego seguro quando criança, não precisou gastar energia lutando para ter suas necessidades atendidas ou as afastando, porque no geral seu senso sentido era de segurança. Em vez disso, sua energia estava livre para ser canalizada para o seu crescimento e o seu desenvolvimento. Você teve espaço para se conhecer. Como todas as crianças você enfrentou adversidades, mas como tinha uma base segura para a qual voltar o impacto negativo foi menor.

Imagine que você é uma criança que foi constrangida pelo professor diante da sala toda e está voltando para casa de ônibus, sentindo-se péssima. Agora imagine que você não quer contar a seus cuidadores o que aconteceu porque sabe que eles vão ficar bravos e culpar você, ou que sua reação vai ser desproporcional, ou que eles não terão tempo de te ouvir. Talvez você não saiba como eles vão reagir, porque às vezes são acolhedores e em outras se mostram bravos e indisponíveis. Enquanto imagina esse cenário, enquanto você se visualiza como essa criança, o que acontece com o seu corpo? Talvez você note sinais sutis de tristeza e ansiedade, como um nó na garganta, um aperto no peito ou uma tensão nos músculos.

Agora imagine que você sabe que mais tarde pelo menos uma pessoa entre seus cuidadores vai te ouvir e consolar. Isso não diminui a dor do incidente, mas pelo menos você sabe que cuidarão de você, que haverá alguém para te abraçar e secar suas lágrimas. Talvez só de ler sobre ter uma presença carinhosa para a qual voltar já tranquilize você. Você pode sentir seus músculos relaxados ou uma sensação de aconchego. É isso que quero dizer quando falo que a segurança é sentida no nível físico. (Pais e mães de crianças com apego seguro *também* oferecem conselhos, mas só depois de cuidar de seus sentimentos feridos.)

Sem carregar a bagagem pesada da ansiedade relacional (um desejo incômodo de restabelecer a conexão com os outros) ou gastar energia a reprimindo, crianças seguras são livres para devotar sua atenção às ricas experiências que a vida tem a oferecer e a se sentir seguras correndo os riscos controlados necessários para o aumento da sua confiança.

Se você teve apego seguro, o tipo de responsividade que estou descrevendo a ajudou a entender que suas emoções importavam, que elas faziam sentido e que havia apoio emocional disponível. Com isso você aprendeu a honrar suas emoções como um guia útil na vida e acabou desenvolvendo recursos internos próprios para a autorregulação. Com a confiança de ser capaz de pedir apoio emocional quando ele estava disponível e de se autorregular quando ele não estava, você desenvolveu uma confiança interna que reforçou sua sensação de segurança.

Uma vez pedi a um cliente chamado Jorge que descrevesse uma experiência positiva com seus pais. Ele se recordou de quando tinha cinco anos e estava aprendendo a andar de bicicleta sem rodinhas. A primeira vez que conseguiu ficar alguns metros sem cair foi motivo de comemoração. Jorge se lembra dos pais dizendo que tinham orgulho dele, mas também se lembra de seu pai ter lhe perguntado: "Ei, filho, você está orgulhoso de você mesmo?". Isso ofereceu a Jorge a oportunidade de desenvolver a consciência da própria experiência. Inspirando a autorreflexão de Jorge, seu pai o ajudou a desenvolver um senso de self. Jorge foi capaz de dizer a si mesmo: "É boa a sensação de superar um obstáculo desafiador, não só porque os outros ficam orgulhosos, mas porque *eu* fico". Em outros momentos, os pais de Jorge poderiam ter dito: "Olha só pro sorriso no seu rosto... você está tão feliz". Ou mesmo: "Ih, é frustrante quando a gente está se saindo bem e então cai, né? Pronto, deixa eu te ajudar". Ter suas emoções refletidas de volta ajudou Jorge a compreendê-las e a se expressar melhor ao longo da vida.

Crianças com apego seguro têm espaço para vivenciar sentimentos dolorosos. Quando Jorge era mais velho e não conseguiu um papel na peça da escola, ficou arrasado. Em vez de lhe dizer para não ficar triste, ou "ano que vem você tenta de novo", seus pais validaram seus sentimentos dizendo algo como: "Sinto muito. É claro que você está arrasado, era muito importante para você". Eles usavam um tom autêntico e emocionalmente envolvido (o que só é possível se os sentimentos por trás das palavras forem verdadeiros), e se Jorge precisava chorar o abraçavam enquanto as lágrimas rolavam. Nesse caso, depois que Jorge desabafou e se lamentou, seus pais passaram a uma abordagem de resolução de problemas e procuraram um grupo de teatro comunitário ao qual ele pudesse se juntar. No entanto, mesmo que não tivessem feito isso ficaria tudo bem também. Nem todo problema pode ser resolvido.

Se você foi uma criança com apego seguro, via seus cuidadores como sábios e fortes na maior parte do tempo (eles nunca são perfeitos), e raras vezes (ou nunca) se sentia responsável pelo bem-estar deles, emocional ou não. Eles tomavam conta de você, e não o contrário, mas não eram tão protetores a ponto de impedir que você aprendesse a se virar na adversidade. E o mais importante: você aprendeu qual é a sensação de estar em uma relação sensível e de apoio, e o que buscar em seus futuros relacionamentos.

O ADULTO COM APEGO SEGURO

Se você tem apego seguro na vida adulta, sabe como buscar conexão emocional no/a/e parceiro/a/e, e também como responder aos pedidos de conexão dele/a/u. Você sabe como é estar em um relacionamento em que as necessidades de apego são atendidas, e esse é o seu padrão. É capaz de acessar e expressar suas emoções e se sente confortável com sua vulnerabilidade. Não teme ou evita a conexão emocional com a outra pessoa. Manifesta seus desejos e necessidades de maneira direta e é responsiva aos desejos e necessidades do outro; também consegue suportar a decepção e tem limites flexíveis.

Se você tem apego seguro, não carrega crenças negativas a seu respeito, como "Se eu cometer um erro, sou um fracasso", ou "Não sou digna de amor, preciso me esforçar ao máximo para me tornar aceitável". Sem o fardo dessas crenças que levam ao medo e ao constrangimento, você se sente mais segura para ficar vulnerável no relacionamento. A vulnerabilidade é por definição arriscada, mas se você tem apego seguro ela não parece um risco mortal, como costuma ser o caso para pessoas com apego inseguro. Você compreende que todos os relacionamentos envolvem dor emocional de vez em quando e é capaz de se virar nos momentos difíceis. Você também tem menor propensão a ficar na defensiva diante das críticas e consegue agir de acordo com seu próprio sistema de valores mesmo quando a outra pessoa não o faz.

Se você tem apego seguro, valoriza fortemente os desejos e as necessidades da outra pessoa e confia que receberá o mesmo em troca. Em desavenças, trabalha em nome da compreensão e de um meio-termo, em vez de tentar convencer a outra pessoa a ver as coisas de maneira diferente. Isso não quer dizer que abre mão dos valores que são mais importantes para você, ou que não haja influência mútua, mas o controle não é uma questão na maneira como vocês gerenciam suas diferenças. Com apego seguro, você vê o outro como seu número um, a pessoa certa. Porém você também tem amigos/as/es e familiares nos quais buscar conexão e apoio, porque sabe que um único indivíduo não é capaz de atender a todas as suas necessidades o tempo todo.

Embora o apego seguro em seu relacionamento próprio e o apego seguro em seu relacionamento afetivo estejam intimamente ligados e na verdade um alimente o outro, eles não são a mesma coisa. Estamos falando de vínculos diferentes. Você pode ter uma relação segura com você mesma, mas se não confiar que a outra pessoa é emocionalmente segura e disponível, não conseguirá sentir apego seguro com ela.

Vejamos o exemplo de Zoe, uma antiga cliente que cresceu com apego ansioso mas trabalhou muito nessa questão. Através de terapia, autoajuda e compromisso com seu amadurecimento contínuo, ela aprendeu a compreender e gerenciar melhor as emoções, a confiar em si mesma e em seu valor, a entender melhor do que *ela* precisava para se sentir próxima em um relacionamento e a ser uma companheira amorosa e atenciosa. Como consequência de sua conexão autêntica consigo própria, aprendeu a estabelecer conexões autênticas com outras pessoas. Enquanto o autoapego seguro de Zoe contribuía para o relacionamento, Ezra, seu companheiro, enfrentava o alcoolismo. Naturalmente o vício atrapalhava a conexão e a segurança emocional de Zoe. Quando Ezra não ia para casa e não ligava para avisar, ou quando estava bêbado e procurava briga, isso prejudicava compreensivelmente a confiança de Zoe nele. Ela acreditava no amor de Ezra, mas não tinha certeza se poderia contar com ele emocionalmente da maneira que precisava. O relacionamento seguro de Zoe *consigo mesma* a ajudava a gerenciar a dor do relacionamento amoroso e a oferecer a Ezra o máximo de apoio possível sem que os limites dela fossem desrespeitados. No entanto, isso não contribuiu para que ela se sentisse segura no *relacionamento com Ezra*. Quando o companheiro afinal começou a trabalhar na questão do vício, pôde estar presente de maneiras que ajudaram gradualmente Zoe a se sentir segura no relacionamento também.

Independente da sua segurança individual, você não vai se sentir segura e próxima de alguém emocionalmente indisponível, que não te apoia ou que seja desleal. Mesmo nesses casos, no entanto, sua segurança interior pode ser mantida.

Embora pessoas com apego seguro sejam mais resilientes que suas contrapartes com apego inseguro, até mesmo os relacionamentos mais seguros são suscetíveis ao estresse. Circunstâncias extenuantes como doenças, trauma, desemprego, discriminação, problemas com os filhos ou vício podem exceder os mecanismos de enfrentamento de uma ou das duas partes do casal. Embora pessoas com apego seguro enfrentem dificuldades em se relacionar, às vezes a ponto de uma dinâmica ansiosa/evitativa se instalar, em geral são resilientes e capazes de voltar à normalidade mais depressa. E quando isso não acontece, não têm medo de pedir ajuda. Embora as taxas de divórcio em relacionamentos com apego seguro sejam muito mais baixas que nos demais casos, pessoas seguras nem sempre mantêm relacionamentos que não estão funcionando. Contudo, têm maior chance de se separar com propósito e mantendo o respeito mútuo.

Ter apego seguro não significa que você é perfeita ou pretende ser. Às vezes você vai se sentir insegura, e isso nem sempre despertará o seu melhor, porém esses momentos serão exceções, e não a regra. Você se responsabiliza pelas ocasiões em que magoa a outra pessoa e é capaz fazer a reparação sem se envergonhar ou disparar acusações contra ela.

O APEGO CONSIGO MESMA

Como aprendemos, os estilos de apego se desenvolvem na criação. Em grande medida, o apego inseguro pode ser curado por meio da *re*criação, ou seja, com você aprendendo a se maternar/paternar da maneira certa — e com "certa" quero dizer uma maneira que fortaleça o apego seguro *consigo mesma*. É só quando você começa a dar o que precisa a si mesma, atendendo a suas necessidades de cuidado, conforto, responsividade, limites saudáveis e apoio que pode esperar *re*produzir isso em um relacionamento com alguém que te ama. Isso não significa que você precisa dar um fim a seu relacionamento atual ou mesmo evitar relacionamentos até chegar a um nível predeterminado de iluminação. Não mesmo. Na verdade, aprender a estar presente para si mesma vai te ajudar a *paralelamente* estar presente para a outra pessoa. Quando você começa a crescer, seu relacionamento segue o mesmo caminho.

Quão seguro *é* seu relacionamento consigo própria? Você é capaz de validar seus sentimentos, de se tratar com carinho e respeito, de se reconfortar? Está disposta a se ver sob a ótica do seu histórico de apego em vez de constranger a si mesma? Você se martiriza e sempre se diz que não é boa o bastante, que é cheia de defeitos, que não é digna de amor? Ou se concede o benefício da dúvida e se aceita por *tudo* o que é, inclusive as partes nas quais gostaria de trabalhar? Você procura gerenciar seus sentimentos mais intensos? Se não for o caso, corre o risco de ter expectativas irreais do que a outra pessoa pode oferecer e não será capaz de dar isso a ela, porque não temos como entregar ao outro o que não conseguimos ofertar a nós mesmos.

E quais são as suas expectativas em relação aos outros? Você automaticamente imagina que não vão gostar de você ou que querem te ver pelas costas? Você espera mais do que qualquer pessoa poderia (ou deveria) oferecer? Você acha que todos os relacionamentos estão destinados ao fracasso? Você romantiza demais relacionamentos que estão no comecinho só para que acabem em decepção? Você acredita que só encontrará segurança se ficar com pessoas em relação às quais se considera melhor (mais atraente, mais bem-sucedida, mais inteligente etc.)? As respostas para essas perguntas dizem muito sobre os modelos de apego que operam aí dentro. Em caso de apego inseguro, é preciso começar a mudar seu relacionamento com sua humanidade como um todo.

E quanto à parte logística da recriação: como você aborda o autocuidado? Você faz um esforço para se cuidar fisicamente (alimentação, atividade física, exposição à luz do sol etc.)? Em caso negativo, você será menos resiliente ao estresse no relacionamento e terá maior propensão a demonstrar reatividade, porque é mais desafiador dar o seu melhor quando você simplesmente não se sente bem.

Escrevi este livro para te ajudar em uma parte da sua vida, uma parte muito importante: seu relacionamento afetivo. Porém, há muitos outros âmbitos da sua humanidade aos quais se dedicar. Quanto mais você aprende a se cuidar, mais todos os segmentos trabalharão juntos e alimentarão uns aos outros. Por isso, quando você fizer a escolha de comer mais legumes e verduras hoje, quando desligar as telas e dormir uma hora a mais esta noite ou se reservar cinco minutos amanhã de manhã para escrever suas intenções em um caderno, reconheça que cada um desses atos aparentemente pequenos não contribui apenas para sua saúde: também é uma maneira de trabalhar ativamente em seu relacionamento. Tudo importa.

ESTILOS DE APEGO EM OUTROS RELACIONAMENTOS

Neste livro falamos especificamente sobre estilos de apego formados entre pais, mães e filhos e como se manifestam em relacionamentos amorosos na idade adulta. Estilos de apego se revelam mais fortemente em relacionamentos nos quais os riscos emocionais são altos, e os riscos emocionais são mais altos quando as necessidades de apego são maiores. Não importa que você ame sua melhor amiga e tenha um forte vínculo com ela — provavelmente suas necessidades de apego serão maiores em um relacionamento romântico estável. E quanto a outros relacionamentos, mais superficiais? Seu estilo de apego se manifesta neles? Sim e não. Sim no sentido de que as questões de apego muitas vezes impactarão a maneira como respondemos aos outros mesmo nas circunstâncias mais casuais; e não no sentido de que, para que os estilos de apego apareçam, é preciso haver alto sentido de apego no relacionamento: os riscos emocionais devem ser altos, perder a pessoa levaria a um sofrimento intenso e você depende dela para que suas necessidades emocionais, físicas, sexuais e/ou de cooperação (viver uma vida juntos) sejam atendidas.

Por exemplo, como mencionei antes, você pode ter um chefe que de muitas formas lembre sua mãe. Como resultado, você reage às demandas dele de maneira similar a como reage às da sua mãe. No entanto, embora algumas necessidades suas talvez dependam do chefe, a maioria de nós não precisa que chefes cumpram um papel de apoio emocional ou que sejam fonte de afeto físico. Caso você venha a perder sua mãe, seu sofrimento será forte e duradouro, em uma medida que não será caso perca o chefe. Assim, embora seu estilo de apego possa transparecer em relacionamentos mais fortuitos, interferirá em um grau muito menor do que nos relacionamentos de que tratamos aqui.

Estilos de apego não existem no vácuo. As pessoas se relacionam como se dançassem juntas, cada uma respondendo aos movimentos da outra. Muitas vezes chegam ao relacionamento com estilos de apego desenvolvidos na infância e juntas replicam uma dinâmica que já conhecem. No entanto, às vezes as coisas não são tão certinhas, e você acaba com alguém que traz à tona um lado diferente seu. Ou circunstâncias estressantes alteram a dinâmica do relacionamento. Vamos dizer, por exemplo, que uma pessoa entra em depressão porque foi demitida e se retrai emocionalmente. Seu par — fora isso emocionalmente seguro — não conhece bem os impactos da depressão e encara a atitude como uma falta de investimento na relação. Compreensivelmente isso pode despertar um sentimento de insegurança e, somando-se a outras circunstâncias, criar um apego ansioso. Apegos ansiosos motivam comportamentos evitativos da outra parte. Por sua vez, comportamentos evitativos motivam comportamentos ansiosos do outro, e assim vai.

Contudo, alterações no apego também podem ocorrer da maneira oposta. Quando uma pessoa começa a se tornar mais segura, contribui para que o relacionamento se torne mais seguro e mais saudável. É assim que o apego seguro é estabelecido, afinal: com uma pessoa (em geral o pai ou a mãe) criando um ambiente emocionalmente seguro e a outra pessoa (em geral a criança) não sentindo tanta necessidade de responder de maneira defensiva ou protetora. Assim, conexão e resolução de problemas se tornam o foco.

IDENTIFICANDO O ESTILO DE APEGO DA OUTRA PESSOA

Ao ler este livro, você pode se sentir tentada a "diagnosticar" o estilo de apego da outra pessoa e tentar "consertar" seu apego inseguro. Se você recai na categoria do apego ansioso, isso pode ser especialmente atraente: seu estilo envolve se esforçar ao máximo para diminuir a distância emocional no relacionamento, de modo que fará uma pressão ativa pela mudança. Gosto que cada pessoa se concentre em si mesma, mas também considero muitíssimo importante que compreenda a outra parte. Ter uma noção do estilo de apego da pessoa com quem você se relaciona ajudará a compreender suas necessidades e seus medos, e por que ela se comporta de certa maneira. Também ajudará a vê-la com compaixão nos momentos mais difíceis, ou quando ela agir de uma forma especialmente desafiadora para você. Por exemplo, digamos que a pessoa com quem você se relaciona fica na defensiva quando você menciona uma preocupação que não está ligada ao relacionamento. No passado, talvez você concluísse que ela estava apenas sendo desdenhosa ou mesmo grosseira. Armada com sua recente compreensão dos estilos de apego, agora você pode pensar: "Hum... parece que há uma preocupação por não conseguir consertar o problema que desperta sentimentos de fracasso. Talvez não seja uma questão de desdém, mas uma necessidade de se sentir em segurança comigo".

Dito isso, cuidado para não tentar mudar a pessoa. É uma batalha perdida. Quero que você se concentre em trabalhar no clima do relacionamento. Esse é o objetivo geral aqui, de modo que falaremos mais sobre ele e desenvolveremos as habilidades necessárias para alcançá-lo. Usar sua compreensão do estilo de apego do/a/e parceiro/a/e para alterar o ambiente, mais do que tentar mudá-lo/a/e ou mesmo constrangê-lo/a/e, é a melhor maneira de contribuir com uma virada da parte dele/a/u, uma transformação que só pode vir dele/a/u. A boa notícia é que quanto mais você trabalha em si própria e no clima do relacionamento, maior a probabilidade de que a outra pessoa a acompanhe. Mudança gera mudança; crescimento gera crescimento.

PARTE II

COMPREENDENDO VOCÊ EM CONFLITOS — E COMO SE RECUPERAR

4. Qual é o seu ciclo negativo?

Identificar seu estilo de apego é extremamente útil quando se trata de compreender suas necessidades de apego e seus medos de apego principais, assim como as necessidades de apego e os medos de apego da outra pessoa. Saber do que você precisa da outra pessoa para se sentir próxima e do que ela precisa de você para que se sinta próxima também ajuda muito. Assim como entender por quê, quando suas necessidades não são atendidas ou quando você receia que não serão atendidas, você e a outra pessoa se sentem levadas a se comportar de certas maneiras, mesmo quando uma acha que a outra "já deveria ter aprendido". Familiarizar-se com seus estilos de apego é o primeiro passo para melhorar o relacionamento.

A seguir, veremos como seu estilo de apego e o estilo de apego do/a/e seu/a/e parceiro/a/e interagem e formam uma dinâmica. Para isso, examinaremos mais de perto como cada uma das partes pode estar alimentando ou perpetuando conflitos. Aparelhada com uma maior compreensão do que está acontecendo *dentro* de cada parte individualmente e com a compreensão do que acontece *entre* as duas metades do casal, você aprenderá a agir de uma maneira nova e mais produtiva, que despertará a conexão de imediato e propiciará o amor seguro no longo prazo.

Se você tem apego inseguro, é quase certo que resolver conflitos, pedir e responder a pedidos de conexão emocional não são coisas simples no seu relacionamento. O desespero para ser ouvida e receber uma resposta da outra parte muitas vezes faz a pessoa com apego ansioso ou desorganizado se queixar, culpar, criticar ou acusar durante discussões. Essa é a sua maneira de tentar fazer com que a sua dor seja reconhecida, de promover mudanças, buscar proximidade e proteger como você se vê. Se você tem apego evitativo, por outro lado, muitas vezes se sente obrigada a se defender, diminuir as preocupações do/a/e parceiro/a/e, negar-se a falar (aquilo que às vezes chamamos de "dar um gelo") ou se retrair. Essa é a sua maneira de tentar se proteger de como a outra pessoa te vê, proteger o relacionamento do conflito, proteger sua visão de si mesma e/ou seu senso de independência.

Em seu livro *Me abraça forte*,[1] Sue Johnson chama esses comportamentos típicos em conflitos de "diálogo do demônio", e muito embora seja fácil recorrer a eles nos momentos difíceis, em nada ajudam o relacionamento a prosperar. Na verdade, eles alimentam uns aos outros: a Pessoa A menciona uma preocupação (muitas vezes de maneira acusatória), a Pessoa B se vê atacada e fica na defensiva, a Pessoa A sente sua experiência invalidada e se queixa, a Pessoa B se esquiva da culpa, a Pessoa A acha que não é ouvida e se queixa ainda mais, então a Pessoa B se fecha. Não se chega a uma solução e a conexão é prejudicada.

Esse padrão (e variações dele) é o que chamamos de "ciclo negativo".

A maior parte dos ciclos negativos espelhará o padrão de apego geral do relacionamento. Um casal ansioso/evitativo apresentará um ciclo negativo similar ao de insistência/esquiva que acabei de descrever (na maior parte do tempo a parte ansiosa desempenhará o papel da insistência, porém nem sempre). Casais do tipo evitativo/evitativo tentarão se esquivar do conflito à custa da resolução dos problemas e da profundidade do relacionamento. Casais na dinâmica ansioso/ansioso terão os ciclos mais desproporcionais e agressivos, com muita atribuição de culpa. (Pessoas com apego desorganizado são menos previsíveis, mas em geral desempenharão o papel do ansioso.) Embora cada casal que atendo apresente sua própria versão desse ciclo e diferentes temas que dão início a ele, chega a surpreender quão consistentes são os padrões de ciclo negativo de um casal para outro.

O ciclo negativo de comunicação costuma ser iniciado quando duas pessoas com apego inseguro tentam conversar sobre um assunto difícil. No entanto, o assunto não precisa ser *muito* difícil — com frequência, elas de repente explodem por conta de questões rotineiras e aparentemente insignificantes. Vejamos um exemplo. Marcus e Cassie trabalham fora e têm dois filhos pequenos. Cassie gosta de cozinhar e em geral faz o jantar, e Marcus lava a louça. Eles dividem outras responsabilidades, como a limpeza pesada e a lavanderia. Marcus se responsabiliza pelo pagamento das contas na data e Cassie faz as compras de mercado. Uma noite, depois de um jantar delicioso, Cassie vai pegar um copo de água e nota migalhas na bancada, quando Marcus já acabara de limpar. "Não entendo", Cassie diz a Marcus, apontando para as migalhas. "Por que não faz o trabalho direito?"

"Não é nada de mais, você está criando problema à toa", Marcus resmunga baixo.

"Você nunca leva minhas preocupações a sério", Cassie rebate. "Por que é tão difícil fazer como eu peço? Você não se importa com o que eu quero?"

A discussão prossegue dessa maneira até que Marcus acaba desistindo. "Esquece", ele diz, então limpa as migalhas, sai da cozinha e começa a mexer no celular. Cassie o segue até o outro cômodo, querendo continuar a discussão, mas ele não deixa. "Não quero mais falar sobre isso", Marcus interrompe. "A cozinha já está limpa. Deixa quieto."

Cassie vai embora e os dois passam a hora seguinte em cômodos diferentes da casa.

É claro que essa briga não é *apenas* sobre migalhas. Embora eu tenha repassado cada parte da discussão entre Marcus e Cassie, a história revela apenas uma fração mínima do que está *de fato* acontecendo entre eles. Agora vamos falar sobre o ciclo negativo de Marcus e Cassie sob a ótica de suas necessidades não atendidas:

Cassie vê as migalhas na bancada. Migalhas a deixam ansiosa. Como expressou repetidamente para Marcus sua necessidade de uma bancada limpa, ela conclui que ele não se importa com suas necessidades. Cassie, como qualquer pessoa, quer se sentir ouvida e atendida. Seu sistema de comportamento de apego entra em cena (lembre-se de que esse sistema gera angústia quando o apego é ameaçado), fazendo com que se sinta invisível e sozinha. O sistema nervoso de Cassie tenta recuperar a segurança do apego deixando-a com raiva, o que a motiva a tomar uma atitude. Ela tenta comunicar sua tristeza a Marcus, queixando-se de seu comportamento, mas com isso Marcus se sente atacado e desvalorizado.

Em sua cabeça, Marcus está fazendo o melhor que pode. Quando Cassie aponta as poucas migalhas na bancada, ele sente que não acerta uma, não importa o quanto se esforce. Marcus quer se sentir valorizado por Cassie, e quer sentir que não é definido por aquilo que faz de errado. Marcus também quer proteger seu senso de self, que parece violado quando ele acha que Cassie está "lhe dando uma bronca". Diminuindo as preocupações de Cassie, Marcus tenta convencê-la a mudar de ideia para se sentir seguro aos olhos dela e aos seus. No entanto, isso faz com que Cassie sinta que não é ouvida e que suas preocupações não são validadas. Enquanto isso, o nível de estresse de Marcus aumenta, e ele tenta impedir que as coisas saiam do controle limpando as migalhas. Marcus se sente derrotado e gostaria que Cassie deixasse aquilo de lado para que desfrutassem da noite juntos. Cassie, por outro lado, se sente desamparada. Ela gostaria que Marcus a ajudasse a se sentir ouvida e atendida. Cassie está brava com Marcus, e prefere que ele fique bravo também a se sentir sozinha — por isso o segue até o outro cômodo, sem deixar que a discussão termine —, mas a essa altura Marcus já se distanciou de seus sentimentos. Não quer se sentir ainda pior e não tem nenhum interesse em voltar a discutir.

Eis um exemplo visual do início do ciclo negativo entre Marcus e Cassie. Note que a reatividade de Cassie desperta a vulnerabilidade de Marcus, e que a reatividade de Marcus desperta a vulnerabilidade de Cassie.

A tensão entre Marcus e Cassie se prolonga noite adentro, e a distância resultante é desconfortável para os dois. Em algum momento, eles não aguentam mais e acabam se reaproximando. Não fazem as pazes de maneira explícita — ninguém pede desculpas ou fala sobre o que aconteceu —, porém ambos tentam deixar para lá o incidente na cozinha e seguir em frente, porque sabem que não contam com as habilidades necessárias para lidar com as implicações mais profundas do conflito: a segurança do apego e os anseios não atendidos. Marcus e Cassie voltam a se sentir próximos por ora, mas, em determinado momento, dias ou semanas depois, se veem de novo em um ciclo negativo, enfrentando as mesmas rupturas de apego.

Quando você e a pessoa com quem se relaciona entram em um ciclo negativo de comunicação, precisam lidar com dois problemas ao mesmo tempo. Sua atenção está concentrada na conversa de nível superficial — sobre migalhas, finanças, um caso extraconjugal, planos cancelados ou qualquer que seja o assunto que gere conflito no momento. São problemas reais, e seu relacionamento não funcionará se vocês não encontrarem maneiras de resolvê-los. Só que isso é virtualmente impossível quando outra conversa — sobre necessidades de apego não atendidas —, muito mais poderosa, espreita logo abaixo da superfície. Na maior parte do tempo os casais nem sabem da existência dessa segunda conversa. O que não está sendo dito aqui envolve questões profundas: "Você vai me ouvir? Minhas necessidades importam para você? Você me respeita? O quanto me valoriza? É capaz de entender e validar minha perspectiva? Acha que fracassei com você porque cometi um erro?".

Todos os casais têm assuntos sensíveis entre si, e um casal específico pode ser mais vulnerável a um ou mais dos quatro Cs: conforto, conexão, cooperação e conflito. Você e a pessoa com quem se relaciona podem ter dificuldade de conversar sobre estilos de criação (cooperação), por exemplo. No caso, esse tema tem maior probabilidade de iniciar um ciclo negativo se comparado a como gostariam de passar seu tempo juntos (conexão), por exemplo. Talvez essa seja uma área em que vocês estão de acordo. No entanto, nem mesmo o mais delicado dos temas pode ser *a causa* de um ciclo negativo. Ciclos negativos ocorrem quando casais se comunicam de maneiras que criam rupturas de apego. Não é porque determinado assunto é espinhoso que uma discussão sobre ele vai fazer com que as partes não se sintam valorizadas, ouvidas ou validadas. Esta é uma das diferenças fundamentais entre casais com apego inseguro e aqueles com apego seguro: estes últimos podem trabalhar em suas diferenças conservando a segurança e a conexão.

Durante uma briga (se, como Cassie e Marcus, uma pessoa corre atrás e a outra foge, o que ocorre na maior parte do tempo), o apego inseguro da parte evitativa diz basicamente: "Não tenho consciência dos meus próprios sentimentos de vulnerabilidade, por isso não consigo enxergar os seus!". Isso reforça o medo da parte ansiosa de ser "de mais", e seu apego inseguro retruca: "Vou me queixar da dor que você está causando para que veja seus erros!". Isso, por sua vez, reforça o medo de fracasso da parte evitativa. Enquanto esse processo se dá na camada mais profunda do relacionamento, na superfície as partes dialogam de maneira dolorosa, o que só faz a tensão aumentar. Uma delas pode ter "começado" — fazendo ou dizendo alguma coisa, ou *não* fazendo ou dizendo alguma coisa, o que gerou o gatilho para que ambas entrassem no ciclo negativo de comunicação —, mas são necessárias duas pessoas para dar continuidade à discussão.

Por exemplo, digamos que outro dia Marcus se incomoda ao descobrir que Cassie fez planos para o fim de semana sem falar com ele antes. Marcus não quer dizer o que sente para não iniciar uma briga, por isso se mantém distante. Cassie percebe que tem algo de errado e exige saber o que é, dizendo a Marcus que ele não tem o direito de deixá-la de fora. Marcus insiste: "Não é nada, deixa pra lá". Em dado momento Cassie é mais incisiva e Marcus explode, dizendo que não tem nenhum poder sobre a vida deles e que Cassie tenta controlá-lo da mesma maneira que a mãe dela tenta controlar o marido. Cassie chora, depois Marcus acaba pedindo desculpas por ter exagerado e os dois deixam o assunto de lado.

O que desencadeou esse ciclo negativo? *O modo como Marcus comunicou um gatilho* em conjunto com *o modo como Cassie reagiu. Ambos* iniciaram o ciclo negativo. Se Marcus tivesse gerenciado melhor seus sentimentos em relação a não ter sido consultado dizendo algo como "Valorizo seu esforço para planejar nosso fim de semana, mas participar é importante para mim. Podemos conversar a respeito?", haveria uma grande chance de que o ciclo negativo não começasse. No entanto, ainda que Marcus tenha se expressado da pior maneira possível, Cassie ainda poderia evitar o ciclo negativo apropriando-se da resposta, que poderia ter sido algo do tipo: "Sei que você tem receio de entrar em assuntos que no passado levaram a brigas, mas estou sentindo algum distanciamento da sua parte, o que é desconfortável para mim. Acho que estou sendo deixada de fora. Quando parecer seguro para você, espero que venha falar comigo. Não vou te pressionar, mas estarei aqui quando estiver pronto". Não se trata de mágica, mas de uma forma de evitar que um ciclo negativo pesado se inicie e de aumentar a probabilidade de uma conversa mais segura em relação ao tema "planos para o fim de semana". Ambas as partes podem fazer ou dizer coisas que tornem um ciclo negativo altamente provável, mas no fim das contas para que ele se inicie e se mantenha é necessária a participação dos dois.

Se um ciclo negativo tem início e ninguém faz nada para interrompê-lo (falaremos mais sobre isso adiante), as trocas entre as partes em geral terminam em uma desconexão dolorosa, deixando-as com uma sensação profunda de tristeza, raiva, desmoralização, torpor e/ou sentimentos ambíguos envolvendo o relacionamento. Esse período de desconexão pode durar horas, dias ou semanas, até que a tensão se torna grande demais e as partes por fim se reconectam. Infelizmente a essa altura o dano — à confiança e à proximidade — já está feito, e o ciclo negativo reforçou o apego inseguro original.

Até mesmo as pessoas com apego mais seguro às vezes podem falar de maneira dura, ser cínicas ou críticas, revirar os olhos ou agir excessivamente na defensiva quando uma preocupação lhes é apresentada. E até mesmo as pessoas com apego mais seguro às vezes têm dificuldade de dizer a si mesmas: "Sei que a outra pessoa só está cansada e que esse momento não define seus sentimentos por mim". Até mesmo pessoas seguras são reativas — sim, casais com uma experiência de apego seguro entram em menos ciclos negativos, e esses ciclos saem menos do controle, mas outra diferença crítica entre casais com apego seguro e inseguro é a habilidade de fazer reparações. Casais seguros conseguem deixar o tempo ruim para trás e voltar ao clima geral de segurança. À medida que estiver aprendendo a gerenciar os ciclos negativos (chegaremos lá em breve), tenha em mente que o objetivo é o progresso, e não a perfeição. É com a prática que aprendemos a gerenciar ciclos negativos.

No caso de Marcus e Cassie, a discussão uma hora se esgota e eles voltam um para o outro. Isso provavelmente acontece com você também. Brigar é exaustivo e desagradável, e quando começa a parecer que as coisas estão saindo do controle as pessoas tendem a "deixar para lá". Mas não se engane: não é porque Marcus e Cassie deixaram o incidente das migalhas para lá que eles se acertaram. O problema real continua existindo: Cassie sente que não está sendo atendida e Marcus sente que não está sendo valorizado e tratado com respeito. Tudo isso são rupturas de apego, que quando deixadas como estão repetidamente causam danos. Marcus e Cassie nunca chegam a um acordo sobre o que fazer quanto a suas diferenças em relação à limpeza. Ciclos negativos são notórios por impedir a solução de quaisquer que sejam os problemas superficiais que os iniciaram. Para que duas pessoas — quaisquer duas pessoas, e não apenas parceiros românticos — consigam se unir para lidar com um problema, é preciso que haja algum grau de segurança emocional. Ciclos negativos não são seguros emocionalmente; *são o oposto disso*. Como você e a pessoa com quem se relaciona podem chegar a um acordo quanto a como criar os filhos, onde morar, como economizar ou mesmo o que jantar se toda vez que tentam falar a respeito sentem que não são ouvidas, validadas, ou que são atacadas? Esse não é o cenário mais propício para uma cooperação sustentável.

A ANATOMIA DE UM GATILHO

O que exatamente é um gatilho, além da ideia vaga de que é "algo que te perturba"?

Resumidamente, um gatilho acontece quando seu sistema de comportamento de apego vivencia uma *ameaça ao apego* e é motivado a agir em busca de segurança. É fácil pensar que gatilhos são experiências singulares porque têm efeito rápido, em uma fração de segundo. Na verdade, porém, gatilhos são uma combinação de experiências dentro do seu cérebro e do seu corpo, que têm início pelo *evento desencadeador* (a outra pessoa revirar os olhos, por exemplo), o que culmina em uma reação.

Eventos desencadeadores criam uma sensação declarada ou sutil no seu corpo (pessoas com apego seguro, ansioso e desorganizado são mais propensas a estar afinadas com suas sensações corporais, enquanto pessoas evitativas são menos), e então o cérebro atribui significado à sensação, incluindo a percepção de que houve uma ruptura de apego ou um desejo não realizado de proximidade. Isso faz com que emoções vulneráveis, como medo, tristeza e vergonha, se acumulem. Até aqui grande parte do processo ocorre no subconsciente, principalmente se você ainda não conhece muito bem seu mundo interior.

Como a maioria das pessoas faz de tudo para evitar a dor, esta dará início a um sentimento reativo, que motivará você a realizar algum tipo de ação (envolvendo palavras ou comportamentos) para fazê-la "ir embora". Qualquer que seja a ação que você tome, sua intenção é fazer com que retorne à segurança, embora muitas vezes tenha o efeito oposto. Para te ajudar a compreender melhor seus sentimentos e nomeá-los a fim de poder começar a expressá-los, o que faremos bastante neste livro, incluí no Apêndice uma lista de sentimentos comuns nas relações.

Embora haja muitos sentimentos reativos que as pessoas possam vivenciar em ciclos negativos, incluindo amargura, negligência, humilhação e opressão, a raiva é um dos mais comuns (ou uma de suas versões, como frustração, irritação e fúria). A raiva é um forte motivador e nos inspira a fazer algo, qualquer coisa, para mudar o que está nos machucando. George Faller, terapeuta de casais e de famílias, descreve com precisão a raiva como aquilo que nos dá *esperança de que as coisas mudarão*. Isso não quer dizer que seja uma boa ideia se ater à raiva, usando-a como justificativa para agir mal ou demonstrando apenas ela em detrimento de emoções mais profundas. No entanto, quando conseguimos reenquadrá-la como esperança fica mais fácil validá-la, e não há maneira melhor de apaziguar a raiva e abrir espaço para emoções mais profundas do que validá-la.

Vamos imaginar a seguinte situação: a outra pessoa revira os olhos e você sente um aperto no peito. Seu cérebro diz: "Ela está brava, e se está brava é porque não me ama. Não me sinto amada no momento". Com essa experiência, vem a sensação de perda e medo. Como uma reação a essa dor primitiva, seu sistema nervoso se inflama em indignação e grita: "Você não merece ser tratada assim, você precisa deixar claro que isso não é admissível!". Então a raiva se expressa na seguinte reação: "Como você se atreve a revirar os olhos para mim?".

No entanto, o que você está tentando dizer na verdade é: "Puxa, estou sofrendo. Receio que tenha raiva de mim e agora ainda sinto que não pareço merecedora do seu amor. Recaio nisso facilmente porque a parte ferida de mim já acredita que não sou merecedora de amor. Preciso que você saiba o quanto estou sofrendo, mas não sei como dizer isso (e de qualquer maneira talvez você não consiga me ouvir). Se eu te mostrar quão brava estou, talvez você entenda a mensagem e procure não me magoar mais. Então vou me exceder e repreender você". Mas o que a outra pessoa vê? Não a mágoa, não o medo, não as crenças a seu próprio respeito que te assombram, não a necessidade de apego de segurança e proximidade. Infelizmente tudo o que a outra pessoa vê é a raiva. E provavelmente não vai receber isso bem. Não estou pedindo que você negue sua raiva, e falaremos mais sobre validar sua raiva de maneira segura, mas problemas surgem quando isso é *tudo* o que vemos, quando só recebemos uma peça do quebra-cabeça. Quando o restante da nossa humanidade, nosso lado mais brando, nosso lado em busca de conexão, se perde.

A seguir, apresentamos o diagrama de uma experiência completa com um gatilho. Este exemplo se aplica a pessoas com apego ansioso ou desorganizado. Usei um exemplo de apego evitativo no capítulo 5:

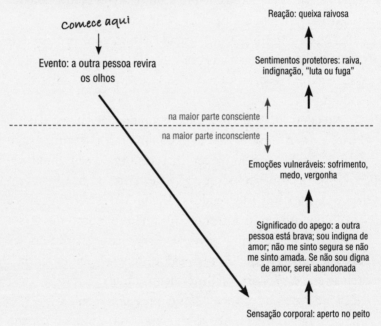

ANATOMIA DE UM GATILHO
(SISTEMA DE COMPORTAMENTO DE APEGO)

É importante compreender o que um gatilho desencadeia, porque entender o que acontece no seu cérebro e no seu corpo quando você tem um impulso de lutar ou de fugir te dá algo com que trabalhar. Reconhecendo seus gatilhos, você pode recuar um passo, olhar para dentro e dizer: "O que está acontecendo comigo agora? O que estou transmitindo? A coisa exata ou algo baseado em feridas antigas, ou um pouco de ambos?"; ou: "O que está acontecendo no meu corpo? Estou prendendo o ar. Vamos respirar por um momento"; ou: "Tá, isso é bem importante. O que posso fazer diferente, em vez de me comportar de uma forma que não vai me levar na direção aonde realmente quero ir?". Resumindo, compreender seus gatilhos é empoderador.

Agora que temos uma ideia do que um gatilho desencadeia numa pessoa e na outra, vamos dar uma olhada em como os gatilhos de cada parte de um casal acabam levando a um ciclo negativo. Voltaremos à discussão de Marcus e Cassie por causa das migalhas:

Cassie foi a primeira a ter um gatilho acionado, e reagiu se queixando. Suas queixas serviram de gatilho para Marcus, que reagiu com desdém, e assim por diante. A intenção aqui é demonstrar um padrão em vez de julgar Marcus ou Cassie para chegar a uma conclusão quanto a "quem começou". A verdade é que o padrão não se reserva a esse momento específico; ele segue um histórico de rupturas de apego não reparadas que continuam se fazendo presentes, como se implorassem para ser curadas.

A quem possa interessar, incluí no Apêndice uma tabela listando comportamentos comuns a pessoas com apego ansioso e apego evitativo em ciclos negativos.

CICLOS NEGATIVOS NÃO REPARADOS

Você já se perguntou por que você e a pessoa com quem está se davam tão bem no começo do relacionamento e agora as coisas mudaram? A maior parte dos casais começa a partir de uma folha em branco, com cada um se sentindo visto e valorizado. Então o primeiro conflito vem. Você descobre que ele ainda é amigo da ex. Ela sempre se atrasa, e você finalmente comenta a respeito. Ele esnoba seus/as/es amigos/as/es. Ela faz cara feia quando você vai a algum lugar sozinho. Se os dois tiverem apego seguro, poderão trabalhar esses conflitos mantendo o relacionamento intacto. Talvez seja necessário ter mais de uma conversa para aprender a navegar por suas diferenças, decepções e seus limites, porém ou vocês resolverão isso ou decidirão seguir caminhos diferentes (o que, quando feito com intenção, *também* é resolver). No entanto, se vocês têm apego inseguro, provavelmente entrarão em seu primeiro ciclo negativo. Quando a briga ou discussão terminar, em algum momento sua necessidade de se reconectar será o mais importante e vocês farão as pazes. Só que o ciclo negativo provocou um pequeno abalo no relacionamento — não o bastante para vocês perderem a esperança, mas o suficiente para prejudicar um pouco a confiança. Vocês pensam: "Vai ficar tudo bem. Vamos impedir que aconteça de novo". No entanto, por terem discutido qualquer que fosse o problema em um ciclo negativo não houve espaço para resolvê-lo, e a "reparação" talvez tenha se restringido a varrê-lo para debaixo do tapete. Ciclos negativos impedem que o verdadeiro trabalho de reparação aconteça, e assim vocês começam a evitar o problema — até você voltar a sair com amigos/as/es e ele/a/u voltar a fazer cara feia.

O primeiro ciclo negativo também pode criar alguma distância entre vocês. Talvez minúscula, porém o suficiente para que seu sistema nervoso fique preocupado: "Se tocar no assunto, vou provocar uma reação de que não gosto", ou "Não vou me sentir compreendida se começarmos a falar sobre questões difíceis". No entanto, o relacionamento ainda está no começo, confiança e esperança abundam e vocês fazem as pazes.

Então há outra ruptura. Dessa vez, ligeiramente pior: vocês se distanciam um pouco mais um do outro, porque não estão apenas lidando com a nova questão, mas também gerenciando as feridas do último ciclo não resolvido. Vocês se reaproximam, mas não tanto quanto antes. Parte da confiança e talvez até da esperança foi perdida. Agora você entende como ao longo de semanas, meses ou anos alguns casais acabam se distanciando demais um do outro para que consigam se reaproximar.

O CICLO NEGATIVO E O CASAL ANSIOSO/ EVITATIVO

A ampla maioria dos casais que atendo segue a dinâmica ansioso/evitativo — um pareamento bastante comum por alguns motivos, com muitos dos quais você deve se identificar. Pessoas ansiosas no relacionamento sabem que querem conexão, mas não sabem qual é a sensação de oferecer ou receber apoio emocional verdadeiro. Como pessoas evitativas muitas vezes ocupam o papel de quem conquista na fase do namoro, a parte ansiosa de início se sente querida, mas essa percepção não permanece na intimidade de longo prazo. Além disso, pessoas evitativas gostam de se ver como bem-sucedidas, e no início do relacionamento alguém com esse perfil se sente assim quando a pessoa ansiosa está fascinada por ela. No entanto, à medida que os ciclos negativos aumentam, a sensação de fracasso vem e a parte evitativa se afasta. Nesse processo, a parte ansiosa procura se aproximar, o que faz a parte evitativa se sentir sufocada. A parte evitativa de início desfruta da expressividade emocional da parte ansiosa, porque isso a ajuda a sentir coisas que não consegue sozinha. Conforme as coisas progridem, as emoções da parte ansiosa parecem menos encantadoras e mais exageradas, e a parte evitativa se afasta. A pessoa ansiosa muitas vezes é atraída de início pela estabilidade emocional da pessoa evitativa, embora depois se torne evidente que essa estabilidade vem em detrimento de um envolvimento emocional verdadeiro. Em resposta, a parte ansiosa se mostra mais ansiosa e exigente. Pouco a pouco, cada parte começa a se ressentir das características que a atraíram na outra.

No entanto, elas com frequência seguem em frente mesmo assim. Por quê? Porque em todos os relacionamentos as pessoas se esforçam ao máximo para encontrar equilíbrio emocional. Relacionamentos que não se estabilizam não costumam durar. Quando duas pessoas começam com pouco equilíbrio emocional interno (a parte ansiosa levada por suas emoções, a parte evitativa desapegada delas), a segunda melhor opção é que encontrem equilíbrio entre si, com cada uma assumindo a responsabilidade por um fragmento da relação, em vez de se mostrar uma pessoa completa por si só. Na dinâmica ansioso/evitativo, quem tem apego ansioso pressiona por resolução ou conexão, enquanto quem tem apego evitativo recua como uma proteção contra o conflito (com o qual nem uma parte nem outra sabe lidar) e contra um nível pouco saudável de "proximidade" (que na verdade não constitui proximidade, e sim emaranhamento). Uma parte busca qualquer conexão possível, enquanto a outra se esforça para manter o máximo de estabilidade emocional possível. Em um relacionamento saudável, cada parte trabalha mais ou menos na mesma medida nos dois sentidos.

Eis um exemplo de como a busca de equilíbrio pode aparecer na vida real. Imagine um casal discutindo em público. A parte ansiosa tem maior propensão a deixar a coisa sair do controle, mesmo que isso signifique todo mundo olhar. A parte evitativa tem maior inclinação a querer passar despercebida. Isso porque a parte ansiosa prioriza a resolução e a reconexão, enquanto a parte evitativa se preocupa mais com escapar da vergonha de ser notada pelos outros. A necessidade de ambas de sentir segurança é válida, mas quando há apego seguro as pessoas são capazes de manter um contato maior com as necessidades da outra de se reconectar *e* evitar um escândalo.

Quando ciclos negativos e rupturas não reparadas se acumulam, mesmo quem não se encaixa nas categorias tradicionais de estilo de apego assume um padrão ansioso/evitativo para manter o equilíbrio. Isso pode ser verdade independente de como você tenha agido em relacionamentos amorosos no passado. Se uma pessoa tem apego levemente inseguro e a outra tem apego fortemente inseguro, a primeira pode tender à evitação para se adaptar ao relacionamento e preservar o equilíbrio.

Casais na dinâmica ansioso/evitativo ficam atrás apenas de casais do tipo seguro/seguro nas chances de longevidade da relação. Isso *se deve* a como seus ciclos negativos se desenrolam, e não apesar disso. Casais do tipo ansioso/ansioso têm ciclos negativos constantes, que com frequência saem de proporção. Casais na dinâmica evitativo/evitativo têm menos ciclos negativos, porém em detrimento da resolução e da conexão, o que acaba levando a ressentimento e danos a qualquer que seja a conexão estabelecida. Casais do tipo ansioso/evitativo são o meio-termo dos casais inseguros. Se você é do tipo ansioso e traz à tona preocupações com atribuição de culpa, crítica e comentários do tipo "você precisa mudar ou" é porque está tentando diminuir a distância em relação à outra pessoa; do contrário, quem vai fazer isso? Se você é do tipo evitativo e invalida as preocupações da parte ansiosa do relacionamento e diz o que ela quer ouvir só para encerrar o assunto é porque está tentando acalmar os ânimos, ou ninguém mais fará isso. Em relacionamentos na dinâmica ansioso/ansioso, não há quem acalme os ânimos. Em relacionamentos do tipo evitativo/evitativo, os ânimos nunca se exaltam, e esse é o grande problema.

Não me entenda mal: ter potencial para um relacionamento *sustentável* não equivale a ter uma relação *próspera*. Relações na dinâmica ansioso/evitativo funcionam quando estamos falando em longevidade, mas o custo é alto. O custo, no longo prazo, é a saúde do relacionamento. Digamos que você quebre a perna e não possa apoiar o peso do corpo nela por semanas. A outra perna ficará mais forte, porém a cura só virá quando ambas as pernas tiverem a mesma força. O mesmo vale para relacionamentos: a cura virá quando ambas as partes tiverem apego seguro, e não enquanto uma lutar por conexão e resolução e a outra para que as coisas não saiam do controle.

A seguir, apresento um exemplo de uma dinâmica de apego ansioso/evitativo:

Abhay, uma pessoa com apego ansioso, aborda sua companheira Divya, que tem apego evitativo, depois de passar um fim de semana com os parentes dela. "Você não me dá atenção quando está com a sua família. É como se eu não existisse", Abhay se queixa. O que Divya depreende do comentário é que Abhay está tentando afastá-la dos parentes. "Estou só curtindo minha família!", ela contesta. "Está sugerindo que não devo passar tempo com eles quando estamos juntos?" Indo além da superfície do conflito, Abhay está lutando para se se sentir valorizado e atendido, e Divya está lutando por seu senso de self. O apego ansioso de Abhay se expressa pela atribuição de culpa. O apego evitativo de Divya se expressa através de uma falta de curiosidade e também de uma atribuição de culpa diante das preocupações (mal manifestadas) de Abhay.

Embora esse padrão não pareça bom, agir de outra maneira implicaria correr um risco emocional gigantesco. A única saída é que um ou ambos comecem a pedir e responder à outra parte de modo diferente. Na cabeça de Abhay, se ele parar com as acusações e a atribuição de culpa, correrá o risco de Divya não lhe dar nenhuma atenção; já Divya acha que, se não contra-atacar nem diminuir a importância das preocupações de Abhay, correrá o risco de perder seu senso de self e se sentirá fraca e invisível. Assim Abhay e Divya se agarram a seus modos inseguros de se comunicar um com o outro, à custa da relação e de seu crescimento como indivíduos. Para se livrar desse ciclo, eles precisam melhorar o ambiente do relacionamento e transformar os ciclos negativos em ciclos vinculantes.

O VERDADEIRO INIMIGO

Quando você e a pessoa com quem se relaciona estão em conflito, provocando-se ou criticando-se mutuamente ou dando um gelo uma na outra, pode parecer que vocês são inimigas, e a sensação talvez seja essa mesmo. Contudo, é importantíssimo lembrar que não é o caso. A outra pessoa não é o inimigo; o inimigo é o ciclo negativo.

Ambas as partes estão lutando por proximidade, só que de maneiras conflituosas, que aprenderam como resposta à dor na infância. Vocês querem que o relacionamento funcione, então, por definição, não podem ser inimigas. É o ciclo negativo que faz com que pareça que estão tentando ferir uma à outra, quando na realidade estão tentando se conectar. Nos momentos terrivelmente dolorosos que se seguem ao acionamento de um gatilho, seus medos de apego e seu sistema de comportamento de apego assumem o controle. As duas partes têm necessidades de apego não atendidas, as duas partes estão sofrendo e as duas partes estão tentando se manter seguras em relação a si mesmas e à outra parte; só não sabem como. Assim, vocês entram em um ciclo negativo, que é exatamente o que as está segurando. Não apenas se torna impossível resolver o problema do momento como vocês não conseguem sair desse lugar de insegurança emocional e desconexão.

Uma vez recebi o seguinte e-mail de uma pessoa que eu atendia e que me deu permissão para reproduzi-lo aqui:

> Algo que me ajudou muito quando aprendi sobre o ciclo negativo foi descobrir que minha busca ansiosa por conexão — um pedido agressivo que na época eu não enxergava dessa forma — só tornava meu companheiro evitativo mais assustado/evitativo, o que por sua vez só me deixava mais ansiosa e me fazia pedir ainda mais (de maneira agressiva), o que o fazia se afastar ainda mais. Assim, o ciclo negativo se intensificava e deixava os dois se sentindo muito mais sozinhos e isolados do que quando estávamos buscando conexão. Isso me ajudou a perceber como o ciclo negativo nos enlouquece e como é inútil reagir sempre do mesmo lugar (na maior parte do tempo :)), e me ajudou a romper com esse hábito, ainda que fosse difícil. Depois também me ajudou a ver que a maneira como meu companheiro reagia era um reflexo do que eu ainda não havia resolvido em mim, e de que necessidades minhas precisavam ser atendidas.

O ciclo negativo, como minha cliente expressou tão bem, não apenas faz com que os casais pensem que são inimigos como reforça cada um dos apegos inseguros individuais, além do apego inseguro no relacionamento como um todo. Ciclos negativos equivalem a prisões do apego inseguro. Quando ouve Marcus dizer "Não é nada de mais", Cassie conclui que seu maior medo de apego foi confirmado: ela não é digna de ser amada ou atendida. Seu medo de apego de que não poderá contar com Marcus quando precisar também é confirmado. Pensando que todas as suas inseguranças (internamente e a respeito de Marcus) foram confirmadas, o que Cassie faz? Age como alguém com apego inseguro agiria: de maneira reativa, queixando-se. Então o processo se reinicia do lado de Marcus. Resumindo, estão ambos presos a seus apegos inseguros. Parece desmoralizante, eu sei. Mas não é, porque neste livro explicaremos exatamente como se fortalecer e escapar dessa armadilha.

Por mais dolorosos que os ciclos negativos possam ser, mudar hábitos continua sendo difícil. E pode ser assustador. Quero deixar claro que o trabalho que estou pedindo aqui exige coragem, ainda mais considerando que esses comportamentos muitas vezes são medidas protetivas, que buscam nos ajudar a sobreviver. O simples fato de você estar comigo, aprendendo, é um passo enorme na direção certa. Significa que você se importa e está pronta para experimentar algo diferente. Por mais difícil que possa parecer, prometo que também será empoderador e a levará a um lugar muito diferente, que oferece segurança e conexão reais, para você e seu relacionamento. Quando casais são capazes de substituir o ciclo negativo por vulnerabilidade e por uma disposição a correr os riscos necessários e sair da zona de conforto, o ambiente do relacionamento começa a mudar e é possível iniciar a cura. Nos capítulos a seguir, você aprenderá a encurtar a distância entre o que deseja — segurança e proximidade — e a maneira de agir para consegui-las.

Repita comigo: "O ciclo negativo é o inimigo". Faça tudo o que puder para manter essa frase em mente. Você pode repeti-la, em voz alta, durante momentos tensos — isso muitas vezes altera a perspectiva de uma forma que regula ou acalma a situação.

DE CICLOS NEGATIVOS A CICLOS VINCULANTES

Você já notou que quando estão se reconciliando depois de uma briga os casais se sentem ainda mais próximos? Podem até ter varrido a sujeira para debaixo do tapete em vez de reparar quaisquer danos e talvez o problema volte a surgir mais adiante, mas *naquele* momento as coisas parecem *ótimas*.

Como isso é possível, considerando que vocês acabaram de se tratar como se fossem inimigos? Ciclos negativos não existiriam sem investimento emocional e vulnerabilidade. A vulnerabilidade de alguns casais só é vista nas brigas e reconciliações, quando tende a aparecer querendo ou não.

Talvez você tenha observado isso em um casal que conhece. Eles parecem viciados em brigar, o que de fato acontece às vezes, porque é quando encontram conexão emocional. Sei que parece um paradoxo; afinal, ciclos negativos corroem a conexão. Apesar dos vários lados negativos — eu certamente não vou defender essa estratégia —, o fato é que brigar pode ser uma maneira que o casal encontra de encurtar a distância quando não sabe mais o que fazer. Pelo menos é uma forma de envolvimento, e para algumas pessoas um envolvimento negativo é melhor que envolvimento nenhum. Fora que a reconciliação é um momento de conexão especial.

Quando casais aprendem a evitar, interromper e reparar ciclos negativos — e você aprenderá tudo isso nos capítulos a seguir —, o que de fato estão fazendo é aprender a processar diretamente suas vulnerabilidades e comunicá-las de uma forma mais controlada do que durante uma briga. Essa comunicação sobre vulnerabilidades promove conexão, e essa é a essência de um ciclo vinculante. Ao aprender a discernir momentos de vulnerabilidade, quando gatilhos são acionados, e transformá-los em ciclos vinculantes, você irá começar a se sentir mais próxima da pessoa com quem se relaciona e a confiar ainda mais nela. Você também ficará muito mais propensa a criar o espaço necessário para a resolução *real* do problema. Sem mencionar que o vínculo cria resiliência para o futuro. Reconhecer, gerenciar e se adiantar a ciclos negativos não é apenas uma medida protetiva — é capaz de fortalecer até os relacionamentos mais seguros. Enfim: tudo isso é para deixar claro que não importa quão ruins pareçam seus ciclos negativos de comunicação, há esperança.

5. Interrompendo o ciclo negativo

Você nunca está presa de verdade a um ciclo negativo, mesmo quando parece que está mais presa do que nunca, qualquer que seja o momento. Tanto você quanto a outra pessoa têm a chance de interromper o vaivém tóxico. São necessárias duas pessoas para perpetuar um ciclo negativo, e apenas uma para pôr um *fim* nele. Quando você está em um ciclo negativo, é incrivelmente forte a tentação de se proteger e comunicar à outra pessoa que tudo o que ela vem fazendo é errado. É difícil demais, na hora, ser a primeira a dizer "Não vamos deixar o ciclo negativo vencer" ou "Em vez de falar algo que não é o que sinto de verdade, vou tentar algo diferente" ou "Vamos tentar assumir uma postura mais saudável e retomar essa conversa em cinco minutos", ainda mais quando não se teve contato anterior com esse tipo de diálogo. No entanto, você pode aprender a dar esse passo e se surpreender com como ele é empoderador, porque permite que você gerencie o ciclo negativo com intenção, em vez de deixar que ele a controle totalmente.

Quando estou trabalhando com um casal, a primeira coisa que faço depois de introduzir o conceito de ciclo negativo é ensinar como interrompê-lo. Você nem sempre será capaz de impedir ciclos negativos. Isso é especialmente verdade no começo do trabalho, quando o casal ainda está compreendendo os conceitos envolvidos, mas continuará sendo verdade depois, quando o relacionamento tiver amadurecido de forma considerável. Até mesmo os casais mais saudáveis se veem presos em ciclos negativos de tempos em tempos. Somos todos humanos. Todos nos cansamos, sentimos fome, ficamos estressados. Neste capítulo, aprenderemos como cortar o ciclo negativo assim que ele entra em cena. No entanto, embora não haja nada que possamos fazer para evitar por completo os ciclos negativos ou sempre conseguir interrompê-los quando saem de controle, há *muito* que você pode fazer para aumentar as chances de ser capaz disso.

No próximo capítulo discutiremos como impedir o ciclo negativo, o que inclui construir um ambiente resistente a ele (o que chamamos de "ambiente favorável ao apego"). Seguiremos essa ordem por dois motivos. Primeiro porque precisamos de tempo para construir um ambiente favorável ao apego, e de qualquer forma nunca é possível extinguir os ciclos por completo. Assim, enquanto estivermos aprendendo a impedir os ciclos, precisamos de um plano B para quando eles se iniciarem mesmo assim. É aí que a interrupção entra. Por fim, saber como interromper ciclos negativos com sucesso é um importante componente do ambiente favorável ao apego que os impede. Então, por ora, vamos nos concentrar na estabilização.

RECONHECENDO O PROBLEMA

Como saber quando você e a pessoa com quem se relaciona estão em um ciclo negativo? Às vezes isso se torna óbvio em uma discussão acalorada ou em uma briga. Às vezes é muito mais sutil, e você deve investigar dentro de si mesma. Se está interagindo com a pessoa e algo não parece certo, as chances são altas de que vocês estejam em um ciclo negativo ou a caminho de entrar em um. É importante aprender a reconhecer o primeiro sentimento de desconforto. Você pode notar que sente apreensão, irritação, choque ou decepção em relação ao outro. Pode sentir desânimo ou que foi pega de surpresa. Talvez perceba pensamentos como "Lá vamos nós outra vez" ou "Ele nunca faz o que eu peço!". Quaisquer ideias que parecem envolver atribuição de culpa ou ofensa, ou ainda que a levem a considerar a outra pessoa sua inimiga, podem ser indícios de que você está em um ciclo negativo. Também é importante prestar atenção ao que está acontecendo com a outra pessoa. Você sente tensão na fala ou na linguagem corporal dela? O que está acontecendo com a comunicação? Há cutucadas ou golpes declarados? Você sente que está na defensiva? Precisa falar mais alto para ser ouvida?

Nunca é demais enfatizar a importância de trabalhar na identificação desses momentos. Você não tem como consertar o que não vê. Quando nota o primeiro sinal de um gatilho, tem a oportunidade de dar um passo atrás e olhar para dentro de si. Pode dizer: "Hum, isso não parece legal, o que está rolando? Acho que estou ficando agitada. O que meu corpo está me dizendo?". Não apenas essa verificação ajuda a entender melhor o que aconteceu como também ajuda a planejar o próximo passo com mais intenção e menos reflexo automático. De acordo com o psicólogo dr. Viktor Frankl: "Entre estímulo e resposta existe um espaço. Nesse espaço, encontra-se o poder de escolher nossa resposta. Em nossas respostas residem nosso crescimento e nossa felicidade".

Mesmo que você não consiga "planejar" porque está desregulada demais, identificar um gatilho pode pelo menos te dar mais tempo para fazer algo *menos* destrutivo (progresso, não perfeição). Alguns segundos podem ser a diferença entre "Eu nunca deveria ter me casado com você!" (quando você não acha isso de verdade) e "Estou muito brava com você agora!". Se suas tendências são mais evitativas, alguns segundos de autoconsciência podem ser a diferença entre "Não vou fazer isso agora, me deixe em paz" e "Estou disposta a falar a respeito, mas não agora. Me dê vinte minutos para pensar". A outra pessoa pode não gostar de nenhuma dessas opções no calor do momento, mas a primeira certamente desencadeará uma reação mais forte.

Se você cresceu com apego inseguro, provavelmente não te ensinaram a se voltar para seu interior, perceber o que estava sentindo e se reservar um espaço antes de responder a um gatilho. Mas garanto que com tempo e prática ficará mais fácil ver os sinais.

Vamos fazer um exercício para começar a expandir a consciência. Ele pode ser feito por contra própria ou em casal. No segundo caso, completem o exercício separadamente e depois conversem a respeito.

Relembre um momento em que tenha sentido uma das seguintes coisas:

- Irritação com a outra pessoa

- Raiva dela

- Invalidação por parte dela

- Controle por parte dela

- Falta de escuta por parte dela

- Não valorização por parte dela

- Medo de que ela estivesse decepcionada ou brava com você

Agora pense nas circunstâncias que envolveram esse momento:

- O que a pessoa fez ou disse antes de você se sentir assim?

- O que você depreendeu do que ela fez ou disse?

- O que aconteceu com o seu corpo?

- De que maneira você sentiu necessidade de reagir? Discutindo? Defendendo-se? Criticando? Contra-atacando? Fechando-se?

- O que você fez em seguida?

- Como você se sentiria se não tivesse feito o que fez?

- Como você imagina que a pessoa se sentiu quando você fez o que fez?

- O que a outra pessoa fez depois?

Eis um exemplo:

Benjamin se lembra de uma vez em que ficou irritado com Lev quando conversavam sobre uma notícia recente. Ele relata ter sentido um calor subindo pelo peito. Depois de pensar um pouco, Benjamin diz que Lev passou vários minutos falando sobre a notícia e, quando Benjamin tentou falar também, Lev simplesmente continuou falando. Benjamin se sentiu invisível, e o que depreendeu disso foi que Lev não o valorizava. Ele se lembra de sentir o impulso de se fechar e desistir de tentar falar, e foi o que fez. Se não tivesse se fechado, sua irritação acabaria se transformando em raiva, a última coisa que gostaria de sentir. Quando Lev notou que Benjamin não estava prestando atenção, perguntou, em um tom impaciente: "Você não está ouvindo o que estou dizendo?". (É claro que Lev também contribuiu para sua própria decepção, mas no momento vamos nos concentrar na experiência de Benjamin.)

Eis um diagrama da experiência de Benjamin:

ANATOMIA DE UM GATILHO: BENJAMIN

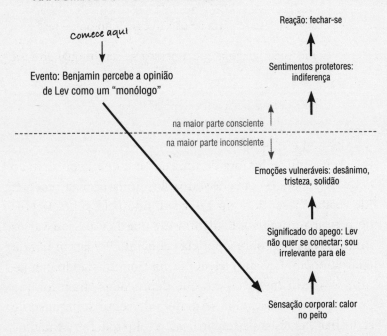

Refletir sobre o que levou a ciclos negativos no passado e como você e a outra pessoa reagem nesses momentos ajuda a compreender o que desencadeia o ciclo negativo no relacionamento. Essa compreensão também ajuda a identificar um ciclo negativo enquanto ele ainda está se desenrolando. Nosso histórico e nossos padrões se repetem, então se você sabe que no passado o uso da palavra "exagerado" pela outra pessoa funcionou como um gatilho para você, ou que seu estômago se revirou quando ela começou a reclamar de forma intensa da louça suja que você deixou na pia, você estará mais bem aparelhada para na próxima vez identificar o que está acontecendo antes que a situação saia do controle.

O que Benjamin poderia ter feito se reconhecesse o ciclo assim que teve início? Há algumas opções. Ele poderia ter interrompido Lev na mesma hora e dito algo como "Querido, sua opinião é muito importante para mim, mas no momento estou meio que me sentindo invisível. Podemos nos alternar um pouco mais na fala?". Ou, se os dois tivessem um relacionamento mais direto: "Opa, estou vendo que você embalou, mas pode me dar um espacinho?" (de um jeito fofo, não querendo humilhar). Talvez Benjamin pudesse ter esperado e falado mais tarde: "Posso te dizer uma coisa?". Qualquer uma dessas opções é melhor do que a total falta de envolvimento sem qualquer explicação.

Agora vamos considerar a experiência de Lev:

Lev se lembra de começar a dizer a Benjamin o que pensava sobre uma notícia recente. Enquanto falava, no entanto, passou a sentir um mal-estar, o que o levou a parar. Ele lembra que, pouco antes de se sentir assim, notou a expressão ausente de Benjamin. O que concluiu disso foi que Benjamin não o estava vendo e, portanto, não devia valorizá-lo (ironicamente, a mesmíssima coisa que Benjamin concluiu em relação ao companheiro). Lev tentou ignorar isso, mas a necessidade de comunicar seu incômodo a Benjamin (em uma tentativa de voltar a atrair sua atenção) acabou vencendo e ele reclamou, com certa impaciência. Se não tivesse feito isso, ficaria se sentindo invisível. Na defensiva, Benjamin retrucou: "Eu ouvi tudo".

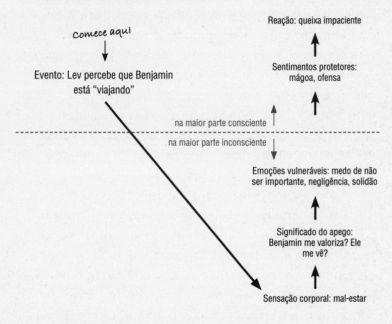

Se tivesse maior consciência do que acontecia, o que Lev poderia ter feito de diferente? Talvez tentar entrar no mundo de Benjamin, refletir sobre sua *necessidade* de se fechar e perguntar: "Tenho alguma coisa a ver com isso?". Talvez verbalizar sua curiosidade com validação: "Parece que você está meio distante. Imagino que deva haver um bom motivo para isso. Pode me dizer o que está acontecendo?". Ou talvez simplesmente dividir seus sentimentos: "Não estou me sentindo visto no momento... isso sempre me deixa ansioso". De novo, nenhuma dessas opções criará necessariamente a saída perfeita, mas com certeza é melhor que a alternativa usada, e quando repetidas ao longo do tempo contribuirá para a segurança no relacionamento.

SEJA VULNERÁVEL

Ciclos negativos nos deixam com uma sensação péssima. No entanto, ninguém entra neles por acaso, sem motivo. Se você tem apego inseguro, os comportamentos que não funcionam para você no longo prazo, acredite ou não, na hora parecem seguros. Rebater as preocupações da outra pessoa talvez não seja bom para a saúde geral do relacionamento ("E quanto a você? Também não é perfeito"), porém isso pode parecer mais seguro que ouvir coisas que fazem você se sentir um fracasso ou como se não tivesse nenhum poder. Se ciclos negativos não tivessem uma vantagem no curto prazo, ninguém entraria neles. Vantagem no curto prazo? Segurança temporária. O custo: a saúde do relacionamento no longo prazo. A solução: vulnerabilidade.

No calor do momento, ciclos negativos oferecem uma falsa esperança. Embora isso não seja consciente, seu sistema nervoso diz: "Se eu for cruel o bastante ela vai saber o quanto estou sofrendo, então não vou precisar me sentir só e como se fosse invisível". Ou: "Se eu conseguir falar antes dele e convencê-lo de que tenho razão, ele não vai me ver como uma pessoa estúpida e indigna".

Quando peço a meus clientes que interrompam seus ciclos negativos fazendo algo diferente — talvez dizendo "Quero ouvir o que você tem a dizer" em vez de "Nada é bom o bastante para você"—, estou pedindo que abram mão de sua esperança — uma esperança *falsa* — de que se rebaterem as preocupações da outra pessoa não precisarão lidar com seus próprios sentimentos desconfortáveis. Ninguém quer abrir mão da própria esperança, mesmo que ela seja falsa, porque o objetivo é evitar o desconforto no momento. No entanto, para promover uma mudança real, é preciso dar um passo para longe da segurança e em direção à vulnerabilidade.

Muitas pessoas acham que vulnerabilidade é dividir seus sentimentos. Essa é uma maneira de se mostrar vulnerável, mas não a única. Vulnerabilidade envolve *expor* sua dor emocional por meio de palavras ou comportamentos. Vulnerabilidade não tem a ver com a forma *como* se fica vulnerável; isso é diferente para cada pessoa. Tem a ver com encarar seu medo da dor e escolher parar de se esconder mesmo se arriscando a sofrer rejeição.

Enfatizei a palavra "expor" porque quero deixar claro que não significa que haja qualquer garantia. Não é porque você se permitiu estar vulnerável que acabará emocionalmente ferida. Na verdade, o objetivo é se sentir melhor, e não pior. No entanto, vulnerabilidade implica uma disposição a correr o risco de se machucar, porque se não fizer isso *com certeza* perderá em termos de autenticidade, conexão, sensação de empoderamento e/ou resoluções reais para os problemas. Em meu trabalho com a Terapia Focada nas Emoções, gosto de dizer que "quem não arrisca não petisca". É bobo, mas é verdade.

Para deixar claro, não estou aconselhando que você se ponha repetidamente em situações nas quais a probabilidade de se sentir rejeitada ou ridicularizada é alta. Não se trata de correr riscos de maneira imprudente, e sim riscos calculados. Se não revelar a ninguém seu eu verdadeiro, nunca dará às pessoas a oportunidade de aceitá-la ou rejeitá-la, e nunca saberá se um relacionamento autêntico é possível.

É comum pensar, de maneira equivocada, que o conceito de vulnerabilidade tem a ver com o seu relacionamento com outras pessoas. Sua capacidade de ser vulnerável *impacta* fortemente seus relacionamentos (não só amorosos), mas no fim das contas vulnerabilidade tem a ver com *seu relacio-*

namento consigo mesma e com seus sentimentos. Como *você* vai se sentir se a outra pessoa te rejeitar depois que você compartilhar coisas mais íntimas? Como *você* vai se sentir se a outra pessoa não der atenção depois que você disser algo de uma maneira mais saudável, com a qual ela não está acostumada? Como *você* vai se sentir se a outra pessoa ficar brava quando você pedir um tempo em vez de dar seguimento ao ciclo negativo? *Você* consegue suportar esses sentimentos sabendo que com o tempo encará-los vai ajudar seu relacionamento a amadurecer?

Imagine que seu/a/e parceiro/a/e tenha o hábito de dizer um palavrão em particular que você considera ofensivo. Um dia vocês estão fazendo uma caminhada agradável juntos e ele/a/u diz a palavra proibida. Você reage com raiva, porque na sua cabeça essa é a melhor maneira de ser ouvida, e talvez funcione mesmo. A outra pessoa pode ter maior propensão a responder quando você solta os cachorros do que quando você fala com calma. É o caminho mais fácil. No entanto, mesmo que obtenha resultados naquele momento, eles vêm em detrimento da saúde geral do relacionamento. Com o tempo, interações assim podem criar ressentimento ou reforçar uma dinâmica pai ou mãe/filho ou filha, ou ainda uma dinâmica em que uma pessoa tem medo da outra. Soltar os cachorros é um hábito ruim, assim como usar o palavrão que tanto te incomoda. E se a outra pessoa só responde a queixas agressivas, o que isso diz sobre o relacionamento de vocês?

Nessa situação, a vulnerabilidade pode aparecer como uma reatividade menor. No entanto, para você isso é arriscado; se não fosse, você já agiria assim naturalmente. O risco está relacionado a *como você vai se sentir* se não for ouvida ou respondida. Há alguns motivos que podem explicar por que a outra pessoa não responde a seus vários pedidos (e eu não a estou desculpando por isso), mas vamos imaginar que ela associa abordagens mais gentis com uma falta de seriedade e no passado tenha ignorado seu tom de voz razoável. Faz sentido que você queira se expressar do modo no qual a chance de ser ouvida é maior. Se for ignorada, você vai ter que lidar com sentimentos de impotência, rejeição e indignidade. Você pode ser levada de volta à sua infância, quando precisava escolher entre subir o tom ou permanecer invisível.

No entanto, há dois problemas com essa abordagem. O hábito de soltar os cachorros não apenas faz mal ao relacionamento e à sua dignidade como também impede que se chegue à raiz da questão: o modo como vocês negociam desejos, necessidades e pedidos, que claramente não está funcionando. Se o cerne do problema não é abordado, o padrão — nesse caso, falta de responsividade e reações agressivas — vai acabar se espalhando para outras áreas do relacionamento, mesmo que a pessoa pare de dizer o palavrão.

Para tratar o problema real, uma conversa mais profunda é necessária. Isso exigirá abordar o palavrão de uma forma diferente quando ele for dito. E isso não vai ser confortável. Fazer coisas que não são confortáveis, mesmo que por um bem maior, exige uma disposição para a vulnerabilidade. Consegue ver como as coisas estão relacionadas?

É importante ter em mente que escolher a vulnerabilidade não é garantia do resultado desejado. Com garantia não há risco e, portanto, não há vulnerabilidade.

Aqui vai um exercício que você pode fazer sozinha ou com seu/a/e parceiro/a/e para compreender melhor onde há espaço para a vulnerabilidade.

Pense em um momento durante o ciclo negativo em que você fez ou disse algo que não ajudou em nada a relação.

1. Mesmo que inconscientemente, o que você esperava obter fazendo ou dizendo isso?

2. O que nisso que você fez ou disse pareceu seguro no momento?

3. O que você acha que poderia ter feito ou dito que teria sido mais benéfico ao relacionamento?

4. Considerando tudo, o que você poderia ter feito de vulnerável naquele momento?

Perceba que talvez você não saiba o que poderia ter feito "melhor". Ainda há muito o que aprender. Mostrarei alguns exemplos que vão te fazer pensar.

Shiloh se lembra de sentir um gatilho sendo acionado quando pareceu que Tara, sua companheira, estava de mau humor.

> Perguntei várias vezes: "Qual é o problema?". E critiquei Tara por estar "para baixo" mesmo depois que ela disse que aquilo não tinha nada a ver comigo e que só precisava de um pouco de espaço. Eu esperava que ela fosse me ouvir e ficar mais animada. Me senti seguro para continuar insistindo, porque se desistisse ia ficar mal. O mais vulnerável a fazer seria falar: "Tá, estou aqui quando você estiver pronta" e lhe dar espaço, porque às vezes todo mundo precisa de espaço.

Tasha se lembra de sentir um gatilho sendo acionado quando sua companheira mencionou um momento no passado em que sentiu que Tasha a decepcionou.

Fiquei brava e disse a ela que já tínhamos conversado a respeito, então por que ela não superava aquilo? Eu esperava que ela deixasse o assunto para lá. Isso me pareceu seguro porque eu não queria brigar. O mais vulnerável a fazer seria ouvi-la ou mesmo prometer que conversaríamos depois, quando eu não estivesse distraída.

É um gatilho para Carol seu companheiro Richard atacar seu caráter quando ele se descontrola, dizendo coisas como "Você é o tipo de pessoa que não consegue lidar com a verdade":

Em geral, eu me defendo com algo como: "Isso não é verdade, estou sempre disposta a te ouvir". Espero que se convencê-lo a ver as situações de outra maneira, ele pare de dizer essas coisas. Isso me parece seguro porque é uma tentativa de fazer com que os comentários que me magoam cessem. Mas percebo que talvez seja melhor validar seus sentimentos dizendo que é verdade que no passado nem sempre estive aberta à sua perspectiva e que quero ouvi-lo agora, só que não terei como continuar a conversa se ele for atacar meu caráter. Estabelecer limites desperta meus medos de rejeição, mas fazendo isso mesmo assim vou me sentir mais empoderada no relacionamento. Para mim, vulnerabilidade é estabelecer um limite em vez de ficar na defensiva.

AUTORREGULAÇÃO E CORREGULAÇÃO

"Tudo bem querer que meu/a/e parceiro/a/e me conforte?" é uma das perguntas que mais recebo nas redes sociais. Os humanos são programados para buscar apoio emocional daqueles que amam quando se sentem tristes, bravos, sós ou assustados. No entanto, com o passar do tempo, nos tornamos cada vez mais hesitantes a recorrer aos outros para que nos confortem. Frases como "Você é responsável por seus próprios sentimentos" ou "Ninguém além de você pode resolver o que sente" foram tiradas de contexto a tal ponto que nos preocupamos se buscar conforto na pessoa com quem nos relacionamos não seria pedir demais ou até demonstrar fraqueza. Sim, somos todos responsáveis por nossos sentimentos, mas uma parte dessa responsabilidade envolve pedir ajuda quando necessário. Buscar apoio é uma forma de autocuidado. *Corregulação* é o que acontece quando uma parte do casal desempenha o papel de oferecer apoio, ajudando a outra a se sentir segura e calma; é o ato de ajudar o outro a regular suas emoções, sendo uma presença segura e calma. A corregulação aumenta de maneira drástica as probabilidades de sucesso de alguém que espera conseguir interromper um ciclo negativo o mais rápido possível.

A corregulação é o epítome da conexão — ou seja, é a melhor maneira de interromper um ciclo negativo, porque o que estamos tentando fazer aqui é substituir o ciclo negativo por um vinculante. Eis um exemplo de corregulação: Vivian e Nala se encontram no meio de um ciclo negativo turbulento relacionado à organização de seu casamento. Vivian diz a Nala que ela está sendo egoísta. Em vez de retrucar com "Não, *você* é que está sendo egoísta!", como quer, Nala para por um momento, respira fundo e diz a si mesma: *Tá. É isso. Esse é o ciclo negativo que quer nos separar. Nossos medos de apego foram acionados. Nenhuma de nós está se comportando da melhor maneira, por isso vou tomar a iniciativa de fazer algo diferente dessa vez.* Então estende a mão para Vivian, olha em seus olhos e diz: "Ei, eu te amo. Vamos respirar juntas algumas vezes. Isso é difícil. Estou bem aqui".

A corregulação pode envolver respirar fundo, mudar o tom de voz, falar mais devagar ou pegar a mão da outra pessoa. Qualquer coisa que te acalme, para que depois você possa acalmar a outra pessoa, serve.

Outra maneira poderosa de corregulação é validar o que quer que a outra pessoa esteja dizendo ou fazendo. Isso é especialmente verdade em se tratando de raiva, e falaremos mais a respeito no capítulo 6. Quando Vivian acusa Nala de egoísmo, em vez de ser reativa Nala pode dizer: "Acho que o que você está dizendo é que sente que suas necessidades não estão sendo atendidas. Eu te entendo. Ninguém gosta de sentir isso. Como posso te ajudar a saber que suas necessidades *importam* para que voltemos a nos sentir conectadas e abordemos a situação como uma equipe?". Nessa situação, Vivian estava lutando para ser vista. Quando Nala demonstrou com sucesso que a via, Vivian segurou a onda.

Dito isso, no calor do momento algumas pessoas não estão prontas para receber bem a validação e podem até se irritar. Nesse caso, é melhor tentar frases simples como "Estou te ouvindo, estou aqui" e/ou recorrer a um toque suave. Às vezes uma presença sensata é a melhor coisa que você pode oferecer em nome da corregulação.

Você deve estar pensando que tudo isso parece bom demais para ser verdade. Seu monólogo interno no momento talvez seja: "Isso é ótimo para Vivian e Nala, mas a pessoa com quem me relaciono tenta me 'corregular' dizendo para eu não me preocupar, ou me dando um abraço que mais parece uma tentativa de mudar de assunto". Esses comportamentos, no entanto, não são uma forma de corregulação, mas tentativas de acalmar os ânimos, e há uma diferença aí. A primeira é motivada pela conexão, enquanto as segundas são provocadas pelo medo. A corregulação diz: "Quero te trazer para mais perto e te ajudar a se sentir em segurança". Tentativas de acalmar os ânimos dizem: "Vou falar o que você quer ouvir ou te conter para que esse conflito desagradável se encerre". A primeira envolve avançar, enquanto a segunda envolve fugir.

Nos relacionamentos mais bem-sucedidos, ambas as partes são capazes de se corregular, mas nem sempre ao mesmo tempo. Nala conseguiu desempenhar esse papel no nosso exemplo, porém Vivian pode assumi-lo da próxima vez. Minha maior esperança é que durante um ciclo negativo pelo menos uma parte seja capaz de dar um passo atrás, se acalmar e estender a bandeira branca. No entanto, é difícil ter um relacionamento próspero se apenas uma pessoa se responsabiliza pela corregulação. Ainda assim, se isso estiver acontecendo no seu relacionamento, tente não desistir de imediato. Embora o objetivo seja *ambas* as partes dividirem a corregulação de maneira mais ou menos equivalente em momentos diferentes, dependendo de quem tem mais recursos disponíveis às vezes é preciso um tempo para chegar lá, e a melhor maneira de ensinar é através do exemplo.

Um ponto importante da corregulação é que ela só pode acontecer se a pessoa que assume esse papel estiver autorregulada — ou seja, se ela for capaz de gerenciar suas próprias emoções, controlando os sentimentos em vez de deixar que eles a controlem. Isso não significa bloquear as emoções por completo, mas fazer com que fiquem no banco do carona e ajudem você com o caminho. No exemplo anterior, Nala parou por um momento, respirou fundo e se acalmou. Ela se autorregulou, depois foi capaz de transmitir sua energia calibrada para Vivian.

A autorregulação começa com a autoconsciência. Olhe para dentro de si, demonstre curiosidade e se pergunte: "O que está acontecendo comigo agora?". Talvez a resposta seja "Estou ouvindo que a culpa é toda minha, e isso dói", ou "Sinto um aperto forte no peito, o que significa que um gatilho foi acionado", ou "Aí vem o medo do abandono", ou "Tenho medo de que ele me veja como estúpida e problemática".

Para recorrer ao poder da corregulação, abandonar ciclos negativos e construir um vínculo forte, *as duas partes do relacionamento precisam ser capazes de se autorregular*. Isso é imprescindível. Mas não significa que ambas as partes precisam fazer isso toda vez que há uma ruptura. Se fosse o caso, a corregulação não seria necessária. No entanto, somos seres relacionais. Precisamos do sistema nervoso uns dos outros para acessar o poder da conexão com as outras pessoas, e temos que estar presentes para nós mesmos para acessar o poder da conexão interna. Não é um caso de e/ou, mas de tanto/como. Acredito que em relacionamentos saudáveis a divisão deva ser igual, porém no todo, e não em cada momento. Às vezes uma pessoa vai ficar mais chateada com uma coisa, às vezes a mesma pessoa vai estar menos cansada, faminta ou estressada, e assim terá mais recursos disponíveis. Se nenhuma das partes puder se autorregular nos momentos em que seus sistemas de apego soarem o alarme, não haverá ninguém para iniciar a corregulação e ser uma presença reconfortante. Usar a autorregulação para interromper o ciclo negativo não precisa funcionar à perfeição ou fazer os sentimentos ruins desaparecem por completo. Só é preciso fazer isso bem o bastante para te ajudar a se sair *melhor*. Por exemplo, se você estiver irritada no nível dez e quiser atirar um prato na parede, mas conseguir voltar a um nível sete e atirar um pano de prato, já é melhor. "Melhor" implica crescimento; podemos trabalhar com isso. Talvez da próxima vez você consiga passar do sete ao quatro.

Conforme busca introduzir a corregulação no seu relacionamento, tenha em mente que pessoas diferentes se sentem tranquilizadas de maneiras diferentes. Algumas gostam de toque físico, outras relaxam diante de palavras confortadoras, outras talvez precisem de algo completamente diverso. Casais de sucesso trabalham juntos para aprender o que é melhor para cada um.

Outra das perguntas que mais recebo é "Como posso me autorregular?". Há mais maneiras de se autorregular do que sou capaz de listar, e o que funciona para uma pessoa não necessariamente dá certo para outra. Estratégias comuns incluem exercícios respiratórios, meditação, atividade física, fazer um diário, mentalização ou "sentir seus sentimentos" (permitindo que passem pelo seu corpo). Mentalização significa dar um passo para trás e equilibrar sua visão da outra pessoa ou do evento desencadeador. Quando um gatilho for acionado e você se sentir sob ameaça, é fácil enxergar as partes ruins da outra pessoa e esquecer as boas. Para abandonar essa mentalidade, você pode visualizar um momento em que realmente pôde contar com ela, ou uma situação em que se sentiu amada e segura. Isso sinaliza a seu sistema nervoso que a ameaça é menor do que você imaginava, o que é uma forma de autorregulação, e te ajudar a gerenciar qualquer problema que esteja enfrentando com uma abordagem equilibrada.

A autorregulação começa com a consciência, que pode ser atingida por meio da atenção plena. Esta, por sua vez, é uma forma poderosa de se autorregular, a qual recomendo usar em conjunto com qualquer outra estratégia a sua escolha. Às vezes a atenção plena é chamada de "escaneamento corporal" e envolve se afastar da situação externa (o que a outra pessoa está fazendo ou dizendo) e se concentrar no seu corpo. Olhe para dentro, demonstre curiosidade e se pergunte: "O que está acontecendo comigo agora?". A resposta pode ser "Estou ouvindo que a outra pessoa não se importa comigo", ou "Aí vem o medo do abandono", ou "Minha vergonha está dizendo que só posso ser idiota". Veja onde sente que a tensão surge. Concentre-se nessa tensão, sem julgamento. Note quaisquer outras sensações corporais, como aceleração dos batimentos cardíacos, formigamentos, estômago se revirando. Mergulhe em seus cinco sentidos, questionando-se: "O que consigo ver? O que posso ouvir? Que gosto sinto? Que cheiro isso tem? O que percebo através da pele?". A atenção plena é eficaz porque aterra a pessoa. Tira você da sobrecarga de tudo o que acontece lá fora e te traz para dentro do seu eu físico. Uma boa pergunta a se fazer durante a atenção plena é "Onde estão meus pés?", que contribui bastante para o aterramento no momento presente. O próprio ato de demonstrar curiosidade em relação a sua experiência ajudará a parar de agir de uma forma que não é benéfica para você nem para o relacionamento. Sua curiosidade funciona como um botão de pause: "Vou reservar um momento e olhar para dentro antes de fazer ou dizer algo de que vou me arrepender".

Quando se fizer essas perguntas, *que seja de um lugar de observação livre de julgamento*. De outro modo não funcionará, e você vai se sentir pior em vez de melhor. Julgar-se por sentir o que sente só vai aumentar sua vergonha e piorar o problema. Não se combate vergonha com vergonha. Depois, valide sua experiência. A importância de validar a experiência, qualquer que seja ela, não pode ser subestimada, porque a autovalidação cria autoaceitação, e a aceitação é o antídoto para a vergonha. Valide seus pensamentos e sentimentos vivos. A seguir, enumero alguns exemplos.

Em vez de aumentar sua vergonha pensando algo como "Por que não consigo me recompor e controlar meus pensamentos?", tente validar seus sentimentos pensando algo como "É claro que estou ouvindo meu/a/e parceiro/a/e dizer que sou uma pessoa ruim. Cresci em uma casa onde ouvia isso o tempo todo".

Em vez de aumentar sua vergonha pensando algo como "Eu não deveria ficar brava, estou exagerando. É melhor deixar para lá", tente validar seus sentimentos pensando algo como "Faz sentido eu ficar brava. Tudo bem ficar brava. Tenho o direito de sentir o que sinto, e tudo o que sinto tem um significado importante. Posso pensar no significado depois, mas primeiro vou respirar fundo algumas vezes".

É aqui que a coisa se complica e você talvez queira se rebelar perguntando: "Mas e se meus sentimentos forem irracionais?". A verdade é que todos os sentimentos são racionais, simplesmente porque existem. Se você pisar em um prego, saberá por que sente dor. Se sente uma dor aleatória no abdome, talvez não saiba exatamente o que a causa, mas ela continua sendo real. Seu cérebro cria sentimentos por uma razão muito boa: para te motivar a agir para se proteger, resolver um problema ou obter algo prazeroso. Quando seu cérebro age no modo autoproteção está respondendo a algo real no momento, a lembranças subconscientes de eventos passados ou (o mais provável) a uma mistura de ambos. Suas percepções da situação nem sempre são precisas. Por exemplo, a outra pessoa talvez não te odeie de verdade, porém é absolutamente racional sentir medo se você *percebe* que ela te odeia. Qualquer pessoa sentiria. Quando conseguir validar sua experiência sem se envergonhar você vai se sentir mais autorregulada e se encontrar em uma posição muito melhor para reagir de maneira saudável, avaliando suas percepções consigo mesma ou com a outra pessoa, e a partir daí avançar na resolução de problemas, independente de qual foi a situação que tenha levado ao gatilho. Se as técnicas de autorregulação são novas para você, meu conselho é tentar estratégias diferentes e criar uma lista do que funciona. Para algumas pessoas, uma das ideias que listamos antes pode funcionar; para outras, talvez seja melhor caminhar, dançar, esfregar as mãos ou até mesmo sacudir o corpo por alguns minutos. É uma questão de mergulhar no próprio corpo e sair da sua cabeça — aterrar-se e se conectar consigo de maneira amorosa e positiva. Basicamente você estará oferecendo a si a mesma conexão que busca no seu relacionamento. No entanto, o melhor momento de trabalhar o músculo da autorregulação é quando você não está no dez. Preste atenção em pequenos gatilhos ao longo do dia: ansiedade ou irritação, por exemplo. Use esses momentos para treinar suas habilidades e construir hábitos aos quais seu cérebro possa recorrer quando os gatilhos maiores vierem.

Proponho um exercício simples chamado "respiração quadrada". É uma maneira de dizer ao seu sistema nervoso: "Estamos seguros. Está tudo bem". Inspire por quatro segundos; segure por quatro segundos; expire por quatro segundos; segure por quatro segundos; repita por alguns minutos, até sentir seu corpo começar a relaxar.

NOMEIE O CICLO NEGATIVO

Nomear o ciclo negativo é exatamente isto: dar nome a ele no momento em que entra em cena, para lembrar a si e à outra pessoa de que tem algo mais importante em jogo. Nomear o ciclo negativo desperta nossa consciência. Lembra à outra pessoa e a seu próprio sistema nervoso: "Não somos nós, isso é algo que ocorre fora da gente". Chamamos isso de externalização, e você pode usá-la para mudar a narrativa de "A outra pessoa é o inimigo" para "O ciclo é o inimigo".

Nomear o ciclo negativo pode ser algo assim:

- "É o ciclo negativo falando. Não vamos deixar que vença."

- "Você e este relacionamento são mais importantes para mim que esse ciclo negativo."

- "O ciclo negativo é o inimigo."

Se você estiver lendo este livro por conta própria e a outra pessoa não estiver familiarizada com o conceito de ciclo negativo, talvez você possa pedir a ela que dê uma olhada neste capítulo. No entanto, até mesmo pessoas que não estão prontas para ver seu relacionamento sob a ótica do apego podem ser receptivas à ideia de ciclo negativo, porque (1) é fácil se identificar com ela, e (2) ela diminui a sensação de culpa. Para algumas ideias de como tocar no assunto com o máximo de segurança, veja o capítulo 13.

Quando você ficar mais hábil em reconhecer que está em um ciclo negativo, talvez perceba que cai em armadilhas específicas. Assim como dar nome ao ciclo negativo é útil, dar nome a essas armadilhas também é: "Quem é a pessoa má?", "Quem sofre mais?" e "Boi na linha". Essas armadilhas podem acontecer em qualquer tipo de ciclo negativo, independente do estilo de apego de cada parte ou do assunto no momento.

QUEM É A PESSOA MÁ?

Essa é uma armadilha que envolve culpar um ao outro, com cada pessoa se concentrando no que a outra fez de errado. Se você consegue se identificar com isso (e a maioria das pessoas consegue), lembre-se de que ambas as partes estão brigando para *não* ser a vilã porque a programação de apego inseguro ensinou que estar errada significa ser integralmente má, o que sem dúvida faz com que a pessoa se sinta envergonhada, incompreendida, invalidada, inútil, incompetente e desvalorizada. Você pode pensar: "Se ficar provado que eu sou a vilã aqui, talvez isso signifique que não sou digna de ter minhas necessidades atendidas". Mesmo quando uma pessoa está claramente errada, ela pode lutar para provar que é boa. No momento, não ser vista como má pode parecer uma questão de vida ou morte, e por um bom motivo: você está lutando por seu valor como pessoa e como parceira, porque te ensinaram que vilões são pessoas indignas e que não merecem amor. Mesmo que não compreenda por que vocês brincam de "Quem é a pessoa má?", reconhecer que o fazem já basta se isso contribuir para deixar essa dinâmica para trás.

Para interromper essa armadilha, dê nome aos bois: "Acho que estamos presos a essa ideia de definir quem é a pessoa má aqui. E se nenhum dos dois for e nós só estivermos tentando nos comunicar e encontrar segurança?".

Eis um exemplo: a Pessoa A, que tem apego ansioso, diz à Pessoa B, que tem apego evitativo, que não gosta do modo como a Pessoa B fala com os filhos. O modo como ela fala é acalorado e deixa a Pessoa B constrangida. A Pessoa B rebate: "Olha só quem está falando. Você não é exatamente a Mary Poppins". A Pessoa A responde: "Isso não é verdade. Tenho um excelente relacionamento com as crianças. Elas falam comigo sobre tudo, incluindo a maneira como *você* fala com elas". A Pessoa B então diz: "Elas falam com você sobre tudo porque sabem que vai dizer o que querem ouvir". A Pessoa A argumenta: "Fui eu quem trouxe o assunto à tona. Por que não pode só me ouvir?". A Pessoa B questiona: "Por que deveria? Nunca tenho espaço nesse relacionamento para discutir as *minhas* preocupações!" e por aí vai, até que a Pessoa B acaba desistindo: "Esquece, tá, vou mudar. Só quero encerrar essa conversa".

Talvez pareça que se trata de duas pessoas com apego ansioso, mas não é necessariamente o caso. Muitos casais na dinâmica ansioso/evitativo ficam presos nesse ciclo de culpar um ao outro. É só que algumas pessoas evitativas lutam com mais afinco e/ou por mais tempo antes de acabar cedendo. Pessoas ansiosas, por outro lado, em geral se sentem compelidas a insistir até o que veem como uma resolução.

QUEM SOFRE MAIS?

Essa armadilha é parecida com "Quem é a pessoa má?", mas ao contrário. As pessoas competem pelo papel do "coitadinho", porque acreditam que só pode haver uma pessoa sofrendo por vez. Para esses casais, assumir o papel de sofredor é a única maneira de sentir que sua dor é validada. É claro que no contexto do ciclo negativo *ambas as partes* sofrem ao não terem suas necessidades de apego atendidas. *Ambas as partes* se sentem sozinhas e desmoralizadas, e, no limite, à beira da desesperança. O objetivo é que você e a outra pessoa se afastem da crença de que existe um coitadinho e passem a acreditar que ambas podem estar sofrendo ao mesmo tempo. Validar a dor da outra pessoa não cancela sua própria dor. A dor do apego não é um jogo de soma zero.

Para interromper a armadilha do "Quem sofre mais?", comece dando nome a ela: "Quer saber? Estamos agindo como se só um de nós pudesse estar magoado, e isso não é verdade. Ambos estamos".

BOI NA LINHA

É o que acontece quando um casal está sempre interpretando mal as intenções um do outro. Aqui vai um exemplo.

Jayden e Frances se veem em um ciclo negativo envolvendo as tarefas da casa. Quando se sente deixado na mão, Jayden faz a Frances (que historicamente não responde bem às preocupações de Jayden) perguntas que na verdade são críticas maldisfarçadas. Às vezes, no entanto, suas perguntas são só... perguntas.

Jayden chega em casa e quer saber se Frances levou o cachorro para passear. O que ele está pensando é: "Que noite linda... Se ela não foi, podemos ir os dois juntos, depois do jantar". No entanto, Frances tem experiência o bastante com as perguntas de Jayden para acreditar que há uma recriminação escondida aí. Seu sistema nervoso dispara o alarme: "É uma crítica maldisfarçada! O que ele está dizendo é: 'Aposto que você ainda não levou o cachorro para passear, o que é muita irresponsabilidade sua'".

"O que você quer dizer com isso?", Frances responde, claramente irritada.

"Eu só queria saber", Jayden retruca. "Dá para relaxar?" Frances se sente invalidada porque já foi alvo de críticas maldisfarçadas inúmeras vezes, então em vez de fazerem um passeio agradável os dois ficam presos ao ciclo negativo.

Quando houver ruído na linha, dê nome a isso e demonstre curiosidade: "Acho que tem boi na linha. O que você está me ouvindo dizer?". Depois de mergulhar na percepção da outra pessoa, compartilhe a sua. Assim, em vez de ir embora incompreendida e derrotada, que muitas vezes é a maneira como as pessoas se sentem ao fim de uma armadilha dessas, você terá maiores chances de se ver ouvida e conectada.

DÊ UM TEMPO

Em um mundo perfeito, durante um ciclo negativo acalorado uma das partes é capaz de parar um momento, se autorregular e fornecer energia correguladora à outra. Como eu disse, concentrar-se na conexão é a melhor maneira de sair de ciclos negativos, já que aquilo que os define é a desconexão. No entanto, também é a maneira mais avançada, e alguns casais ainda não estão prontos quando começam a fazer o trabalho. Você ou a outra pessoa podem ainda estar aprendendo a se aterrar e autorregular em momentos mais exaltados. Fora que ser a pessoa responsável pela corregulação deixa você em uma posição vulnerável e arriscada — *E se eu for rejeitada?* —, e às vezes é preciso tempo para se acostumar com a ideia. Então o que podemos fazer enquanto isso?

Quando você está em um ciclo negativo e não sabe como sair dele, concordar em dar um tempo faz muito sentido. A ideia de se desconectar pode parecer contraprodutiva depois de ler tanto sobre a importância da conexão, mas dar um tempo durante um ciclo negativo é o tipo de interrupção que protege o relacionamento. Fazer um intervalo ajuda ambas as partes a se reorganizar em relação a suas experiências internas e medos de apego. Parar um pouco dá a oportunidade de respirar, o que é especialmente importante para pessoas com apego evitativo, que muitas vezes se saem melhor encarando seus sentimentos separadamente, em vez de todos de uma vez só.

No entanto, esse intervalo não pode ser por tempo indefinido ou ilimitado. Concordar em voltar à conversa faz parte do processo — ou não se trata de dar um tempo, e sim de varrer um assunto difícil para debaixo do tapete. No que se refere a duração, recomendo qualquer coisa entre cinco minutos e um dia. Menos que isso e você não consegue nem respirar, mais do que isso e a questão começa a parecer distante demais. Essa é uma orientação geral. Às vezes faz mais sentido dar um tempo maior antes de retomar um assunto.

Fazer um intervalo precisa ser um esforço coletivo, já que exige vulnerabilidade de ambas as partes. Se você tem apego ansioso, intervalos podem ser assustadores e dolorosos. Na sua cabeça é melhor continuar brigando ou discutindo, porque talvez, só talvez, se vocês não pararem finalmente encontrarão a resolução e a proximidade de que precisam. E se pararem, o que vai acontecer? Vocês deixarão o assunto pendente e terão que conviver com sentimentos de desamparo desconfortáveis.

Dar um tempo não é difícil para alguém com apego evitativo. De modo geral, o espaço é bem-vindo para essas pessoas. Na sua cabeça, intervalos impedem que as coisas piorem. No entanto, intervalos não devem ser uma maneira de você se distrair por tempo indeterminado: o trabalho aqui envolve concordar em retomar o assunto. Para ajudar a outra pessoa a suportar essa situação, pode ser muitíssimo útil dizer: "Não se preocupe, continuaremos depois". E chegar a um acordo quanto ao momento, se possível.

Suas chances de sucesso ao pedir um intervalo aumentam se você usar uma linguagem favorável ao apego. Não pode ser uma questão de "Você é uma pessoa horrível e preciso me proteger", e sim de "Nosso relacionamento é algo que deve ser valorizado e protegido". Aqui vão algumas frases que você pode experimentar:

- "O ciclo negativo é o inimigo agora. Vamos fazer um intervalo, para que ele não vença."

- "Não vamos chegar a lugar nenhum se continuarmos assim. Que tal fazermos um intervalo de cinco minutos?"

- "Estamos em um ciclo negativo. Vamos interrompê-lo."

- "Te amo mais do que esta discussão."

- "Este relacionamento é importante demais para que eu continue neste caminho que não vai levar a lugar nenhum."

- "Se não fizermos um intervalo, tenho medo de magoarmos um ao outro de verdade."

- "Não preciso de um tempo de você. Preciso de um tempo das emoções que estão me sobrecarregando."

Se você e a outra pessoa conseguirem interromper com sucesso seu ciclo negativo e fazer uma pausa, é importante ter consciência de que isso por si só é gigantesco. Mas e agora? Se você tem apego ansioso, quase certamente vai se sentir pior. Seu sistema nervoso não está dizendo: "Que bom que estamos fazendo um intervalo e agora temos esse espaço para processar nossos pensamentos e sentimentos e depois voltarmos a nos reunir e resolver isso". Ele provavelmente está gritando: "Estou muito bravo, triste e assustado. Se ficássemos no ciclo pelo menos eu não estaria só! Talvez conseguisse as respostas que busco! Talvez acabássemos reencontrando o caminho um para o outro! E agora vou ficar sentado aqui, fervendo por dentro?".

É difícil, dói. Para algumas pessoas pode ser a coisa mais difícil da vida: encarar seus medos de apego e sua vergonha. Então o que fazer? Para começar, você não precisa estar só. Pode ser um bom momento para ligar para alguém que ama e em quem confia em busca de apoio. Isso não significa dividir detalhes íntimos que você gostaria de guardar para si. Diga apenas: "Ari e eu tivemos uma discussão e estamos fazendo um intervalo de algumas horas para nos acalmarmos. Está sendo bem difícil para mim".

Quando não há uma fonte externa de ajuda disponível, você pode tentar escrever seus pensamentos e sentimentos, praticar uma atividade física ou exercícios respiratórios, entrar em contato com a natureza, ouvir sua música preferida ou qualquer outra coisa que ajude você a tranquilizar e regular seu sistema nervoso. Lembre-se de que ficar boa em sentir seus sentimentos é o caminho para desenvolver o apego seguro no relacionamento com você mesma. Aprender a cuidar de você *é* cuidar do relacionamento.

E se você for a parte evitativa? Talvez tenda a se distrair ou tentar esquecer a situação, mas o tempo durante o intervalo não deve ser vazio. É o momento de mergulhar fundo e descobrir o que exatamente está sentindo. Não só pensando, mas sentindo. Quando vocês retomarem a discussão, o que espero é que deem tudo de si nessa tarefa: um equilíbrio entre mente e coração. Para você é menos uma questão de autorregulação e mais de autoconexão, a oportunidade de mergulhar em si mesma e se fazer perguntas como: "O que notei em meu *corpo*? Um aperto no peito? Uma pressão na cabeça? Um formigamento? Os maxilares cerrados? As mãos em punho? Uma sensação de vazio? Um nó na garganta? Qualquer outra coisa?". Trabalhei com inúmeras pessoas com apego evitativo que precisaram de semanas de treino antes de serem capazes de reconhecer uma sensação corporal; portanto, se você estiver enfrentando problemas nesse sentido, saiba que não está só. Se não tivesse aprendido a se desconectar do seu corpo não teria apego evitativo, para começo de conversa. Incentivo que você se dedique à prática do escaneamento corporal, o primeiro passo para compreender seu mundo interior. Depois que tiver sido capaz de localizar uma sensação física, pergunte-se: "Se essa sensação fosse um sentimento, qual seria?". Você pode, por exemplo, chamar o nó em sua garganta de "tristeza", ou seus maxilares cerrados de "frustração"; uma sensação de congelamento talvez represente "ter sido pega de guarda baixa".

Relacione seus sentimentos à necessidade de reagir. Por exemplo: "Quando senti essa raiva eu tinha certeza de que precisava me defender. O que a outra pessoa disse ou fez antes que esse instinto viesse? O que eu estava tentando proteger? Minha individualidade? O relacionamento? Um pouco de cada?". Se puder escrever um diário para ajudar no processo, melhor ainda. A outra pessoa vai se sentir mais segura e próxima se você voltar com clareza em relação a suas emoções e sua vulnerabilidade.

PEDIR (E RECEBER) REAFIRMAÇÃO

Como ciclos negativos são motivados por medos de apego e vergonha, pedir reafirmação é uma maneira rápida de apaziguamento *se seu relacionamento estiver pronto para isso*. Caso você se encontre em meio a um ciclo negativo e as coisas estejam saindo de proporção, pare por um momento e se pergunte: "Do que estou com medo agora?", ou "Do que tenho vergonha agora?". Então peça a reafirmação de que precisa para *não* sentir medo ou vergonha.

Um exemplo: Camila e Charlie vivem discutindo as preocupações relacionadas às férias que estão por vir. Camila culpa Charlie por não se importar e Charlie diz que ela é louca, porque é claro que ele se importa. Camila se dá conta do ciclo negativo, olha para dentro de si e conclui que tem medo de que se falar com Charlie sobre suas preocupações sem culpá-lo ou acusá-lo não será ouvida. Em vez de seguir o caminho de sempre, ela fica vulnerável ao dizer: "Quer saber? No momento, estamos no nosso ciclo da perdição [às vezes os casais dão um nome específico a seus ciclos negativos], e o que está acontecendo comigo é que tenho medo de que se não fizer escândalo, se não te culpar e acusar, não serei ouvida. Você pode me garantir que vai me ouvir se eu mudar de rota e tentar algo novo?".

Você também pode oferecer reafirmação à outra pessoa mesmo que ela não peça. Ambas as partes são capazes de mudar de rota e tentar algo diferente. Talvez fosse o caso de Charlie recuar um passo e dizer: "Acho que você tem medo de que eu não te ouça. Então quero garantir que mesmo que use um tom mais brando vou ouvir você. Podemos tentar assim?".

Ou Camila poderia tentar: "Charlie, entendo que esteja pensando que minhas preocupações impliquem que você não é um bom companheiro. Sei que aconteceram algumas coisas no passado que podem fazer com que pense assim. Quero falar com você a respeito. Isso de fato ocorreu, mas nada do que tenho a dizer vai mudar o quanto te amo e te valorizo".

Pedir reafirmação e atender ao pedido de reafirmação da outra pessoa pode ser demais para alguns casais, ainda mais se estiverem apenas começando o trabalho, se forem sensíveis a gatilhos, se não confiarem na reafirmação e/ou se seus ciclos saírem totalmente de proporção. Quando funciona é uma ferramenta poderosa, mas se você tentar e não der certo não se desespere. Não é incomum. Pedir reafirmação é sempre um grande risco, e até mesmo fornecê-la parece arriscado. Se as coisas não correrem bem, isso só significa que é preciso trabalhar mais para construir confiança e as habilidades de autorregulação e corregulação a fim de gerenciar as coisas quando não saem conforme o planejado.

O treino é a melhor maneira de desenvolver as habilidades que interrompem o ciclo negativo. Seja gentil consigo mesma. É preciso dar um voto de confiança — interno, principalmente — para mudar a maneira como você responde. Lembre-se: como vocês dois têm reagido faz com que se sintam mais distantes, em vez de trazer a proximidade desejada. Você é capaz de mudar sua reação e suas crenças subjacentes, e a mudança começa com esses passos.

Também é bom ter em mente que interromper o ciclo negativo é uma questão de triagem. Você não quer ficar presa a ciclos negativos enquanto tenta melhorar o clima geral do relacionamento porque à medida que trabalha no clima geral para aumentar a segurança e a proximidade os ciclos negativos começam a diminuir sozinhos. Isso se retroalimenta. Precisamos trabalhar a questão de todos os ângulos. Agora vamos aprender a construir um ambiente favorável ao apego.

6. Impedindo o ciclo negativo
O *ambiente favorável ao apego*

Quando você aprende a evitar o ciclo negativo, a coisa funciona como uma espécie de medicina preventiva. À medida que você melhora na identificação do ciclo negativo e na correção imediata de curso, chegará ao ponto de impedi-lo antes que comece. Para isso, precisamos criar o que chamamos de *ambiente favorável ao apego*.

Um ambiente favorável ao apego é aquele em que as duas pessoas têm suas necessidades atendidas, o que significa que no clima geral da relação ambas se sentem valorizadas, vistas, compreendidas e estimadas. Em um ambiente favorável ao apego, cada parte vê a outra sob a ótica do apego — por exemplo, quando uma pessoa apela para o sarcasmo, a outra interpreta isso como "Você está tentando me comunicar o tanto de dor que está sentindo" em vez de se sentir culpada ou envergonhada e de receber a mensagem de que "Você é o inimigo, você é uma pessoa ruim, você está tentando me machucar". Esses ambientes são mais resilientes a ciclos negativos porque comportamentos como criticar, agir com cinismo, dar um gelo, ficar na defensiva e acusar são substituídos por agir com curiosidade e empatia, compreender e validar. Você pode usar habilidades específicas para criar um ambiente favorável ao apego — falarei sobre isso neste capítulo —, porém, para que o relacionamento mude e dure, elas precisam ser parte de uma mentalidade mais ampla de cuidado com a segurança. Por exemplo, mais adiante abordaremos a validação emocional, para que quando você diga algo como "Percebo que você está triste" isso não soe vazio; o espírito por trás das palavras deve ser "Quero que você se sinta visto e aceito por quem é emocionalmente neste exato momento, porque todos crescemos quando nos sentimos vistos. Não estou dizendo isso apenas porque um livro me disse que é uma forma saudável de comunicação, mas porque significa algo muito maior sobre o relacionamento que quero cultivar". Para cultivar um ambiente favorável ao apego, você deve criar um senso sentido de empatia que motive as palavras "Percebo que você está triste".

Pense nisso da seguinte maneira: nos filmes, os melhores atores não se limitam a decorar suas falas. Passam semanas ou meses incorporando os personagens, se transformando neles. Quando chega a hora, conseguem ler as falas de maneira autêntica porque compreendem de onde elas vêm — compreendem as motivações, inseguranças e medos dos personagens. É isso que quero para você. Não quero que diga ou fale a coisa "certa" apenas para criar um ambiente favorável ao apego. Quero que compreenda o *porquê* e seja autêntica em seu relacionamento. Espero que você acredite nos princípios por trás das estratégias e incorpore o espírito desse trabalho, para que depois de um tempo nem precise mais seguir o roteiro.

Conforme seguirmos e você aprender a criar um ambiente favorável ao apego, tenha em mente que seu relacionamento é composto de repetidas interações entre você e a outra pessoa, dia após dia, e cada uma delas fornece a oportunidade de fazer algo profundo: permitir que o outro se sinta visto, ouvido, cuidado e validado. Quando você aprender a potencializar cada interação e fizer isso de maneira consistente, terá um relacionamento saudável.

Importante: em mundo perfeito, criar um ambiente favorável ao apego é responsabilidade de ambas as partes. Quando trabalho com casais, incentivo as duas pessoas a praticarem as habilidades apresentadas neste capítulo. Isso não quer dizer que um de vocês não vai crescer mais rápido que o outro, ou que os dois chegarão ao mesmíssimo ponto. Seja paciente. Meu marido nunca terá a mesma consciência emocional que eu — sou terapeuta e tenho mais tempo para praticar as habilidades que a maioria das pessoas. É literalmente o meu trabalho. Ainda assim ele tem consciência emocional *o bastante* para me dar aquilo de que preciso. Dito isso, você só pode controlar a si própria, e é necessária apenas uma pessoa para promover uma mudança que leve a um ambiente melhor no relacionamento. Isso não implica insistir em um relacionamento que é uma via de mão única a vida toda, mas para que haja uma mudança real e duradoura seu trabalho precisa vir de uma postura do tipo "Quero ser diferente mesmo que você não consiga ser". Nosso próprio crescimento precisa ser prioridade.

É claro que se estamos sempre entrando em ciclos negativos, todos queremos que a outra pessoa mude e cresça. Só que não podemos querer isso mais do que qualquer outra coisa. Temos que querer o nosso *próprio* crescimento mais do que qualquer outra coisa, porque é a partir dessa mentalidade que uma verdadeira mudança no relacionamento pode acontecer.

A COMUNICAÇÃO EM UM AMBIENTE FAVORÁVEL AO APEGO

Imagine um restaurante movimentado, com casais ocupando três mesas.

O primeiro casal conversa assim:

Pessoa A: Nossa, dá pra gente se perder nesse cardápio. Eu não me lembrava de ser tão grande assim.

Pessoa B: Então por que quis vir aqui? Você já conhecia o cardápio. Foi escolha sua.

Pessoa A: Por que você está na defensiva? Eu só quis dizer que fica difícil decidir o que comer.

Pessoa B: Não estou na defensiva. Só estou falando a verdade.

Pessoa A: Você está sendo desagradável.

Pessoa B: Não quero ser arrastada para uma discussão agora. Vamos só comer.

O segundo casal conversa assim:

Pessoa A: Nossa, dá pra gente se perder nesse cardápio. Eu não me lembrava de ser tão grande assim.

Pessoa B: Entendo quando você diz que dá pra se perder com tanta opção. Mas quando fala que o cardápio é "tão grande", sinto que está me culpando por ter feito uma escolha ruim.

Pessoa A: Isso é uma questão sua. Fico triste que esteja me interpretando mal.

Pessoa B: Acho que você está começando a se desregular, e isso é uma violação dos meus limites. Na terapia aprendi que quando isso acontece preciso dar um tempo e ir para outro lugar até que você consiga se autorregular.

Pessoa A: Vejo que você acha que os seus limites estão sendo violados. Seu narcisismo faz com que eu tenha uma sensação de desamparo. Aprendi na terapia que você precisa me corregular.

A conversa do último casal é assim:

Pessoa A: Nossa, dá pra gente se perder nesse cardápio. Eu não me lembrava de ser tão grande assim.

Pessoa B: Achei que se lembrasse. A gente poderia ter ido em outro lugar.

Pessoa A (com a sensação de não ser compreendida, para por um momento, faz uma verificação interna, reconhece o ciclo negativo em potencial e reage tendo o apego em mente): Entendo por que você acharia que estou reclamando, mas não estou. Gosto daqui, apesar do tamanho do cardápio. E fico feliz de estarmos juntos, não importa onde.

Pessoa B (sentindo-se tranquilizada): Eu também.

Depois:

Pessoa B: Lembra quando você comentou no jantar que o cardápio era grande demais? Para mim foi um daqueles momentos em que me voltou a história de que você me culpava por ter errado, por isso senti necessidade de ficar na defensiva. Agradeço por você ter conseguido responder da maneira que respondeu.

Pessoa A: Entendo isso e fico feliz que tenha voltado ao assunto. Olha só o quanto a gente evoluiu. Antes aquela conversa poderia ter feito com que perdêssemos as estribeiras.

Embora nenhuma dessas conversas seja realista, elas representam três abordagens diferentes para o mesmo problema. No primeiro exemplo, o casal está em um conflito óbvio; no segundo, o conflito é mascarado. Embora as palavras soem "psicologicamente certas", conflito é conflito. A terceira apresenta todos os elementos de um ambiente favorável ao apego (embora certamente seja possível criar esse ambiente sem uma linguagem exagerada). Esse casal gerenciou um gatilho sem entrar em um ciclo negativo. A Pessoa A foi capaz de se voltar para dentro e redirecionar a conversa. As duas partes contavam com o entendimento necessário para responder sem serem puxadas para uma discussão. A julgar pelo modo como lidaram com tudo, esse casal já teve discussões o suficiente sobre gatilhos para saber do que a outra parte pode estar precisando. Elas leem a mente uma da outra? Não. Mas trabalharam para compreender uma à outra em um nível profundo, incluindo as partes inseguras que todos/as/es temos em algum lugar dentro de nós e que às vezes precisam de um cuidado especial. A Pessoa B poderia ter feito algo diferente? Sim, mas não foi o caso. Em outro dia, poderia ter sido a Pessoa B a identificar o ciclo negativo e mudar o curso da situação.

Outro ponto importante é que esse casal foi capaz de deixar o gatilho de lado, divertir-se junto e conversar mais a respeito depois, em particular. Em outra situação talvez fizesse sentido falar naquele exato momento, porém as duas partes confiaram que poderiam voltar ao assunto depois, sem risco de que permanecesse ignorado indefinidamente. Em outra situação ainda talvez nem precisassem retomar a conversa. Cada caso é único.

Esse exemplo mostra o que você já deve saber a essa altura: como as coisas podem sair dos trilhos rápido. Nesse caso tudo começou com um cardápio. Incontáveis vezes casais iniciam a terapia comigo dizendo: "Brigamos por coisas pequenas".

"Não", eu explico, "vocês brigam por algo que no momento parece questão de vida ou morte: a segurança no apego. O conteúdo pode ser irrelevante, mas o sentido é poderoso. Nada é pequeno quando se trata de apego."

INTENÇÕES DE APEGO E ÓTICA DO APEGO

A teoria do apego se baseia na crença de que todas as atitudes dentro do relacionamento têm uma intenção de apego. Perder a paciência, defender-se, fechar-se, afastar a outra pessoa, ser cínico, sarcástico, passivo-agressivo ou xingar, tudo isso são tentativas equivocadas de dizer: "Ouça-me! Sinta parte do meu sofrimento e veja como dói! Pare de me tratar assim! Entenda o que está fazendo de errado e mude! Veja-me como uma pessoa boa!". E indo mais fundo: "Preciso sentir segurança agora mesmo!".

Digamos que você tentou várias vezes fazer a pessoa com quem se relaciona dar sua opinião quanto a vocês irem ao casamento um amigo da época da faculdade, que será em outra cidade. No entanto ela fica se esquivando, o que te deixa no escuro. Com base na minha experiência, há grandes chances de que a intenção de apego dela esteja dividida entre ansiedade quanto à viagem e ansiedade quanto ao relacionamento. Talvez vocês estejam tentando economizar para uma mudança que ocorrerá em breve, então gastar com uma viagem no momento a deixa desconfortável. É uma preocupação razoável, mas talvez ela não queira expressar isso porque tem medo de se sentir mal por te decepcionar. Esse medo pode estar baseado em uma experiência anterior com você, em relacionamentos do passado e/ou no clima do apego na infância. Venha de onde vier, a relutância da outra pessoa em discutir o assunto tem a *intenção de apego* de manter a segurança com você. Se ela não se importasse com isso provavelmente só diria "não" para o casamento e deixaria por isso mesmo.

Considere este outro exemplo: você fica irritada porque a outra pessoa não organiza o banheiro depois de se arrumar de manhã, muito embora você tenha pedido várias vezes. Quando ela menciona uma tarde que você se esqueceu de fechar a porta da garagem quando voltou do trabalho, você retruca: "Olha quem fala. E o estado em que o banheiro fica todo dia?". Se sua frustração falasse, diria: "Isso não parece justo. Preciso saber que há justiça entre nós e que nossas necessidades importam na *mesma* medida, e preciso me sentir segura e próxima!".

E quanto a coisas gritantes, como casos extraconjugais? Qual é a intenção de apego aqui? Todos sabemos que casos destroem o apego, mas provavelmente também sabemos que precisamos nos sentir queridos, aceitos e amados. A Terra é povoada por 8 bilhões de pessoas que esperam se sentir assim. Quando alguém não tem essas necessidades atendidas, faz qualquer coisa para encontrar o que está procurando, até mesmo fora do relacionamento. *Não* estou justificando casos — sei da devastação que causam, e sei que há maneiras muito melhores de ter as necessidades atendidas —, mas mesmo escolhas destrutivas trazem uma intenção de apego.

Saiba que comportamentos positivos na relação também têm intenção de apego. Você faz a lasanha que a avó do/a/e seu/a/e parceiro/a/e fazia porque sabe que ele/a/u adora. A felicidade dele/a/u contribuiu para a sua, e para sua sensação de segurança. Parte do motivo pelo qual você mantém a casa arrumada é porque isso a faz se sentir relaxada, e se sentir relaxada não é apenas bom para você individualmente como também a ajuda a desfrutar do tempo que passa com a outra pessoa. Você dá duro no trabalho para se sentir realizada, mas também para que vocês possam ser felizes e ter uma vida boa juntos. Você diz "Eu te amo" todo dia quando se despede porque quer que a outra pessoa se sinta segura e amada.

Se você for capaz de identificar a intenção de apego escondida por baixo do conflito superficial que deu início ao ciclo negativo, seu ponto de vista começa a mudar e você pode então ver a situação sob a ótica do apego. Isso é muito diferente do que chamo de ótica do inimigo, que é como pessoas com apego inseguro veem seus conflitos — e, portanto, a pessoa com quem se relacionam. A ótica do inimigo diz: "Quando a outra pessoa diz e faz coisas de que não gosto é porque está sendo má, porque não me ama, porque quer me magoar ou me envergonhar". Na maior parte do tempo, claro, não é o caso. Ironicamente, na maior parte do tempo, quando a outra pessoa diz e faz coisas de que você não gosta é porque está tentando proteger o apego dela. Ver a si própria e à outra pessoa sob a ótica do apego, sobretudo nos piores momentos, quando as frases e os comportamentos mais ferinos entram em cena, é transformador. Também é importantíssimo para estabelecer um ambiente favorável ao apego.

Adotar a ótica do apego é um trabalho contínuo. Mesmo sendo terapeuta de casais e após 23 anos de casamento ainda preciso me lembrar de voltar a ela quando surge tensão entre mim e meu companheiro. Ninguém está totalmente isento de levar as coisas para o pessoal, principalmente em relacionamentos íntimos, nos quais os riscos emocionais são mais altos. Quando meu marido está de mau humor, meu primeiro instinto pode ser pensar "Você não tem o direito de ficar rabugento", como se ele fosse obrigado por contrato a estar feliz o tempo todo. São meus medos de apego falando: *Eu me sinto tão só! E se ele continuar rabugento e nunca voltar ao normal? Vamos voltar a nos sentir conectados?* Às vezes o problema é minha visão de mim mesma: *Se ele não se importa com minhas necessidades agora, o que isso quer dizer em relação à minha importância nesse relacionamento? Se eu não tenho importância, o que isso diz a meu respeito? Que não tenho valor?* No entanto, quanto mais trabalho, mais fácil fica me afastar, ver a situação sob a ótica do apego e me tranquilizar: "Isso é por causa dos meus medos de apego. Vou dar um passo atrás e assumir uma perspectiva diferente".

AFASTANDO A VERGONHA

Quando começo a atender um casal, em geral cada parte se concentra no que a outra faz de errado. Por exemplo:

"Tentei dizer a ela que ficava triste por não contar com seu apoio quando nosso filho era mal-educado. Em vez de me validar, ela só tentou explicar por que eu que estava errado."

"Faço tudo o que posso para apoiá-lo, mas nunca é o suficiente. Nunca vou ser o bastante para ele."

"Ela nunca vê o meu lado das coisas. Tudo tem que ser do jeito dela, ou acaba em briga. Se eu tento falar sobre o meu lado ela só fica mais chateada, e acabamos conversando apenas sobre as questões dela."

"Se eu falo alguma coisa, tipo que ele está sempre no celular, ele sempre nega e me culpa por ter tocado no assunto, como se minhas preocupações não fossem legítimas e eu só estivesse querendo brigar."

O que há em comum aqui? As partes que se queixam são todas ruins, não se importam e só pensam em si mesmas? Os alvos das demandas de fato não apoiam, não se responsabilizam e são dominadores? Talvez alguns de seus *comportamentos* possam ser descritos assim, porém sob a ótica do apego cada uma dessas pessoas "agindo mal" se comunica com o mesmo objetivo em mente. Subconscientemente todas tentam se manter um passo à frente da vergonha que vive nelas... a vergonha que motiva seu apego inseguro e faz com que temam o abandono e sentimentos de rejeição e indignidade.

A vergonha se desenvolve durante a infância, quando os cuidadores enviam mensagens de maneira consistente e ao longo do tempo de que alguma parte sua, ou você toda, é fraca, egoísta ou alguma outra coisa de que supostamente deva se envergonhar. Isso pode parecer extremo, mas não precisa ser. Na verdade muitos cuidadores amorosos e razoáveis, sem qualquer intenção, fazem com que suas crianças sintam vergonha quando estão com raiva, ou como uma maneira de resolver um problema. Vamos examinar um exemplo de como esse tipo de mensagem, quando repetida ao longo do tempo, pode levar a problemas maiores.

Peyton pede um cachorro e, como todas as crianças de dez anos de idade, promete que vai cuidar dele. Seu pai, no entanto, fica indignado. "Por que acha que confiaríamos um cachorro a você?", ele pergunta. "Não consegue nem manter seu próprio quarto arrumado." Não é algo *horrível* de se dizer, e todos os pais e mães devem se identificar com esse tipo de frustração. No entanto, a mensagem que Peyton ouve é: "Você deveria conseguir manter seu quarto arrumado, e se não consegue é porque tem algo de muito errado com você". Além disso, o comentário não é amoroso e não busca uma solução, só é cínico. Peyton internaliza as seguintes crenças: "Não sou boa o bastante, não consigo acertar", "Não mereço que falem comigo com delicadeza" e "É expressando frustração e envergonhando os outros que resolvemos nossos problemas".

Essa resposta baseada na vergonha pode permanecer até a vida adulta de Peyton. Ela pode se tornar alguém que acredita que não pode falhar, e viver estressada como uma forma de esconder as partes de si própria que acredita que não sejam boas o bastante. Talvez essa seja sua maneira de evitar a rejeição e acreditar que é digna de conexão. Peyton pode tentar esconder suas inseguranças sendo má com as colegas da escola, pensando no nível subconsciente que se as outras se sentirem fracas e indignas ela não vai precisar se sentir assim. Em vez de aprender a expressar suas frustrações de maneira saudável, a menina pode escondê-las atrás de cinismo, como viu o pai fazer.

Vamos fazer uma comparação com uma reação alternativa: "Tenho receio de que um cachorro seja responsabilidade demais para você. Na sua idade você ainda está aprendendo a cuidar de coisas mais simples, como o seu quarto. Vamos nos concentrar nas suas responsabilidades do momento antes de acrescentar mais". Essa resposta continua sendo um "não", mas sugere *crescimento*. Informa à menina que seu pai acredita que ela será capaz de lidar com essa responsabilidade um dia, que ela é boa o bastante e que merece ser tratada com respeito.

Quando recebem a mensagem de que deveriam se envergonhar, as crianças aprendem a esconder partes suas que acreditam que sejam ruins ou indignas. Humanos são motivados a se conectar, por isso faz sentido tentar esconder as partes que você acredita que não mereçam conexão.

Mas você não precisa continuar assim. Há *muito* que você pode fazer para criar seu próprio microambiente, livre de vergonha, na segurança do relacionamento com as pessoas que ama. O antídoto para a vergonha é a aceitação, e a boa notícia é que quando você vê a outra pessoa sob a ótica do apego pode *aceitá-la* sem ter de aceitar todos os seus *comportamentos* — e ela pode fazer o mesmo por você. Separando os comportamentos da pessoa, com o tempo a vergonha começará a se dissolver. Se Shonna quebra suas promessas uma após a outra, em vez de "Você é irresponsável e egoísta", sua companheira Ariana pode dizer: "Entendo que você está passando por muitas questões e que acaba se comprometendo com tarefas demais. Ao mesmo tempo, quando você diz uma coisa e faz outra isso me tira o chão. Preciso saber que vai honrar sua palavra. O que podemos fazer agora?".

Quando Shonna reflete sobre seu comportamento e joga vergonha sobre si mesma, dizendo coisas como "Sou péssima, por que não faço nada direito?", isso só a leva a mergulhar em energia negativa e contraprodutiva. Uma culpa saudável, por outro lado, como pensar "Sou uma boa pessoa e uma boa companheira, mas decepciono Ariana quando não cumpro minhas promessas e preciso trabalhar nisso", seria uma forma muito mais saudável de se motivar a fazer mudanças, livre do impulso de se esconder e evitar conexão.

Digamos que seu/a/e parceiro/a/e pareceu resistente à mudança quando você tentou mencionar as dificuldades que enfrentam como casal, então você recomenda um livro sobre relacionamentos que está lendo. Ele/a/u afasta a possibilidade de lê-lo e fala: "Não precisamos disso, só temos que ser mais gentis um/a/e com o/a/e outro/a/e". Na minha experiência, o que essa pessoa está realmente fazendo é rejeitando sua vergonha: "É insuportável pensar que não consigo fazer isso por conta própria. Pessoas normais fazem o relacionamento funcionar sem a ajuda de livros". De novo, a vergonha diz: "Se não consigo fazer isso sozinho/a/e estou errando, *eu* tenho um problema, não estou à altura". Afastando o livro, afasta-se do que ele representa: a vergonha.

Pessoas com apego inseguro vivem tentando afastar a ideia de que no fundo são ruins ou indignas — sua vergonha. Isso exige que se envolvam em todo tipo de padrão de comunicação e comportamento ineficaz para conter essa vergonha, que morrem de medo de que acabe sendo exposta.

Eis alguns exemplos de como a vergonha se manifesta nos relacionamentos:

Reação exagerada: A vergonha diz: "Carrego uma crença de que sou inútil, por isso qualquer coisa que surja e que possa confirmar o que temo que seja verdade faz com que a vergonha dolorosa que já trago dentro de mim seja demais. Para lutar contra isso, preciso usar todas as armas que tenho à disposição".

Atribuição de culpa e postura defensiva: A vergonha diz: "É doloroso demais reconhecer minhas falhas. Pessoas que cometem erros são indignas, então tenho que me convencer de que foi você quem errou para que eu não seja a parte defeituosa. Dessa forma evito sentir que não estou à altura".

Rigidez: A vergonha diz: "Não posso me abrir para suas ideias de criação dos filhos porque há coisas demais em jogo. Se eu errar como mãe ou pai o que isso dirá a meu respeito? Morro de medo de estragar tudo, decepcionar minha família e me sentir um fracasso. Preciso que você veja que também estou sofrendo, mas não tenho consciência do que faço nem as palavras certas para isso. Suas propostas parecem uma ameaça à minha segurança, portanto tenho que silenciá-las".

Retraimento: A vergonha diz: "Não sei o que fazer para melhorar a situação no momento nem tenho como resolvê-la, por isso sou uma decepção. Sinto-me impotente. Prefiro me esconder a ficar aqui, sentindo que sou um fracasso e que tenho um defeito".

Crítica: A vergonha diz: "Estou te dizendo exatamente do que preciso, mas você não aceita, então não deve me amar. Não tenho valor para você? Sentir-se assim é doloroso demais; se eu continuar dizendo o que você está fazendo de errado talvez me ouça em algum momento e saberei que tenho valor".

A vergonha não apenas atrapalha a comunicação e a resolução de problemas como também a conexão. Quando as pessoas carregam vergonha consigo têm vontade de se esconder. Dizem: "Não posso me aproximar demais. Não posso deixar que me vejam. Não é seguro. Todas as minhas partes ruins são vergonhosas, então preciso escondê-las. Se não fizer isso, vou sofrer rejeição". A vergonha que as pessoas com apego inseguro têm faz com que se escondam tanto que acaba restando pouca autenticidade para se conectar com os outros.

Muita coisa pode ser feita para proteger seu relacionamento da vergonha. O processo não é rápido, mas depois que você começa a usar as estratégias de maneira autêntica e consistente a vergonha se tornará menos presente em sua vida — tanto na relação consigo própria quanto no seu relacionamento amoroso. Quando você derrubar suco verde no tapete claro conseguirá dizer: "Bom... estou correndo demais. Isso serviu para perceber que preciso fazer um intervalo e me recuperar", em vez de "Estou furiosa comigo mesma! Não consigo fazer nem as coisas mais simples. Por que não posso ser como os outros e simplesmente dar conta?". Quando você se trata assim, fica muito mais fácil ser gentil com as pessoas que ama quando elas falham.

A vergonha pode ser diminuída pela comunicação segura. Primeiro veja tudo sob a ótica do apego. A vergonha interpreta o comportamento da outra pessoa como "Você é ruim e agiu errado", enquanto a ótica do apego diz "Não gostei do que você fez, mas consigo ver que foi sua maneira de se proteger de algo que não queria sentir. Vamos conversar para que as coisas se desenrolem de maneira diferente da próxima vez".

Digamos que a outra pessoa está tentando fazer com que você se abra mais sobre o relacionamento com seus pais. Ela pode dizer: "Você nunca fala sobre isso, não entendo. Você deve sentir alguma coisa em relação à sua família. Por que não divide comigo?".

Você responde: "Não tenho nada para dividir. São meus pais, só isso. Por que você está sempre me pressionando e tentando criar problema onde não há?".

Isso toca sua vergonha, fazendo o sistema nervoso soar o alarme. O que está acontecendo talvez seja: "Não sei como falar sobre meus sentimentos. O relacionamento com meus pais é complicado, mas não quero que me vejam como uma pessoa ruim por não conseguir me abrir, então o melhor que posso fazer é rebater e dizer que você é o problema, assim não preciso ser esse problema indigno e vergonhoso".

Afastando a outra pessoa, no entanto, você envia a mensagem de que há algo de errado com *ela* por querer conhecer *você*. E de que o desejo dela de se conectar é excessivo. De que *ela* é excessiva.

Como essa situação pode se desenrolar de uma forma que não envolva vergonha?

A outra pessoa quer saber mais sobre o relacionamento entre você e seus pais. Você sente o impulso da reatividade, mas consegue ver a situação sob a ótica do apego. Percebe então que ela não está tentando ser invasiva, só quer se conectar e saber que você a valoriza a ponto de se abrir.

Agora, dessa posição de maior tranquilidade, você pode dizer algo do tipo "Entendo que você sinta que estou te deixando de fora. Não é que eu não queira falar com você. Só não sei como".

Um ponto importante: ninguém pode *fazer* com que a vergonha de outra pessoa desapareça. Tudo o que conseguimos é *ajudar*, fazendo nossa parte para criar um ambiente livre de vergonha.

Deixar a névoa da vergonha é mais difícil para algumas pessoas que para outras. Começa com foco na conexão, o que fica infinitamente mais fácil quando você consegue ver as coisas sob a ótica do apego. A vergonha diz: "Não sou digna de conexão". Por isso, quando a comunicação se concentra em se conectar, a mensagem é oposta: "Você merece conexão, e isso significa que não é preciso ter vergonha". Digamos que a outra pessoa fica olhando o celular em vez de conversar com você. Como dizer a ela que você quer atenção sem envergonhá-la ("Você fica o tempo todo nesse celular!")? Concentre-se na conexão primeiro. Pergunte-se: "Como posso fazer um convite em vez de uma acusação?". Então tente: "Gosto de falar com você. Acha que pode terminar aí e deixar o celular um pouco de lado para fazermos isso?".

CRIANDO UM AMBIENTE FAVORÁVEL AO APEGO: COMBATENDO A VERGONHA

As estratégias a seguir têm o intuito de ajudar a estabelecer um ambiente favorável ao apego, mandando a vergonha embora: empatia, validação, vulnerabilidade, influência, curiosidade e tolerância. Tenha em mente que embora sejam descritas separadamente, elas operam todas juntas. Quanto melhor você fica em uma, mais fácil será com as outras. Antes de aprendermos como combater a vergonha, no entanto, revisitaremos a ideia de autorregulação, sem a qual nenhuma dessas estratégias seria possível.

AUTORREGULAÇÃO

Quando se trata da cura e do crescimento pessoal e do relacionamento, autorregulação é fundamental. Se o casal não trabalha na autorregulação, cria-se um ambiente reativo, pouco favorável ao apego. E a reatividade não é fácil de superar (embora seja possível). Gatilhos dizem a seu sistema nervoso para tomar uma atitude ou congelar. No momento, seu sistema nervoso acredita que você está sob ameaça e em perigo. Lembre-se de que a ameaça ao apego é um medo da morte existencial. A lógica do sistema nervoso de "nos manter vivos a qualquer custo" coloca a sobrevivência como prioridade. Não *deveríamos* parar e refletir quando estamos sob ameaça; agimos por instinto. É por isso que gatilhos são tão poderosos. A ideia é que sejam ouvidos e obedecidos sem questionamentos. Assim, reagir de maneira exagerada se torna fácil.

No entanto, apenas nas situações mais extremas nos perdemos em meio ao pânico total quando um gatilho é acionado. Na maior parte do tempo preservamos alguma capacidade (mesmo que pequena) de nos aterrar — ou, em outras palavras, de nos autorregular. Como discutimos no capítulo 5, maneiras de se autorregular incluem respirar fundo (a inspiração profunda com exalação lenta comunica segurança ao sistema nervoso), escrever um diário, fazer mentalizações e exercícios de atenção plena e/ou dizer frases tranquilizadoras para si como "Estou em segurança. Tenho tudo sob controle". É assim que a autorregulação funciona — tirando você de uma posição de reatividade para que tenha mais poder sobre o que diz ou faz.

PENSE NOS QUATRO FS

Em seu livro *Complex PTSD: From Surviving to Thriving* [TEPT complexo: Da sobrevivência à prosperidade], o psicólogo e terapeuta familiar Pete Walker apresenta um modelo muito útil de nossa resposta a gatilhos, os quatro Fs: *fight* (lutar), *flight* (fugir), *freeze* (congelar) ou *fawn* (apaziguar). A maioria das pessoas apresenta uma resposta imediata a um gatilho em meio a um ciclo negativo, e em geral corresponde a uma dessas opções.

Há quem seja mais propenso a lutar: criticando, acusando, julgando, atacando, ficando na defensiva ou fazendo algo com a intenção mudar a situação de maneira agressiva. Alguns respondem fugindo: evitam o assunto ou o encerram o mais rápido possível para não se sentirem sobrecarregados. Outros congelam: sentem um entorpecimento, fecham-se, a mente fica em branco. Outros ainda tendem ao apaziguamento: dizem o que a outra pessoa quer ouvir mesmo que não concordem, esforçam-se para agradar, elogiam e fazem o que for necessário para dizer "Estou em segurança!" ao custo da autenticidade e de um interesse próprio saudável.

Segundo Walker, algumas pessoas alternam entre extremos: se apaziguar não funciona, passam à luta (ou vice-versa); se fugir não funciona, congelam (ou vice-versa).

O conceito dos quatro Fs foi discutido amplamente no mundo da psicologia, mas Walker dá um passo além e oferece dicas úteis de como gerenciar seu tipo predominante (a estratégia que você tende a empregar quando se sente sob ameaça). Para começar, cada F opera em um espectro — há uma versão saudável e uma versão prejudicial dele. Lutar, por exemplo. Em um extremo desse espectro está sua versão agressiva, e no outro uma assertividade saudável. O mesmo vale para os demais tipos.

- A versão saudável de lutar é assertividade.

- A versão saudável de fugir é sair de uma situação insegura.

- A versão saudável de congelar é parar por um momento e pensar no próximo passo antes de reagir de maneira exagerada.

- A versão saudável de apaziguar é lidar com a situação com calma e/ou gentileza.

Reflita sobre seus ciclos negativos. Como você tende a reagir quando um gatilho é acionado? Em outras palavras, qual é seu tipo predominante, ou quais são seus dois tipos predominantes?

A seguir, identifique a versão saudável do tipo oposto — lembrando que os pares são lutar/apaziguar e congelar/fugir — e tente fazer *isso* no lugar. Apresentaremos alguns exemplos de como essa estratégia pode funcionar dentro de um ciclo negativo.

Quando a outra pessoa diz que está aborrecida porque você se esqueceu da festa de fim de ano da empresa onde ela trabalha e ainda reagiu com surpresa quando foi lembrada, seu impulso é ficar na defensiva, uma resposta do tipo lutar: "Você deve ter me dito quando eu já estava pegando no sono. Por que não me mandou uma mensagem? Você sabe que não gravo nada se você não avisa por mensagem". Para você o oposto é uma versão saudável de apaziguar, o que pode ser feito através de uma validação autêntica dos sentimentos da outra parte antes de dar seguimento à conversa. "Desculpa. Sei que é uma frustração enorme, ainda mais entendendo que é um evento importante para você. Vou dar um jeito."

E se, pelo contrário, você é do tipo apaziguador e a outra pessoa diz: "Você nunca lembra nada! É irritante, como se você vivesse no seu mundinho"? Talvez sua resposta imediata seja um tanto intensa, como: "Você tem razão, que idiotice... Não consigo acreditar que esqueci. É muito legal da sua parte querer que eu vá, e eu dou uma mancada dessas". Nesse caso talvez você precise adotar a versão saudável de lutar, demonstrando assertividade: "Certo. Entendo sua posição e sei que é frustrante quando esqueço as coisas. Mas você pode, por favor, dizer isso de maneira mais gentil? Tenho dificuldade de ouvir quando me trata assim".

E se for você que estiver tentando conversar sobre uma preocupação e a outra pessoa reagir de maneira acalorada, dizendo algo como: "Eu não esqueceria as coisas se você pensasse *em mim* de vez em quando"? Talvez você tenda a fugir: "Deixa pra lá, você tem razão, eu não deveria ter tocado no assunto". Nesse caso, pode ser útil tentar a versão saudável de congelar: parar por um momento antes de ceder ao impulso de abandonar a questão e se conceder um segundo para responder.

Por fim, se sua tendência é congelar, opte pela versão saudável de fugir, que é sair da situação. Faça um intervalo com a intenção de voltar ao tema no futuro próximo.

Agora que revimos a importância da autorregulação, iremos avançar nas maneiras de combater a vergonha.

EMPATIA

A empatia é criada quando você se permite sentir um pouco do que a outra pessoa está sentindo, sobretudo emoções vulneráveis, como medo, raiva, vergonha e até mesmo alegria (não é ótimo quando alguém dá risada com você?). Isso induz compaixão, o que aumenta as chances de responsividade por parte da outra pessoa com relação a ajuda, conforto e conexão.

Muita gente tem empatia mas a deixa enterrada. Às vezes as pessoas acham que estão sendo empáticas quando na verdade estão sendo ansiosas, ou deixam que sua empatia seja tomada pela ansiedade. Quando você é empática, encontra a outra pessoa onde quer que ela esteja e segura sua mão (metaforicamente ou não) enquanto ela vivencia a dor. Quando é dominada por *sua própria ansiedade em relação à dor da pessoa*, você tenta afastá-la da dor com o intuito de controlar sua própria ansiedade, mas de uma forma que faz com que ela se sinta só. Outra coisa que pode acontecer é você abrir mão do autocuidado ou das suas necessidades em uma tentativa de resgatar a outra pessoa do que está sentindo. É claro que ninguém gosta de ver a pessoa que ama sofrer, e às vezes *há* ações apropriadas que podem ser tomadas para ajudar. No entanto, muitas vezes não há. Alguns problemas não podem ser resolvidos, e precisamos apenas *estar* lá e fazer companhia à pessoa. Nem tudo é preto no branco, isso ou aquilo, mas é bom ter isso em mente. Uma pesquisa apontou que quando uma pessoa menciona um problema que não tem nada a ver com o relacionamento à outra (com apego ansioso), esta muitas vezes reage de uma forma que deixa a primeira se sentindo pior, e não melhor, o que com certeza não é o objetivo. Digamos que seu/a/e parceiro/a/e teve um dia ruim no trabalho e volta para casa cabisbaixo/a/e. Uma reação ansiosa e um tanto frenética seria: "O que aconteceu? Por que essa cara? Qual é o problema? Você vai perder o emprego?". Uma reação empática, por sua vez, seria dizer, com um sentimento genuíno: "Sinto muito que você esteja para baixo. Quer conversar sobre isso?".

Às vezes, a dificuldade de acessar a empatia vem de nunca termos aprendido a acessar os próprios sentimentos (é impossível compreender os sentimentos de outra pessoa se você nunca se aprofundou nos seus) ou de estarmos tão preocupadas em nos proteger dos sentimentos dolorosos de nosso apego inseguro que não conseguimos parar de olhar para o próprio umbigo. Pessoas com apego evitativo no relacionamento muitas vezes recaem nessa categoria, porque tendem a reagir ao sofrimento da outra parte com uma falta de emoção visível, dando excesso de ênfase na resolução do problema ou com indiferença, sendo que nada disso configura "presença emocional empática". Isso *não* significa que falta empatia a pessoas com apego evitativo; só pode ser difícil vê-la. A boa notícia, no entanto, é que acessar sua empatia e comunicá-la é algo que se aprende. À medida que aprendem a se envolver emocionalmente consigo mesmas, pessoas com apego evitativo conseguem demonstrar empatia com mais facilidade.

Quando você e seu/a/e parceiro/a/e estão em contato próximo com suas próprias experiências emocionais e se mantêm abertos/as/es para as experiências emocionais da outra parte, podem estar emocionalmente presentes. Podem sentir o que o/a/e outro/a/e sente sem se perder. Às vezes, quando a outra pessoa está chateada, pode ser útil se visualizar com um pé na experiência dela, mas mantendo o outro pé firme na própria experiência. Algo como: "Estou brava com a outra pessoa por ter dito coisas tão maldosas, mas também entendo que ela devia estar desesperada para ser ouvida". Sua raiva não se perde no processo, o que ajudará a resolver o problema e estabelecer limites saudáveis quando for a hora; ao mesmo tempo você sente a vulnerabilidade da outra pessoa, o que ajudará a resolver o problema e estabelecer limites com uma mentalidade amorosa. É como se você dissesse: "Eu te amo e entendo como é doloroso para você sentir que não é ouvido/a/e. Ao mesmo tempo você me disse coisas muito dolorosas, e isso precisa mudar, porque não é bom para ninguém".

A empatia ajuda na regulação do conflito porque sentir a dor da outra pessoa comunica a seu sistema nervoso "Estou em segurança com ela", em vez de "Ela é uma ameaça". Dito isso, é preciso alguma dose de autorregulação para permitir que a empatia entre em cena. Você precisa estar tranquila o suficiente por dentro para que a empatia a tranquilize ainda mais. E lembre-se de que tudo o que você faz impacta a experiência e o comportamento da outra pessoa; por isso a empatia leva a um ciclo de conexão, em vez de a um ciclo negativo.

VALIDAÇÃO

Entre minha segunda e minha terceira gestações, sofri um aborto espontâneo. Aconteceu logo no começo, quando eu estava de oito semanas — ou seja, fazia só quatro que eu sabia que estava grávida. Mesmo assim fiquei arrasada. Muitas pessoas com boas intenções tentaram me reconfortar dizendo que não era para ser, que pelo menos a gravidez não estava mais avançada e que eu tinha a sorte de já ter dois filhos — e tudo isso não deixava de ser verdade. Pude contar com meu marido, claro, como sempre, mas ele não foi afetado da mesma maneira que eu e não conseguia se identificar com a minha dor. Compreendo isso e não sinto nada além de carinho pelas pessoas que fizeram o seu melhor para dizer o que achavam que ajudaria.

Na época eu mesma não sabia o que precisava que me dissessem. Só sabia que estava sofrendo e que me sentia sozinha na minha dor. Agora, dezoito anos depois, quando olho para trás sob a ótica do apego, sei *exatamente* do que precisava: validação. Eu precisava que alguém me ouvisse quando eu dizia: "Sei que foram só quatro semanas, que não era para ser, que tenho um marido e duas crianças maravilhosas em casa a quem amo mais do que tudo na vida, mas por quatro semanas eu *acreditei* que ia ter outro bebê. Por quatro semanas criei um vínculo com uma vida que crescia dentro de mim. Criei um vínculo com o futuro que imaginei para esse bebê. Era real. Significava algo para mim. E a perda me atingiu com tudo".

O que me ajudaria a me sentir menos só nessa situação seria ouvir alguém dizer: "A maneira como você descreveu faz com que eu consiga te entender. Por quatro semanas você criou um vínculo com algo real. Todas as outras coisas também são verdade, e sua parte racional consegue enxergar isso — não era para ser, a gravidez estava bem no início e você tem sorte em muitos outros sentidos —, mas *ainda assim* aquela vida significava algo, *ainda assim* você ficou arrasada, *ainda assim* a dor é real. E não importa se faz sentido para mim ou para qualquer outra pessoa, simplesmente é assim. A dor está aí. Isso partiu seu coração, e sinto muito que você esteja sofrendo".

Isso é validação. Imagine alguém oferecendo a você o mesmo tipo de validação que acabei de descrever e talvez tenha uma ideia de como isso é poderoso. É claro que me utilizei de habilidades profissionais e pessoais desenvolvidas ao longo de muitos anos, mas acredite em mim quando digo que todo mundo, com treino, pode aprender a ser bom em validação, incluindo você e a pessoa com quem se relaciona. Vocês sabem o quanto precisam de empatia e compreensão da outra parte, no mínimo porque sabem como é ruim a sensação de não receber isso. A validação é uma extensão da empatia e da compreensão porque enuncia essas duas experiências tão importantes em palavras, para que possamos comunicá-las. Empatia e compreensão são experiências internas, que existem *dentro de nós*; validação é uma comunicação da experiência interna, e existe *entre você e a outra pessoa*.

É ótimo quando o outro tem empatia por você e te compreende, mas a sensação de calma e vínculo é muito maior quando ele diz: "Percebo que isso está te incomodando de verdade, o que faz bastante sentido. É uma situação difícil para você. Ver seu sofrimento é doloroso, mas estou aqui para te acompanhar em todo o processo".

É importante frisar que validação não é o mesmo que concordar com fatos ou circunstâncias que a outra pessoa oferece. É aqui que as pessoas empacam, é o que muitas vezes as impede de validar as outras. Talvez você pense: "Como posso validá-la se ela está me dizendo que tomo decisões financeiras horríveis e eu *sei* que já tomei algumas bem boas? Não posso. Não é verdade". E com razão. Provavelmente não é verdade que todas as decisões financeiras que você já tomou foram ruins. No entanto, nessa situação, não é isso que a outra pessoa está de fato dizendo. É preciso ver as coisas sob a ótica do apego. O que ela está de fato dizendo é: "Estou com medo e me sinto descontrolada. Não sei nenhuma outra maneira de transmitir minha insegurança em relação a dinheiro. Estou preocupada que se deixar que você cuide disso algo ruim venha a acontecer, então vou te mostrar todas as formas como você se equivocou nesse assunto para que façamos as coisas do meu jeito e fiquemos em segurança". Sob a ótima do apego, o que você vê? Vulnerabilidade. Não estou pedindo que você valide os fatos, mas que valide a vulnerabilidade. Valide o que você quer cultivar.

Nesse caso, a invalidação poderia soar assim: "Quanta bobagem! Você age como se alguns erros que cometi no passado me definissem. Por acaso eu faço isso com você? Fico listando todas as vezes ao longo dos anos em que você errou?".

Já a validação soaria assim: "Entendo o que te motiva a falar assim e entendo que esteja com medo. Nossa segurança financeira é compreensivelmente importante para você, e vejo que está desesperada para resolvê-la da melhor maneira possível. Mas não gosto do jeito como está falando comigo. Parece injusto e faz com que eu me sinta invisível e sozinha. Por baixo de tudo isso, enxergo *você, você de verdade*, uma pessoa cuidadosa e responsável. É claro que você está com medo. Mas temos que aprender a conversar sobre isso de outra maneira, porque eu também preciso me sentir em segurança".

E quanto a validar a raiva? Para a maioria das pessoas validar emoções "mais amenas", como a tristeza ou o medo, parece muito mais fácil que validar a raiva. É fácil crer que validar a raiva da outra pessoa só vai piorar as coisas, mas na maior parte do tempo ocorre o oposto. Sem validação a raiva só endurece; com validação, ela se apazigua. Pense em uma vez em que ficou brava com seu/a/e parceiro/a/e. Procure trazer a sensação de volta a seu corpo. Depois imagine a pessoa invalidando sua raiva ao dizer algo como "Você está exagerando" ou "Você não tem o direito de ficar com raiva, porque faz a mesma coisa comigo". Agora imagine que em vez disso ela diz, com sinceridade: "Estou te ouvindo. Sei que está com raiva, e sei que isso faz sentido. Eu também ficaria com raiva se sentisse que minhas necessidades não importam para você". Na maior parte das vezes isso é impactante, porque quando é ouvida, compreendida e validada a raiva não precisa mais lutar para isso. A outra pessoa não precisa concordar que suas necessidades não importam para ela, mas pode concordar que em uma situação parecida, se acreditasse que as necessidades dela não importam para você, também ficaria assim. Validar a raiva é difícil porque ela é assustadora para muita gente. No entanto, posso afirmar com confiança que até que seja validada (mesmo que apenas pela pessoa que a sente), a raiva não irá a lugar nenhum. Depois de apaziguada, o que pode exigir tempo e espaço, é mais provável que a conversa avance. E tenha sempre em mente que ninguém gosta da ideia de validar a raiva da outra pessoa. Mas *todo mundo* quer ter sua própria raiva validada. *Todo mundo* quer ser ouvido e compreendido quando está com raiva. Invariavelmente.

Precisamos tomar o cuidado de não usar a validação como uma forma de manipular uma situação ou alguém. São duas coisas bem diferentes. Dizer o que você sabe que a pessoa quer ouvir só para ela calar a boca ou para conseguir o que quer não é validação, e a maioria identifica essa diferença com facilidade. No entanto, quando real, a validação exerce um impacto poderoso na segurança emocional de uma conversa difícil. Ela pode ajudar a voltar, muitas vezes relativamente rápido, à questão real — no exemplo, as finanças do casal—, e é provável que o avanço seja maior agora. Funcionará perfeitamente? É bem possível que não, mas um novo caminho se abrirá, levando a lugares melhores. E se validação for uma novidade na sua vida, você vai se surpreender em ver como um pouquinho só já faz muita diferença.

VULNERABILIDADE

A vulnerabilidade é bastante eficaz para interromper o ciclo negativo, e com o tempo ajuda até a diminuir sua frequência ou impedir que se inicie. Na verdade, a menos que o casal esteja disposto a se mostrar vulnerável, o relacionamento ficará estagnado.

Digamos que seu/a/e parceiro/a/e receba uma promoção e você perceba isso como uma ameaça. Você não quer se sentir ameaçada, mas é assim que se sente. É assustador. Você cresceu vendo seu pai ou sua mãe recebendo uma promoção atrás da outra, o que na prática significou que se viam cada vez menos. Assim, quando fica sabendo da novidade um gatilho é acionado. Você não quer se explicar, porque parece vulnerabilidade demais, porém sabe que a outra pessoa vai perceber que algo a impede de ficar totalmente feliz com seu sucesso. Talvez ela pense que você é egoísta ou não se importa. Afinal, "Que tipo de pessoa não fica feliz com o sucesso da outra parte do casal?", você se pergunta. Você reconhece que um gatilho foi acionado contra a sua vontade, o que já é ruim o bastante, e ainda se sente envergonhada por isso. Então faz o que vem fazendo há muito tempo para administrar a dor: se distancia para proteger o relacionamento de seus sentimentos "ruins". Através da evitação, você se mantém na sua zona de conforto. Mas como seria fazer algo diferente? Como seria dizer à outra pessoa: "Ei, você deve ter notado minha distância, e eu queria me explicar. Parte de mim tem muito orgulho de você e está muito feliz, mas a outra parte tem medo. Ela se preocupa que o sucesso na carreira se torne tão importante que você acabe me abandonando". O que você imagina que seria diferente se em vez de se afastar você decidisse correr o risco de se aproximar?

Eis alguns outros exemplos de vulnerabilidade:

- Estabelecer limites e dizer à outra pessoa que você precisa sair por um momento para não dizer coisas horríveis e injustas, mesmo sabendo que ela vai ficar ainda mais brava por você ter ido embora.

- Ser sincera quanto a extrapolar o orçamento para comprar algo caro, em vez de guardar segredo por medo de que a outra pessoa fique decepcionada.

- Contar como foi humilhante quando a chefia desrespeitou você, em vez de apenas reclamar que a pessoa é péssima.

- Dizer a verdade, revelando seus sentimentos mais profundos e sendo o mais autêntica possível, mesmo correndo o risco da rejeição. Sim, ser rejeitada dói, mas não tanto quanto a solidão de passar a vida escondendo coisas, ainda mais da pessoa que ama.

Muitos casais novos na terapia me dizem que acreditam já ser bastante vulneráveis. Uma pessoa diz que chora o tempo todo. Outra diz que é artista, então é claro que fica vulnerável. Com frequência, embora possam mesmo ser muito emotivas, essas pessoas não ficam tão vulneráveis quanto pensam. Na verdade, se você tem apego ansioso, provavelmente teria uma surpresa ao descobrir que a vulnerabilidade é tão desconfortável para você quanto para seu/a/e parceiro/a/e evitativo/a/e. Vocês só lidam com o desconforto de maneira diferente.

É comum confundir explosões emocionais, como choro incontrolável e discursos longos e bombásticos, com vulnerabilidade. A ideia por trás disso é: "Não estou reprimindo minhas emoções, portanto estou sendo vulnerável". São ações emocionalmente expressivas, claro, porém a menos que envolvam sair da sua zona de conforto pelo bem maior trata-se de maneiras de extravasar, e não de ser vulnerável.

Embora chorar não seja necessariamente uma explosão emocional, já atendi muitas pessoas que acreditam que quando choram na frente da outra estão sendo vulneráveis. Embora o choro sempre venha de uma experiência emocional digna e válida, nem sempre representa vulnerabilidade em si ou por si só. Às vezes podemos chorar de raiva. Nesse caso, ficar verdadeiramente vulnerável pode significar deixar para trás as lágrimas de raiva e mergulhar mais fundo: "Estou muito triste e me sinto impotente". Isso é vulnerabilidade genuína. Às vezes o que é vulnerável, ainda mais se você cresceu em um lar onde lágrimas eram aceitáveis mas raiva não, é falar sobre a raiva. Às vezes lágrimas vulneráveis não envolvem palavras, mas o senso sentido de vulnerabilidade é palpável. De novo: a vulnerabilidade não é objetiva; é uma questão de sair da zona de conforto e dividir suas experiências subjetivas, que sempre vão ser diferentes de pessoa para pessoa.

INFLUÊNCIA

Em um relacionamento saudável, as pessoas se influenciam mutuamente. Vocês motivam uma à outra a crescer e a ser sua melhor versão. Mas — e esse é um "mas" gigantesco — vocês *não* tentam controlar uma à outra. Táticas de controle, incluindo as furtivas, criam ambientes inseguros. Ninguém gosta de se sentir controlado. É uma vergonha e uma desmoralização. Quando alguém tenta controlar você, a mensagem é: "Você é menos, você não é adulta, você não tem direito a opinião". Há muito pouco espaço para a dinâmica do controle em relacionamentos que se orientam pela intimidade, cooperação e conexão.

Então qual é a diferença entre influência e controle? O controle exige recompensa instantânea; a influência permite que as coisas sejam absorvidas e trabalhadas. O controle tira o poder da pessoa; a influência é empoderadora e reconhece suas limitações. Influência é confiança; controle é medo. Influência tem a ver com autoexpressão e cooperação; controle tem a ver com desgaste e preocupação.

A influência deixa o objetivo imediato de lado para se concentrar na conexão. Digamos que a pessoa com quem você se relaciona tenha dificuldade em se abrir quanto a seus sentimentos, fazendo com que você se sinta de fora. Em uma abordagem controladora, você diria: "Por que você não pode me dizer como se sente? Não é justo simplesmente me deixar de fora. Se não estiver disponível para trabalhar seu apego evitativo e começar a falar sobre seus sentimentos, não sei se quero continuar nesse relacionamento". Nessa situação você está tentando controlar a outra pessoa e exigindo mudanças imediatas.

Sob a perspectiva da influência, uma boa abordagem seria: "Eu me sinto deixada de fora, mas não acho que seja sua intenção. Talvez haja outra coisa rolando. Talvez você tenha medo de dividir seus sentimentos. Não estou tentando te atribuir sentimentos que não são seus, mas quero que saiba que não acho que seja pura teimosia sua".

No segundo exemplo, você está criando um espaço seguro para investigar o que está acontecendo em vez de esperar uma recompensa instantânea e depois se frustrar quando ela não vem. Você não está dizendo: "Preciso que você faça isso da seguinte maneira". Você está dizendo: "Isso tem um impacto em mim, mas também entendo que há questões mais profundas aqui além do que pode ser resolvido no momento. Vamos continuar conversando".

CURIOSIDADE

Quando você se pergunta "Hum, o que está acontecendo comigo?", em vez de dizer "Eu não deveria me chatear com isso", está deixando de fazer juízo de valor de si mesma (o que leva à vergonha) e procurando ser compreensiva. O mesmo vale para sua curiosidade em relação à experiência interna da outra pessoa — em vez de enviar a mensagem de que ela deveria se sentir diferente, o que de novo viria de um julgamento e não de aceitação, você envia a mensagem de que ela é digna de ser compreendida e de que você quer saber mais.

A curiosidade pode ser especialmente eficaz quando um gatilho é acionado. Se seu alarme interno soar e você reagir à entrada no modo de alerta máximo com uma mentalidade curiosa, vai conseguir sair do centro emocional assustador do cérebro, onde muitos de seus velhos medos permanecem, e adentrar o centro racional, que possibilitará que você acesse a emoção e a razão ao mesmo tempo. Quando chegar a hora de responder a um gatilho, o equilíbrio entre razão e emoção será seu melhor amigo. É o meio-termo entre um insosso "Você me ofendeu. Estou triste. Preciso de um pedido de desculpa" e um emocionalmente carregado "Como pôde dizer isso?! É melhor pedir desculpa agora, ou vou embora daqui!". Esse meio-termo pode ser algo como: "Isso me magoou muito. O que está se passando na sua cabeça agora? Foi duro demais, e sei que não era isso que você queria". A curiosidade não te pede para mudar nada, apenas para observar o que está acontecendo. A observação sem julgamento muitas vezes conduz naturalmente à compaixão. E a compaixão, por si mesma ou pelos outros, é reguladora porque remove a ameaça, facilitando a segurança. Quando você se autorregula há uma boa chance de que sinta compaixão pela outra pessoa. E quando isso acontece, você pega mais leve com ela.

A curiosidade também promove a conexão porque dá ao casal uma chance de conhecer o mundo interno um do outro, e não apenas o que se vê e ouve na superfície. Ela leva à compreensão, e se sentir compreendido é um bálsamo para todos. Quem não quer ser compreendido?

Precisamos tomar cuidado para não confundir curiosidade com o que chamo de "interrogatório". Curiosidade é uma forma de pensar. Você pode ter curiosidade e não fazer nenhuma pergunta, assim como pode perguntar sem uma curiosidade genuína. Caso se pegue enchendo a outra pessoa de perguntas, provavelmente está se esforçando demais para gerenciar a própria ansiedade. O tipo de curiosidade a que me refiro tem mais a ver com buscar entendimento.

Curiosidade é sempre importante, mas no contexto do ciclo negativo é o guia mais confiável para perceber quando um gatilho está sendo acionado — aquele momento em que a outra pessoa olha o celular enquanto você fala, diz que você está exagerando ou te culpa por ter deixado a geladeira aberta. Pergunte-se na mesma hora: "O que está acontecendo dentro de mim? No que estou pensando? O que estou entendendo? Como estou me sentindo? Há alguma tensão no meu corpo? Onde?".

A curiosidade em relação à outra pessoa é algo como: "Quero entender você. Minha preocupação independe de concordar ou não, e sim de compreender *como* você chegou ao que está pensando agora. Tenho curiosidade de saber como você se sente. Conte-me o que está buscando. Ajude-me a entrar no seu mundo para que eu possa te ver e ver através dos seus olhos. Quero entender suas experiências e como elas te trouxeram ao ponto onde está agora".

Vamos entender isso melhor usando o exemplo da porta da geladeira. Antes de responder "Eu não deixei a porta da geladeira aberta, foi você. Pare de me culpar por tudo", olhe para dentro de si. Demonstre curiosidade. Talvez você possa se dizer algo como: "Nossa, é um gatilho. Sinto que não sou vista nem compreendida, e isso dói". Então teste se consegue entrar no mundo da outra pessoa e demonstrar curiosidade em relação a ela. "Está na cara que tem algo te incomodando. O que está rolando? É sobre a geladeira mesmo ou alguma outra coisa chateou você? Preciso que me ajude a entender". Talvez seja a geladeira, talvez não, mas a probabilidade de chegar à raiz do problema testando a curiosidade é muito maior do que travando uma batalha. Claro que é preciso haver espaço para que você diga: "Ei, você pode falar de um jeito diferente da próxima vez?". O objetivo inicial, no entanto, é criar segurança para que, no todo, *aumentem as chances de que as duas pessoas sejam ouvidas e compreendidas*. E se você for a pessoa irritada com a porta da geladeira aberta? Em vez de culpar, procure dizer: "Estou tentando reduzir a conta de energia. Acho que você pode ter esquecido a geladeira aberta. Não estou julgando ninguém, só precisamos nos lembrar de ficar de olho nessas coisinhas". É perfeito? Talvez não, mas é *melhor* que atacar a outra pessoa e *aumentará* suas chances de se sentir ouvida.

TOLERÂNCIA

Ninguém é perfeito, nem mesmo a pessoa que você ama. Todo mundo se cansa, tem fome, se decepciona, fica sobrecarregado. Todo mundo tem mau humor. Ninguém pensa exatamente igual a você, interpreta eventos exatamente como você ou lida com situações exatamente como você, e isso não significa que os outros estão "errados". Ambientes intolerantes são ambientes reativos, e ambientes reativos não são seguros. É por isso que desenvolver a habilidade da tolerância é especialmente importante. Quando a outra pessoa faz algo que aciona um gatilho seu, há uma pergunta muito importante a ser feita: "Posso deixar isso passar?". Porque em geral, quando olha para trás, você gostaria de ter deixado passar. No entanto, se você olhar para trás e pensar "Eu não deveria ter deixado essa", sempre há a oportunidade de retomar o assunto, e talvez seja até melhor fazer isso depois de um tempo mesmo. Não estou dizendo para deixar coisas muito importantes passarem; às vezes é melhor falar na hora. Antes de fazer isso, no entanto, confirme se você está respondendo ou reagindo, e leve em consideração se vai ser útil tratar da questão naquele exato instante. Pare por um momento, olhe para dentro e se pergunte: "Qual é a melhor maneira de lidar com isso no longo prazo?". Pense também nos quatro Fs. Se sua tendência é deixar as coisas passarem talvez você queira treinar falar a respeito; se sua tendência é reagir de pronto talvez você queira treinar deixar que passe, em prol de um ambiente mais tolerante.

EXERCÍCIO DE VULNERABILIDADE

Eu gostaria de encerrar este capítulo com um exercício para ajudar a transmitir melhor à outra pessoa compreensão, empatia e vulnerabilidade — que, como aprendemos, são pontos-chave de um ambiente favorável ao apego. Da mesma forma que nos demais exercícios deste livro, faça o seu melhor: prefira progresso a perfeição. Qualquer nível de curiosidade em relação a seu mundo interior e/ou ao da outra pessoa só irá ajudar a se conhecer e a conhecê-la melhor — e você pode ir desenvolvendo isso com o tempo.

Use o seguinte modelo:

> Quando você me vê (1) _____, por dentro sinto (2) _____, porque (3) _____, e entendo como isso pode fazer você se sentir (4) _____.
>
> 1. Que comportamento reativo ou que palavras reativas a outra pessoa te viu apresentar ou usar?
> 2. Quais foram as emoções mais profundas por trás de suas palavras e/ou ações?
> 3. Que necessidades de apego não atendidas (ou outras experiências) estavam envolvidas?
> 4. Que experiências internas sua reatividade inspirou na outra pessoa?

Aqui vão dois exemplos:

"Quando você me vê (1) *me excedendo e reclamando*, por dentro sinto (2) *desespero para que me veja e me ouça*, porque (3) *dói tanto não conseguir me comunicar com você*, e entendo como isso pode fazer você se sentir (4) *sob ataque e como se fosse um fracasso*."

"Quando você me vê (1) *na defensiva*, por dentro sinto (2) *medo*, porque (3) *não quero que pense que estou falhando com você*, e entendo como isso pode fazer você se sentir (4) *invisível e só*."

Você também pode usar este exercício para expressar suas necessidades:

> Quando você (1) _____ em vez de (2) _____, sinto (3) _____, e há mais chances de que eu (4) _____.
>
> 1. O que a outra pessoa poderia dizer ou fazer que seria bom para você?
> 2. Que palavras ou comportamentos isso substituiria?
> 3. Que necessidades de apego poderiam ser atendidas, ou que sentimentos positivos você experimentaria?
> 4. Como você poderia reagir de maneira diferente?

E mais dois exemplos:

"Quando você (1) *valida meus sentimentos* em vez de (2) *primeiro tentar resolver o problema*, sinto (3) *que me vê, me ouve e me reconforta*, e há mais chances de que eu (4) *uma hora entre no modo resolução de problemas*."

"Quando você (1) *divide seus medos e sua tristeza* em vez de (2) *só reagir com raiva*, sinto (3) *mais empatia, compreensão e segurança*, e há mais chances de que eu (4) *responda de uma maneira boa para nós dois*."

7. Pedindo e respondendo

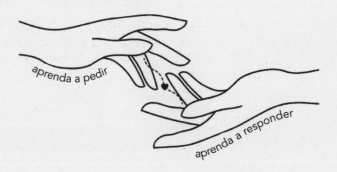

relacionamentos...

... e o restante se encaixará

Todos os casais enfrentarão momentos em que será preciso iniciar conversas difíceis. Haverá assuntos em que as duas partes não concordam, assuntos que despertarão medo, ansiedade, raiva e velhas feridas. Essas conversas podem não ter terminado bem, mas precisam ser retomadas. Às vezes são sobre questões obviamente importantes: quando ter filhos ou mudar de casa, onde passar as férias, rupturas de apego do passado, antigos amores, vícios, como prosseguir depois de um caso extraconjugal, filhos com problemas de saúde. Às vezes são sobre assuntos importantes que não são óbvios, mas chegaram a essa proporção por causa das necessidades de apego não atendidas que os cercam: manter a casa limpa, comprar ou não um carro, o melhor lugar para fazer um jardim, onde almoçar, o que levar em uma viagem, como lidar com atraso crônico ou com alguém que não responde mensagens e por aí vai.

Todas essas conversas envolvem algum nível de pedido e resposta. Uma pessoa menciona o assunto e a outra precisa responder. O modo como você pede e responde, em especial em se tratando de questões difíceis, pode fazer muito para construir um ambiente favorável ao apego e impedir ciclos negativos. Aqui vão algumas diretrizes para ajudar as conversas a tomarem um rumo melhor do que no passado e a plantar as sementes para um relacionamento mais bem-sucedido no futuro.

FOCO EM SI MESMA

Partir do foco em si mesma é especialmente importante quando se menciona uma preocupação ou se inicia uma conversa difícil. Alguns especialistas em relacionamento se referem a essa estratégia como "falas centradas no eu", mas tente não se apegar muito ao "eu". Você pode começar com "eu", mas também pode omitir o "eu" e ainda assim manter o foco em si mesma. É possível até usar "você", dependendo de como falar. (É melhor se concentrar na autenticidade do que na semântica.)

Se você apresenta uma preocupação com o foco na outra pessoa, ela vem como: "Você me ignorou na festa". Quando traz o foco para você, ela se transforma: "Entendo que você quisesse conversar com seus amigos, e eu também quero isso para você, mas me senti deixada de lado em grande parte do tempo. E se tentássemos equilibrar melhor as coisas da próxima vez?".

Repare na mudança de uma fala para outra. Uma não inclui, tampouco implica queixa, acusação, vergonha, exigências ou controle. Em vez disso oferece validação, vulnerabilidade, informações sobre o impacto sentido e uma forma de solução.

Partir de um ponto que seja seu não altera o fato de que você quer que algo aconteça ou mude: é uma maneira de se apropriar das suas necessidades em vez de tentar fazer com que a outra pessoa faça coisas ou se sinta de determinada maneira para que elas sejam atendidas. Quando alguém se comunica a partir de si mesmo, diz: "É isso que está acontecendo comigo. Isso faz com que me sinta bem. Isso não. Quando algo não fizer com que me sinta bem, vou pedir sua ajuda. Quando você não conseguir me ajudar com algo, é assim que vou cuidar de mim".

PREOCUPAÇÕES × CRÍTICAS

Quando a outra pessoa menciona uma preocupação, o que parece melhor? Ouvir "Você é irresponsável" ou "Você disse que chegaria em casa às sete e meia, mas só veio depois das oito, vamos conversar"? Imagino que a segunda opção. É importante apresentar problemas como uma preocupação em vez de uma crítica. Preocupações abordam o comportamento, enquanto críticas atacam a pessoa. Preocupações têm foco na solução, enquanto críticas se concentram em constranger. Quando há muita tensão no ar e você trata o problema de uma forma que faz a outra pessoa se sentir atacada, isso aciona um gatilho que a tornará menos receptiva à sua mensagem.

Isso não significa que não há espaço para a crítica construtiva, que é uma maneira de os membros do casal se ajudarem a crescer. Só precisamos nos certificar de que o ambiente favorável ao apego esteja protegido. A seguir, alguns exemplos de como expressar preocupações em vez de recorrer a críticas:

Em vez de:
"Por que você tem que ser assim, desleixado? É tão difícil arrumar suas coisas?"

Tente:
"Quando você deixa as coisas espalhadas na bancada tenho dificuldade em não me incomodar. Sinto-me sobrecarregada. Podemos conversar sobre isso e tentar chegar a uma solução?"

Em vez de:
"O problema com o nosso relacionamento é que você é emocionalmente indisponível. Quando tento perguntar sobre seus sentimentos, você se recusa a dividir qualquer coisa comigo."

Tente:
"Entendo que dividir seus sentimentos seja difícil para você, entendo mesmo. Mas fico me sentindo sozinha quando não consigo esse acesso. Agora que estou aprendendo mais sobre meus próprios sentimentos, percebo

como para mim também é importante conseguir me conectar com os seus. Queria que descobríssemos uma maneira de nos sentir mais conectados emocionalmente."

USE A LINGUAGEM DO APEGO

Às vezes você consegue atender às necessidades de apego da outra pessoa ao mesmo tempo que menciona uma preocupação. Como a maioria das preocupações é relacionada a apego, sempre incentivo os casais a usarem isso em prol do relacionamento, principalmente quando precisam ter uma conversa difícil. Formulando suas frases sob a perspectiva do apego, você permite que a outra pessoa saiba que não é sua inimiga, que é amada e que você quer proximidade. Essa estratégia também contribui com riqueza emocional para o relacionamento.

Em vez de:
"Você não me mandou mensagem e fiquei morrendo de preocupação. O que aconteceu?"

Tente:
"Sei que você não quer ficar o tempo todo no telefone com tudo o que tem para fazer, mas não ter notícias despertou meu nervosismo porque você é muito importante para mim [intenção de apego]. Da próxima vez pode se lembrar de entrar em contato?"

Em vez de:
"A gente nunca concorda em relação a nada."

Tente:

"Sei que é frustrante para mim e para você quando não concordamos, mas sua maneira de ver as coisas é muito importante para mim [intenção de apego], e mesmo que eu não concorde continuo te respeitando [intenção de apego]. Preciso saber que a mesma coisa vale para você, porque para mim isso é parte do que proximidade significa."

VALIDE

Para se sentir emocionalmente segura em uma conversa difícil, cada pessoa precisa confiar que será ouvida e compreendida. Casais gastam uma quantidade incrível de energia tentando ser ouvidos e compreendidos, tanto que até que ambas as partes tenham essa confiança a conversa não avança de maneira produtiva. Quando você trouxer uma preocupação, validar a experiência da outra pessoa fará com que economize muito tempo e energia. Ofereça validação, permitindo que ela saiba que no mínimo você reconhece como ela se sente e pensa. Se puder dar um passo a mais e demonstrar que não apenas reconhece como ela se sente e pensa, mas também *compreende* como ela se sente e pensa, conseguirá criar ainda mais segurança. Partindo da validação, você estará fazendo o que George Faller, escritor e terapeuta de casais e de famílias, chama de "criar convites em vez de acusações" — em outras palavras, aproximar a outra pessoa em vez de afastá-la.

Lembre-se sempre de validar a raiva. Você não precisa concordar com o *porquê* ou tolerar comportamentos condenáveis, como gritar ou xingar, mas abrir espaço para a raiva é importante, e *mais ainda* se você quiser ajudar a apaziguá-la.

Em vez de:
"Por que você vai fazer aula de violão se precisamos economizar?" (em tom acusador)

Tente:
"Sei a alegria que a música te traz e fico feliz em ver você feliz. Ao mesmo tempo me preocupo com sua aula de violão porque precisamos muito cortar gastos."

Em vez de:
"Isso não deveria ser motivo de briga. Você sabe que estou fazendo o meu melhor."

Tente:
"Entendo sua frustração. Você tem todo o direito de sentir raiva e decepção. Não vou aceitar falta de respeito porque é humilhante e fico me sentindo mal, mas *aceito* sua raiva e sua decepção."

Em vez de:
"Você não quer mais saber de ficar comigo vendo um filme à noite. Sempre reclama que está cansado/a/e."

Tente:
"Vejo o quanto você tem trabalhado para concluir aquele projeto e sei que tem sido exaustivo. Uma das coisas que mais admiro em você é sua dedicação à qualidade de tudo o que faz e não quero que isso mude. Ao mesmo tempo, adoro quando arranjamos tempo um para o

outro e sinto falta de ficarmos juntos. Ajudaria muito se eu pudesse ter alguma reafirmação de que quando esse momento passar poderemos voltar à nossa rotina."

COMECE RECONHECENDO

Antes de apresentar uma queixa, reconheça o que há de bom. Isso envia a seguinte mensagem: "Eu vejo seu valor e sua importância. Eu me importo com seus sentimentos. Embora tenha uma preocupação, isso não muda minha estima por você como companheiro". Assim, quando você fizer sua queixa haverá menos chances de que a outra pessoa se sinta desvalorizada e um gatilho seja acionado.

Em vez de:
"Você não foi muito legal com a minha mãe."

Tente:
"Só posso agradecer a maneira como você se esforça para ter um bom relacionamento com minha mãe. Isso não é pouca coisa, porque sei como ela pode ser difícil. Você tem sido incrível. Mas notei certa tensão no ar hoje à noite. Aconteceu alguma coisa sobre a qual você queira falar?"

EVITE DIRECIONAR A RESPOSTA

Quando experimentamos um novo método de comunicação é fácil acreditar que ele só pode ser bem-sucedido se a outra pessoa responder da maneira como você gostaria. No entanto, essa crença vem de uma posição de controle e de insegurança interna — não reflete a comunicação verdadeira e autêntica. Em geral, pessoas com apego ansioso e desorganizado acreditam que a menos que algo seja resolvido aqui e agora não há esperança de que haverá alguma mudança. Essa falta de confiança se manifesta como uma necessidade desesperada de uma solução rápida, em vez de dar tempo ao tempo. Todos queremos que a pessoa com quem nos relacionamos responda da maneira como gostaríamos, porém nem sempre vamos conseguir isso. Não desista. Você não tem como garantir a solução mais desejada, mas cuidando do seu lado do canteiro poderá plantar sementes para o futuro e aumentar suas chances de conquistar a proximidade que está buscando. Além disso, em momentos de vulnerabilidade, quando você se mostra de maneiras novas e mais saudáveis e a outra pessoa não responde de modo positivo, você tem a oportunidade de processar os sentimentos dolorosos que surgirem de uma nova forma também. Com frequência queremos controlar a responsividade da outra pessoa para impedir o sofrimento ou a sensação de impotência. No entanto, há um potencial enorme para crescimento em encarar nossas dores mais íntimas e não reagir de uma maneira que prejudicará o relacionamento. E quando você cresce, o relacionamento cresce... *mesmo em momentos tão dolorosos que fica difícil enxergar o todo.*

ABRA MÃO DA NECESSIDADE DE CONCORDAR

Independente do quão compatíveis vocês sejam em algumas áreas, a verdade é que continuam sendo dois indivíduos separados e vão divergir em relação a certas decisões.

Talvez vocês enveredem por argumentações ao estilo tribunal, com uma parte tentando superar a outra com fatos e provas, na esperança de convencê-la a ver da mesma forma. O problema é que ninguém gosta de ouvir que suas ideias e opiniões estão erradas, e isso com frequência só faz com que uma ou as duas partes insistam ainda mais.

Em vez de esperar que sempre haja concordância, procurem ter como objetivo estarem sempre dispostos a ouvir a perspectiva do outro. É mais fácil uma pessoa mudar de opinião quando se sente ouvida e respeitada. Às vezes, no entanto, o casal precisa concordar em discordar e seguir adiante.

Em vez de:
"Esse filme é inapropriado para as crianças. É muita irresponsabilidade sua deixar que o vejam."

Tente:
"Acho você um ótimo pai, e valorizo muito isso. Ao mesmo tempo há alguns pontos em que não concordamos, e para me sentir em segurança preciso que sejamos ambos capazes de conversar sobre essas coisas. Uma delas são os filmes que concordamos em deixar que as crianças vejam."

PRIORIZE O SENTIDO, NÃO OS DETALHES

Sem dúvida nenhuma perder-se nos detalhes é a maneira mais comum de casais patinarem na comunicação.

Vamos pegar o exemplo de Layla e Omar, recém-casados que passaram a discutir com frequência. Durante uma sessão eles começam a brigar sobre o hábito de Omar de praticar mountain bike. Layla acha que ele passa tempo demais saindo de bicicleta e que talvez seja até um vício. Para Omar, ele está apenas relaxando depois de uma longa semana de trabalho. Layla menciona que Omar passou "cinco horas" com a bicicleta no dia anterior. Omar diz que não chegou nem perto disso, que devem ter sido umas "duas horas". Então Layla aponta que ficou fora do meio-dia às quatro, e Omar ainda não havia voltado quando ela chegou em casa. Omar a interrompe para dizer que ela já havia saído quando do ele cortou a grama antes de sair também. Layla contestou: quando chegou em casa a grama não estava cortada e ele só fez aquilo depois, mas Omar insiste que cortou a grama dos fundos enquanto ela estava fora, mas não a do jardim da frente. E assim eles prosseguem.

O que eu, como terapeuta, devo fazer com isso?

Eu: Layla, você se sente negligenciada quando Omar sai para andar de bicicleta?

Layla: Sim.

Eu: Então não vamos nos perder nos detalhes. Vamos nos concentrar em sua sensação de que é negligenciada. Omar, você acredita que Layla está sendo injusta com você nesse sentido?

Omar: Sim.

Eu: Então vamos tentar não nos perder nos detalhes. Vamos nos concentrar em como é para você sentir que não está sendo tratado de maneira justa.

O mais importante aqui é que Layla se sente negligenciada e se preocupa se o marido não demonstra uma obsessão pouco saudável por bicicleta, enquanto Omar sente que deveria poder desfrutar de seu tempo livre como quisesse e que a esposa o trata como uma criança. Quem está certo e quem está errado? Não cabe a mim decidir. Só que esses dois nunca vão encontrar uma solução para o problema se não se concentrarem no sentido mais amplo para identificar os problemas reais — ressentimento, solidão, impotência e talvez até desespero — e encontrar uma maneira de conversar a respeito sem se perder nos detalhes. Os detalhes estão jogando um contra o outro, como se fossem advogados adversários no tribunal, e bloqueando a segurança emocional do casal.

Quando Layla diz: "O mais importante para mim é que sinto sua falta quando você sai de bicicleta. Sinto-me sozinha e preciso saber que você percebe isso, talvez até mais do que preciso que as coisas mudem", Omar se mostra muito mais aberto. Quando Omar diz: "Quando não parece que você me considera um igual, sinto que não somos parceiros. Não me sinto à altura. E então me sinto sozinho como nunca", Layla também se mostra muito mais aberta.

EVITE USAR "SEMPRE" E "NUNCA"

Essa recomendação é bem simples. As palavras "sempre" e "nunca" podem levar conversas a um beco sem saída, porque quando uma parte as usa fica fácil para a outra encontrar exceções. "Sempre" e "nunca" também fazem as pessoas se sentirem sufocadas, e a questão original acaba sendo enterrada sem ser resolvida. Fora que "sempre" e "nunca" com frequência são imprecisos. Procure se ater à verdade.

Em vez de:
"Você sempre deixa suas coisas do meu lado da bancada do banheiro."

Tente:

"Notei que suas coisas estavam do meu lado da banca-da outra vez. Pode garantir que cada um de nós sempre tenha seu espaço?"

Em vez de:

"Você nunca tem tempo para ficar comigo à noite."

Tente:

"Vamos tentar passar mais tempo juntos à noite. Isso me ajuda a sentir mais proximidade, e notei que quando temos tempo de nos conectar discutimos menos. O que você acha?"

ESCUTA AMOROSA

Até aqui discutimos habilidades para trazer à tona demandas no ambiente mais favorável possível ao apego. Agora vamos abordar o outro lado da conversa, ou seja, o de quem ouve essas demandas.

"Preciso falar com você sobre algo que está me incomodando" é uma frase que pode provocar arrepios até em uma pessoa com apego seguro. Nunca é divertido ter que encarar uma fraqueza ou discutir um assunto que desperta ansiedade. Se você tem apego inseguro e lida mal com a vergonha, estar desse lado pode ser ainda mais desconfortável, porque já precisa lidar em algum grau com o medo de não ser digna ou com a crença de que partes suas não são merecedoras de amor. Nesses momentos, tudo dentro de você talvez diga "Faça parar", "Vire a mesa" ou "Defenda-se antes que a coisa piore", mas sabemos bem que esse tipo de resposta não vai conquistar o apego seguro que você está buscando. Sendo assim, vamos aprender o que funcionará.

Com sorte a outra pessoa terá verbalizado sua preocupação de uma forma que te ajude a sentir segurança e validação. Infelizmente esse nem sempre é o caso, em especial quando esse ainda é um trabalho em andamento para as duas partes. Quando a outra pessoa expõe uma preocupação de um jeito que aciona um gatilho ou aponta um dedo em sua direção, veja se consegue fazer o favor de ouvir mesmo assim. Não estou dizendo para aceitar extremos, como gritos ou xingamentos, ou outros comportamentos destrutivos, porém, quando se trata de verbalizações imperfeitas, lembre-se de que o processo envolve trabalho conjunto e às vezes isso significa compensar o mau desempenho da outra parte.

É claro que também haverá momentos em que a outra pessoa expressará sua preocupação da melhor maneira e mesmo assim acionará um gatilho, porque: 1) é sempre difícil falar sobre como você está errando, e 2) você ainda está trabalhando isso em si própria.

A maior parte de nós está familiarizada com a ideia de "escuta ativa", um conceito-chave para bons relacionamentos na vida pessoal e no trabalho. No papel parece fácil. *Ouça. Assinta. Faça as perguntas necessárias para esclarecer.* Quão difícil pode ser? No entanto, quando examinamos sob a ótica do apego, uma escuta ativa pode ser inacreditavelmente difícil nos momentos em que a outra parte quer discutir alguma coisa que você não quer. Se você está com dificuldade de ouvir, em vez de falar por que *deveria* ouvir vamos tratar do porquê ouvir está sendo difícil. Tenho confiança de que seu eu autêntico deseja genuinamente que seu/a/e parceiro/a/e seja ouvido/a/e, assim como você deseja se sentir ouvida também.

O problema não é como você se sente agora. O problema é como você se sente quando te pedem para ouvir, em especial quando um gatilho já foi acionado e a insegurança reina. Nesse momento você não ouve a outra pessoa dizer: "Eu te amo e amo este relacionamento. Aconteceu algo que prejudicou nosso vínculo. Preciso de você para voltar a me sentir em segurança". O que você ouve é: "Acho que você só erra, não estou nem aí para quando você acerta e vou te falar tudo sobre isso agora mesmo. Só preciso que você fique aí ouvindo". Se é isso que se passa na sua cabeça, é claro que você vai ter dificuldade de ouvir e vai sentir um impulso forte de reagir culpando a outra parte e ficando na defensiva.

Mas e se sua dificuldade de ouvir não for na verdade uma dificuldade de ouvir? E se o problema real for você não ter aprendido a ouvir de uma forma que pode até ser agradável?

Ouvir tem a ver com conexão. Se você tem apego inseguro, foi criada em um ambiente onde a conexão verdadeira não era valorizada, enquanto a vergonha e o controle eram. Isso contaminava a escuta. Para você, ouvir em momentos de conflito significava sentir que era envergonhada, não compreendida, injustamente culpada, invalidada e/ou ignorada. Agora, quando você tem dificuldade de ouvir uma preocupação levantada pela outra pessoa, mesmo que da maneira mais favorável ao apego possível, você não está bloqueando a pessoa; está bloqueando a sensação de que é envergonhada, não compreendida, culpada, invalidada e ignorada.

Quando as pessoas dizem coisas como "relacionamentos de sucesso exigem boas habilidades de escuta", a mensagem é que ouvir é uma tarefa que precisa ser marcada como concluída antes que finalmente possam ouvi-la. Não tem que ser assim. Quando você começa a ver a escuta como uma habilidade de apoio emocional legítima, a sensação é ótima. Sabe quando dar um presente é tão bom quanto ganhar um, se não melhor (ainda mais quando você tem certeza de que é algo que a pessoa quer)? O conceito é o mesmo. Ouvir é uma forma de amor. Por esse motivo vou mudar a expressão "escuta ativa" para "escuta amorosa". Quero ajudar você a se afastar da ideia de que ouvir só é benéfico para a outra pessoa e se aproximar da ideia de que também é bom para você e para o relacionamento. O ponto de conexão é a escuta. Demonstre que você está ouvindo amorosamente minimizando as interrupções e distrações (deixe o celular de lado), mantendo contato visual, deixando claro para seu/a/e parceiro/a/e como reage ao que ouve e pedindo esclarecimento se precisar de confirmação de que ouviu direito, validando assim as preocupações dele/a/u e buscando compreender como ele/a/u está se sentindo.

RESOLUÇÃO DE PROBLEMAS

Ciclos negativos em geral entram em cena quando casais estão tentando resolver um problema — com qual das famílias passar o Dia de Ação de Graças, quanto destinar às compras de mercado, o que fazer com uma criança que se comporta mal, o que cortar do orçamento depois de uma perda de rendimento, para que cidade se mudar. Depois de trabalhar para reparar o ciclo negativo, você pode sentir um vínculo mais forte, mas ainda precisa tomar uma decisão quanto a uma grande compra ou se vocês vão ou não para Montreal. O intuito do processo de reparação é restabelecer a segurança emocional e a segurança no apego a fim de criar uma plataforma mais saudável para a resolução de problemas. Ele não resolve o problema em si; só cria um ambiente que tornará a conversa para resolver o problema mais confortável e produtiva.

Quando você está tentando resolver um problema, o que é considerado uma solução? Para mim, solução é quando há um acordo mútuo que pode deixar uma ou ambas as partes decepcionadas mas não cria ressentimento em relação à outra no longo prazo. Decepção é aceitável e normal (desde que não seja sempre a mesma pessoa que acabe decepcionada); ressentimento é um problema. Ressentimentos duradouros contaminarão o relacionamento com amargura e criarão ciclos negativos cheios de pontos cegos.

Algumas soluções envolvem um meio-termo dos desejos e das necessidades de ambas as partes, enquanto outras significam que uma pessoa consegue o que quer e a outra, não. Isso vai acontecer às vezes. Parte de estar em um relacionamento significa que as duas pessoas vão ter que se alternar em fazer concessões.

Independente do problema com que estão lidando, tenham sempre em mente que o senso sentido de intimidade e parceria é mais importante que o resultado da maioria das decisões. No seu leito de morte, você não vai pensar sobre um sofá que decidiram comprar décadas antes. Você provavelmente vai pensar sobre o quanto conseguiu amar e ser amada.

A seguir, dou algumas dicas para uma resolução de problemas eficiente.

ENCONTRE CONFIANÇA

Algumas pessoas têm dificuldade de confiar em suas ideias e pontos de vista. Hesitam mesmo quando sabem o que querem. Na hora de falar sobre suas preferências, falta-

-lhes assertividade, o que torna a negociação mais complicada. Se é o seu caso, você pode acabar concordando com algo com que de fato não concorda e depois se ressentir. É muito importante ser flexível e estar aberto à perspectiva da outra parte, mas algumas pessoas, sobretudo as que procuram agradar às custas das próprias necessidades, são abertas *demais*. Tenha clareza do que quer e do que precisa, e expresse isso com confiança.

OUÇA DE VERDADE A PERSPECTIVA DA OUTRA PESSOA

É fácil nos atermos de tal maneira aos próprios pontos de vista e ao que sentimos em relação a eles que isso nos impeça de ouvir de verdade as ideias da outra pessoa. Pela saúde do relacionamento é importantíssimo que cada parte se sinta ouvida, ainda mais quando se trata dos assuntos mais importantes. Se a outra pessoa perceber que você está ouvindo de verdade, a probabilidade de que se sinta segura, compreendida e valorizada será maior, o que por sua vez a ajudará a ouvir e auxiliar você a se sentir em segurança. Nesse caso, haverá maiores chances de que ambas as partes baixem as defesas e fiquem mais abertas a um meio-termo.

Se você tem muito a dizer sobre um assunto e por isso mesmo tem dificuldade de ouvir o que a outra pessoa está falando, é hora de se autorregular através da atenção plena. O que está acontecendo com o seu corpo? Há alguma tensão, algum aperto? Respire fundo. É possível ouvir o que a outra pessoa diz e acalmar seu corpo ao mesmo tempo; isso ainda vai ajudar a conter o impulso de interrompê-la ou de se fechar.

DEIXE CLARA SUA PERSPECTIVA

Quando você está solucionando um problema, é importante que comunique sua perspectiva de maneira clara e honesta. Seja tão concisa quanto possível, mas se estiver confusa quanto a seus pensamentos e sentimentos diga: "Ainda estou tentando entender o que penso e como me sinto, mas no momento é tudo o que consigo expressar". Lembre-se de que o objetivo principal é esclarecer sua posição e seus sentimentos, e não fazer com que a outra pessoa concorde com você (falaremos mais sobre isso em breve). Use frases como "É assim que eu vejo" em vez de "É aí que você erra".

Tome cuidado para não se demorar nem se repetir, porque essas são as melhores maneiras de perder a audiência. Defina o que quer dizer e do que precisa antes de começar a falar (pessoas ansiosas muitas vezes vão processando tudo enquanto falam, portanto intervalos para compreender seus sentimentos e pensamentos ajudam). Se você estiver ouvindo a outra pessoa se repetir pode tentar dizer, com delicadeza, algo como: "Você está falando algo que já disse antes. Isso indica que se preocupa com a possibilidade de que eu não esteja ouvindo. Como posso mostrar que estou?".

SEJA FLEXÍVEL

Relacionamentos saudáveis exigem a habilidade de se abrir à perspectiva da outra parte. Isso não é fácil, ainda mais depois que um gatilho é acionado: do seu ponto de vista a coisa pode parecer um confronto direto. No entanto, se quiser solucionar um problema, você precisa abrir mão da ideia de que a sua perspectiva é a única verdadeira.

Se você foi criada com apego inseguro seu objetivo era se manter em segurança, e uma maneira de se manter em segurança era tentar controlar o ambiente. Não me entenda mal: controlar sua vida onde você pode e deve é empoderador. No entanto, pessoas com apego inseguro muitas vezes aprendem cedo a ser excessivamente rígidas quanto ao modo como fazem as coisas, pensam as coisas e querem que os outros façam e pensem. Faz sentido — é sua maneira de se sentir em segurança. Na vida adulta, isso às vezes se manifesta como um pensamento preto no branco e inflexível, o que talvez atrapalhe a chegada a um meio-termo. Você pode pensar que é necessário ter as mesmas ideias sobre criação de filhos, política, relacionamento com a família estendida, se economizam dinheiro para o futuro ou curtem o presente, formas de comer e por aí vai. Se você consegue se identificar com isso, é importante para a harmonia do relacionamento se abrir para a perspectiva da outra pessoa. Isso não significa que você precisa renunciar a todo o seu sistema de valores ou das coisas que acha mais importantes, mas se a rigidez está dificultando ouvir o que a outra pessoa tem a dizer isso vai interferir na resolução de problemas e na conexão entre vocês.

VALIDE AS PERSPECTIVAS E OS SENTIMENTOS DA OUTRA PESSOA

Vocês precisarão ser capazes de validar um ao outro enquanto trabalham por uma solução. De novo: validar não é o mesmo que concordar. Significa que você é capaz de compreender a perspectiva da outra pessoa em algum grau e, o mais importante, seus sentimentos em relação ao assunto.

Aqui vai um exemplo de validação no contexto da resolução de problemas:

Em vez de:
"Pegar um cachorro agora é uma péssima ideia. O que aconteceria se decidíssemos viajar de última hora no fim de semana? Não entendo por que escolheríamos lidar com isso."

Tente:
"Não concordo quanto a ser o momento certo para pegar um cachorro, mas compreendo por que isso é importante para você. Você adora animais. Faz sentido."

NÃO TENTE CONVENCER

Apresentar seus argumentos de maneira assertiva é uma parte saudável da busca por uma solução, e pode implicar a tentativa de que a outra pessoa veja que a sua ideia é boa. Às vezes você terá sucesso — casais com apego seguro com frequência conseguem ser mais flexíveis na tomada de decisões. No entanto, em algumas situações a outra pessoa pode não concordar. Todos temos alguns pontos de vista que provavelmente não se alterarão. A pessoa com quem você se relaciona pode ser tão apaixonada pela ideia dela quanto você é pela sua. Isso acontece com todos os casais, e não é ruim: é só a vida. Na verdade, relacionar-se com alguém que tem ideias próprias é um sinal de autenticidade e força interior, ambas qualidades atraentes.

A chave aqui é não acabar empacada tentando convencer a outra pessoa de que sua ideia é a melhor. Quando fica evidente que vocês veem as coisas de modos distintos, a melhor coisa a fazer é buscar respeito mútuo. Idealmente vocês serão capazes de validar os sentimentos um do outro, expressar discordância e continuar avançando rumo a uma solução. Às vezes é preciso tempo para construir respeito de uma maneira que agrade a ambas as partes, mas só depois disso vocês poderão buscar soluções para os temas mais desafiadores.

Em vez de:
"Não ter açúcar em casa só vai deixar as crianças com mais vontade e fazer com que comam escondido. Estudos já demonstraram que a privação é a pior abordagem."

Tente:
"Sei que a saúde das crianças é uma prioridade sua e admiro isso em você. Essa é uma prioridade para mim também, e fico feliz que nos preocupemos tanto com esse assunto. Temos tentado convencer o outro quando não concordamos, e eu gostaria de esquecer isso e ver se podemos descobrir uma forma de tomar decisões com base no respeito mútuo. Afinal, nós queremos a mesma coisa: filhos saudáveis. O que você acha?"

LEMBRE-SE DE QUE ALGUMAS DECISÕES EXIGEM TEMPO

Pode ser difícil aceitar isso na cultura da recompensa instantânea, mas a maior parte das coisas não precisa ser resolvida da noite para o dia. Algumas decisões, especialmente as mais importantes, exigem semanas, meses ou até anos.

A solução às vezes vem depois de muitas conversas. Ter múltiplas discussões sobre assuntos difíceis permite abrir espaço para conhecer devagar a perspectiva um do outro, construir respeito mútuo e talvez até aumentar a receptividade — a partir daí, em algum momento a solução surgirá.

ACEITE QUE NEM TODOS OS PROBLEMAS TÊM SOLUÇÃO

Algumas escolhas têm ramificações profundas e representam diferenças importantíssimas em termos de valores ou estilo de vida desejado. O exemplo mais comum é quando casais divergem quanto a ter filhos ou quando tê-los. Às vezes as pessoas desejam estilos de vida completamente diferentes, e isso exerce um impacto significativo em sua compatibilidade. Às vezes são capazes de lidar com suas diferenças, mas às vezes decidem que não estão alinhados em áreas cruciais e que é melhor se separarem. Meu objetivo, quando se trata de casais nessa situação, é que eles consigam lidar com esse processo com clareza e saúde emocional. Quando são capazes de discutir assuntos importantes sem entrar no ciclo negativo ficam muito mais propensos a deixar o relacionamento se sentindo confiantes quanto à decisão. E como sempre, quando uma situação é maior do que o casal parece capaz de enfrentar sozinho, uma ajuda profissional pode ser necessária.

Então aqui estão elas, as habilidades que ao mesmo tempo refletem e alimentam um ambiente favorável ao apego. Se você tem apego inseguro, seja ele ansioso, evitativo ou desorganizado, em sua infância houve carência de muitos desses elementos cruciais para os relacionamentos — ou de todos. Se essas habilidades não vêm naturalmente até você não é que haja algum defeito, um problema ou que você não esteja à altura. É só que *você ainda não aprendeu como fazer*. Não há nenhuma vergonha nisso. Você pode aprender agora. *Pode* criar um ambiente favorável ao apego para você, para a outra pessoa, para o seu relacionamento e para os seus filhos, se for o caso.

Se você usa óculos de grau, provavelmente há momentos em que não está com eles e alguém quer te mostrar algo interessante. Você vai direto olhar a imagem distorcida e conclui que ela é inerentemente distorcida? Ou diz: "Espera, vou pôr meus óculos para enxergar melhor"? O que estamos fazendo aqui é construir esses óculos. Da próxima vez que um gatilho for acionado, dê um passo para trás, respire fundo algumas vezes e diga a si mesma: "Espera, vou ver isso sob a ótica do apego". Você nunca se arrependerá de reservar um momento para escolher a conexão.

8. Reparação do ciclo negativo

Não importa o quanto o seu relacionamento cresça, os ciclos negativos às vezes levarão a melhor. Crescer implica que eles acontecerão com menos frequência e serão menos intensos. Mas mesmo que um ciclo negativo se esgueire, nem tudo está perdido. Vocês podem se recuperar totalmente dele.

Uma das coisas mais importantes do relacionamento, se não *a* mais importante, é a capacidade de reparar rupturas. Essa é a diferença entre casais bem-sucedidos e malsucedidos. Quando conseguem se recuperar por completo das rupturas, você e a outra pessoa constroem confiança; a confiança forma e reforça ambientes favoráveis ao apego; e ambientes favoráveis ao apego minimizam ciclos negativos. E não é só isso: reparações bem-feitas criam espaço para acessar o potencial vinculante da vulnerabilidade e dão a vocês a oportunidade de escolherem um ao outro repetidamente.

Com frequência, justamente quando os casais estão se sentindo confiantes em seu relacionamento são pegos de surpresa por um ciclo negativo. Às vezes os casais que atendo passam semanas sem relatar nada mais que discussões menores de que já aprenderam a dar conta sozinhos, até que aparecem uma semana se sentindo totalmente desmoralizados. "Tivemos uma discussão feia", dizem. "E agora? Voltamos ao ponto de partida?"

A resposta, claro, é não. Reveses são uma parte normal do processo de crescimento.

Muitas vezes essas explosões inesperadas envolvem um assunto que o casal vinha tentando evitar. É como se o sistema nervoso das duas pessoas dissesse: "Agora estamos mais saudáveis. É hora de tratar do assunto que vínhamos deixando passar".

IDENTIFICANDO RUPTURAS SUTIS

No geral, você saberá se uma reparação é necessária. A maioria dos ciclos negativos são discussões óbvias, e se não tiverem a chance de interromper o ciclo antes que ele vá longe demais e saia da medida vocês precisarão fazer reparações. No entanto, alguns ciclos negativos são mais sutis. Se o clima do seu casamento é na maior parte do tempo quente e ensolarado, talvez você consiga dizer: "Sei que me amam, sei que me valorizam". Mas e quanto ao clima de hoje? Você está carregando alguma mágoa? Sente uma ligeira irritação que não sabe explicar? Algo parece estranho ou inseguro? Há uma tensão não dita no ar? Parte disso talvez se relacione a atritos normais com os quais você é capaz de lidar por conta própria com uma mudança de perspectiva, por exemplo, sem ter necessariamente que falar com a outra pessoa. Nem tudo precisa ser processado. Às vezes as pessoas só estão de mau humor e pode ser fácil começar a procurar alguma coisa (ou alguém) em quem pôr a culpa. Às vezes, no entanto, envolve *mesmo* o relacionamento. Se os sentimentos não vão embora depois que você come ou dorme, se eles vão e depois voltam ou se são acompanhados por ressentimentos... é sinal de que uma conversa reparadora é necessária para restaurar a proximidade.

Ciclos negativos são alimentados por uma variedade de experiências internas, vulnerabilidades e significados, e todos eles têm uma coisa em comum: alguma necessidade de apego não atendida. Em outras palavras, houve uma ruptura de apego. Outra maneira de saber que a reparação se faz necessária é avaliar se você está sentindo alguma das coisas a seguir (certas experiências não são exatamente sentimentos, mas as descrevo assim para dar vida ao conceito de necessidades de apego):

- Sinto que minhas necessidades não importam

- Sinto que você não me valoriza ou não me quer

- Sinto que sou desrespeitada

- Não me sinto uma igual

- Não sei se você confia em mim

- Não sei se posso confiar em você

- Sinto que não pude contar com você quando precisava

- Sinto que não consigo acertar, não importa o que eu faça

- Sinto que meus esforços não são reconhecidos

- Não sei se tenho como acertar com você, não importa o quanto tente

- Sinto que estou decepcionando você

- Sinto invalidação emocional

- Sinto que não sou compreendida nem ouvida

... ou qualquer outro momento em que uma necessidade de apego parece não ter sido atendida.

Se você vive em um clima ensolarado, mas está sentindo alguma dessas coisas, procure não brigar consigo mesma. Não tente se convencer de que está errada. É tentador dizer: "*Sei* que sou valorizada, e na maior parte do tempo me sinto assim... talvez eu deva ignorar o fato de não estar me sentindo valorizada agora". Ou: "*Sei* que sou vista como uma boa companheira, então por que no momento sinto que sou vista como uma completa decepção? Devo estar maluca". Você não está maluca. Está apenas vivenciando uma ruptura de apego. Seu relacionamento está dizendo: "Ei! Aqui, podemos olhar para isso e depois voltar ao clima quente e seguro?". Esse é o objetivo de uma reparação: pôr vocês de volta nos trilhos.

FAZENDO AS PAZES

Nada dá uma sensação tão boa quanto se recuperar com sucesso de um ciclo negativo. Quando trabalho com casais, dou bastante ênfase às conversas reparadoras. Eu os guio ao longo de seu trabalho para que compreendam, sintam e compartilhem o material rico, profundo e antes desconhecido que ganhou vida dentro de cada um durante a ruptura — muito mais do que perceberiam sozinhos — e os ajudo a se conectarem a partir dessa posição vulnerável. Os casais chegam ao fim das sessões se sentindo mais próximos, conectados e, com sorte, muito melhor do que no início.

O motivo pelo qual reparações a princípio se dão com mais facilidade no consultório que em casa é esse trabalho precisar acontecer na segurança de um ambiente favorável ao apego. (Mudanças de comportamento exigem menos trabalho e disciplina quando o ambiente é propício à mudança.) Esse ambiente inclui ouvir, validar e se distanciar de comportamentos típicos de ciclos negativos, como atribuição de culpa e atitude defensiva. Como casais em dificuldades ainda não sabem criar esse tipo de ambiente, é meu trabalho ajudá-los para que possam fazer as reparações em casa. Conforme os casais e eu passamos por esse processo, eles aprendem sessão a sessão a criar ambientes favoráveis ao apego e a se reparar sozinhos, até que eu não seja mais necessária.

Estou compartilhando esse processo porque quero ajudar você a fazer o mesmo em sua casa. Este livro não equivale à terapia, mas o trabalho que realizo com casais não precisa se restringir ao consultório. Como as pessoas que atendo presencialmente, você pode aprender o processo de reparação bem o bastante para colocá-lo em prática no seu relacionamento.

Alejandra e Ryan são um casal com quem trabalhei; eles precisavam de ajuda na reparação. Fazia sete meses que eu os atendia, e eles estavam se saindo muito bem. Não apenas eram capazes de interromper ciclos negativos como se permitiam ser mais vulneráveis um com o outro no geral. Em vez de se queixar e acusar Ryan quando tinha uma preocupação, Alejandra era capaz de dizer: "Está acontecendo isso comigo, e acho que é importante falarmos a respeito". Ryan aprendeu a ouvir e responder com presença e validação (mesmo quando seu ponto de vista era diferente). Em vez de evitar assuntos importantes e alimentar ressentimento, Ryan também estava começando a mencionar suas próprias preocupações em uma linguagem favorável ao apego. Por exemplo: "Algo me magoou. Podemos falar a respeito?". Alejandra também estava expandindo sua capacidade de ouvir com amor. Ambos vinham aprendendo a ser mais flexíveis e mostravam maior disposição a compreender o outro.

Um dia eles entraram no meu consultório se sentindo claramente desmoralizados. Estavam se saindo tão bem, me disseram, e então bum!, do nada, dois dias antes da nossa consulta entraram em um ciclo negativo por conta de algo que "nem era tão importante". Num minuto estavam falando sobre como cuidar das plantas e no outro trocavam acusações, desesperados para serem ouvidos, os dois já subindo a guarda para se proteger. Ainda estavam se recuperando da briga.

Quando casais me trazem exemplos de ciclos negativos em que entraram durante a semana, minha resposta sempre é: "Vamos trabalhar para entender melhor o que aconteceu". Minha intenção nunca é *convencê-los* a fazer uma reparação. Eu *torço* para que façam e saiam do consultório se sentindo melhor, mas esse não é meu objetivo. Meu objetivo é criar compreensão e empatia. Sei que se eu puder ajudá-los a ver o ciclo negativo pelo que de fato é — duas pessoas tentando se conectar e se manter seguras —, a recuperação virá por conta própria. Em outras palavras, meu trabalho é *criar espaço* para a cura, estabelecer o ambiente certo para que aconteça naturalmente, e não *forçar* a cura. Procure aplicar essa lógica ao seu relacionamento. Não tente fazer a cura acontecer, busque apenas criar o tipo de ambiente no qual ela tem maiores chances de surgir por conta própria.

Vamos repassar o que aconteceu antes que Alejandra e Ryan se perdessem no ciclo negativo: Ryan mudou uma das plantas da casa de lugar. Alejandra achou que o lugar escolhido não era o melhor. "Por que colocou o vaso ali?", ela perguntou. "Jiboias não gostam de muito sol. Ela vai secar." Ryan respondeu que Alejandra estava "de novo bancando a especialista". A partir daí a discussão ficou acalorada e o ciclo negativo tomou conta.

Como Ryan foi o primeiro a ter um gatilho acionado nessa situação em particular, perguntei a ele sobre sua experiência quando Alejandra lhe perguntou por que havia mudado a planta de lugar. O que realmente estava acontecendo com ele quando acusou Alejandra, com uma dose de sarcasmo, de estar "de novo bancando a especialista"? Enquanto Ryan e eu explorávamos sua experiência, Alejandra teve a chance de descobrir partes novas de Ryan, vê-lo sob a ótica do apego, compreendê-lo de uma maneira que até então era desconhecida (ou ouvi-lo aprender mais sobre si mesmo).

O comentário ácido estava relacionado às partes vulneráveis que Ryan escondia e tinha medo de que fossem vistas. A vulnerabilidade nele não ouviu Alejandra perguntar: "Por que colocou o vaso ali? Jiboias não gostam de muito sol. Ela vai secar". Ouviu seu pai dizer: "Qual é o seu problema, Ryan? Por que você é assim, burro?". Em uma fração de segundo, a vergonha ganhou força e ele se sentiu traído. Em seguida, veio a raiva. Doía muito pensar que Alejandra podia falar daquele jeito com ele, como se Ryan não fosse nada (o que não era a intenção de Alejandra, mas foi o que seu sistema nervoso percebeu a partir das feridas de apego antigas). Então seu sistema de apego apareceu para dizer: "Preciso que ela saiba quão magoado estou para que ela me veja, tenha compaixão e queira me ajudar... e só posso fazer isso magoando Alejandra também. Assim ela vai sentir uma parte do que estou sentindo". Nem preciso dizer que a estratégia não deu certo.

Trabalhei com Ryan para trazer à tona seus medos mais profundos e outros sentimentos. De início usei meu próprio relacionamento com ele. Ajudei-o a perceber que aos *meus* olhos ele não tinha nenhum motivo para se envergonhar. Na verdade, para mim, tudo o que havia acontecido entre o comentário de Alejandra e o momento em que ele retrucou fazia todo o sentido, considerando suas experiências passadas. Quando ele me ouviu dizer isso, tudo mudou. Ryan, como muitas outras pessoas com quem trabalhei ao longo da carreira, nunca havia se sentido tão validado.

Isso é conexão.

O passo seguinte foi transferir a conexão entre mim e Ryan para Ryan e Alejandra. Perguntei: "Ryan, você gostaria de falar com Alejandra sobre o que conversamos? O que acha importante que ela saiba agora?".

Depois de um momento Ryan se virou para Alejandra: "Quero que você saiba que quando fico bravo assim tudo o que você enxerga é a raiva. Você me vê dizendo palavras horríveis e vê a expressão no meu rosto, e eu sei que é pega com a guarda baixa. Mas o que está realmente acontecendo debaixo da superfície é que me sinto um inútil e tenho medo de que você me veja assim também. Dói demais. Só quero que você veja o quanto dói. E sinto muito que tenha sido assim que mostrei isso a você".

Quando Ryan terminou de falar, ficamos todos em silêncio. Como você deve imaginar, foi um momento poderoso. Depois de um tempo Alejandra disse com toda a calma, segurando a mão de Ryan: "Obrigada por ter falado sobre isso comigo. Obrigada por ter me deixado entrar. Faz todo o sentido para mim".

Note que ela não disse nada do tipo "não era minha intenção chatear você". Falar sobre as intenções é importante, assim como pedir desculpas e se comprometer com a mudança (quando relevante), mas o processo que estou descrevendo não envolve apenas explicações, desculpas e promessas de se esforçar mais da próxima vez. Reparações, no fundo, visam criar uma compreensão mais profunda. Quando essas conversas se desenrolam da maneira que espero, a reparação contribui para um nível de conexão maior, e é muito mais provável que a conexão crie resiliência no relacionamento que um simples "Sinto muito. Vou me esforçar mais".

Em seguida fiz o mesmo processo com Alejandra. Nas sessões ajudo cada pessoa a compartilhar o que sente com a outra porque quero que elas realmente se vejam, vejam o que não conseguiram ver quando a tensão surgiu: seu eu verdadeiro, quem são sob os muros de proteção e as acusações. Ao facilitar esse nível profundo de comunicação estou ajudando casais a construir uma experiência de vínculo poderosa... e esse é meu objetivo com você também.

Quando saíram do consultório, Alejandra e Ryan se sentiam muito mais próximos e conectados do que ao chegar porque ambos estavam dispostos a ser vulneráveis, e a vulnerabilidade cria intimidade.

Você pode estar se perguntando se, ou por que, a mágoa interna de Ryan desculpava sua grosseria externa. As pessoas me perguntam isso com frequência. Ryan pode dizer o que quiser só porque está sofrendo? Não, definitivamente não. Embora meu foco seja na experiência interna, o que busco é uma mudança de comportamento, assim como qualquer outra pessoa. Se eu achasse que funcionaria dizer a alguém "Seu comportamento é péssimo e você vai afastar a outra pessoa se não mudar, então pare com isso", eu diria. No entanto, descobri que uma mudança verdadeira é mais efetiva e sustentável quando motivada por empatia e compreensão do que quando impelida apenas por argumentação e medo das consequências. Se não fosse assim, Ryan e Alejandra teriam conseguido impedir os ciclos negativos muito antes de recorrer a mim.

EXERCÍCIO DE REPARAÇÃO

ANTES DE PODER MOSTRAR QUEM É, VOCÊ PRECISA SABER QUEM É

Agora é sua vez. Criei este exercício para ajudar a compreender seu eu real, autêntico e vulnerável, que fica escondido durante os ciclos negativos. Se você estiver lendo este livro sozinha, complete sua parte como uma forma de se conhecer melhor e se conectar consigo mesma. Se estiver lendo este livro em casal, cada lado deve completar sua parte. Em se tratando de casais, minha intenção é que as partes compartilhem uma com a outra o que descobrirem sobre si mesmas. Espero que por meio deste exercício vocês sejam capazes de dizer um ao outro: "Aqui estou. Este é o eu que não fui capaz de demonstrar naquele momento". Quero ajudar você a montar as peças do seu próprio quebra-cabeça e do quebra-cabeça do seu par, para que vejam verdadeiramente um ao outro.

Para começar, pense em um exemplo de ciclo negativo. Escolha um evento e tente recriá-lo da maneira mais vívida possível.

Agora, cada parte deve escolher um momento do ciclo negativo em que reconhece um gatilho. Em vez de pensar no ciclo como um todo, selecione um trecho reduzido: uma palavra, uma frase, um comportamento, uma forma de linguagem corporal (também pode ser uma mudança na energia ou uma percepção de tensão no ar). Atenha-se a um único momento. Se tentar olhar para todo o ciclo negativo de uma vez, pode se perder.

Você não vai ter um desempenho perfeito nesta atividade. Trata-se de um processo exploratório, um empurrãozinho na sua curiosidade, não um exercício de perfeição. Talvez você não consiga responder a algumas perguntas, e tudo bem. Qualquer vulnerabilidade que você compartilhe durante o processo de reparação é muito melhor do que nada. A última coisa que quero é que alguém desista de se abrir com a pessoa com quem se relaciona porque não consegue responder a todas as perguntas com precisão absoluta.

Para ajudar na visualização do processo, repito aqui o infográfico do capítulo 4:

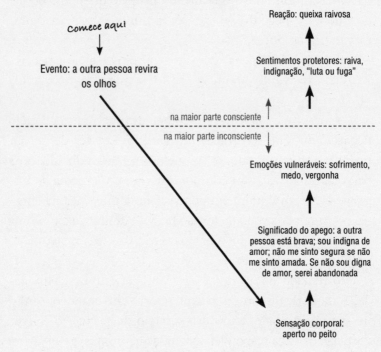

Agora que você já escolheu seu momento, pegue um caderno e acompanhe o esquema a seguir:

1. Descreva o momento.
O que a outra pessoa fez ou disse? Foi uma palavra, uma frase, um comportamento e/ou uma expressão facial? Você se deu conta da tensão no ar de repente? Se tiver dificuldade de lembrar, pergunte-se: "O que aconteceu logo antes que eu notasse certo desconforto?". Procure ser o mais específica possível.

2. Como você interpretou as palavras e os comportamentos da outra pessoa?

Lembre-se de que estamos tratando de percepções, não necessariamente da realidade. Por exemplo, se em um momento tenso você conclui "ela deve estar brava", isso não significa que de fato estava. Significa que foi assim que você interpretou no momento, e essa consciência ajudará a lidar com o que pode ter vindo automaticamente a seguir.

3. Mergulhe no seu corpo e verifique se é capaz de se lembrar de qualquer sensação fisiológica que tenha vivido naquele momento.

Você notou um aperto no peito, um formigamento nos membros, uma pressão na cabeça, um embrulho no estômago, a respiração curta ou qualquer outro tipo de reação fisiológica? Pense em como você se sente quando está tranquila e perceba como a sensação foi diferente na hora. É mais fácil perceber um sentimento desconfortável quando avaliamos em termos de contraste.

4. Quais foram as suas necessidades de apego não atendidas no momento?

Pense no que você acredita que a outra pessoa queria dizer com suas palavras ou seu comportamento. Como você recebeu isso? Sentiu que não estava sendo validada, valorizada, aceita, ou se viu desamparada e incompreendida, como se não conseguisse acertar aos olhos da outra pessoa (ou qualquer outra angústia relacionada ao apego)? Você reconhece essa experiência de algum momento do passado?

5. Que sentimentos vulneráveis parecem ter surgido?

Pense na impotência que você pode ter sentido, o desespero ou a confusão. Talvez você tenha sentido solidão, medo, choque, talvez tenha se sentido traída e até sofrido. Também pode ter sentido uma raiva bem arraigada (do tipo que envolve mais do que apenas o momento presente), desamparo ou vergonha. Enquanto avalia esses sentimentos respire algumas vezes, entre em sintonia com seu corpo e perceba que sensação surge num nível mais profundo.

6. O que a vergonha enraizada na sua infância está te dizendo (ou sua vergonha decorrente de relacionamentos adultos anteriores)?

Você já sentiu algo parecido, ou a situação pareceu familiar, mesmo que girasse em torno de um assunto diferente? O que está acontecendo abaixo da superfície, em termos de necessidades que não estão sendo atendidas, ou talvez até mesmo invalidadas ou ameaçadas? Por exemplo: "Não sou merecedora de amor verdadeiro", "Sou muito estúpida", "Sou um fracasso", "Se outros estão infelizes comigo, sou indigna", "Nunca vou acertar", "Sou obrigada a me esconder para que me aceitem", "Ter sentimentos fortes é sinal de fraqueza", "Os outros não se importam com o que sinto", "Preciso ser discreta para ser aceita", "Sou um fardo".

7. Que sentimentos protetores surgiram?

O que muitas vezes não percebemos é como nosso subconsciente age para nos proteger. Seu objetivo principal é nos motivar a tomar uma ação — qualquer ação que impeça as experiências de vulnerabilidade mais profundas, como medo, desespero e vergonha. Podemos sentir raiva, frustração, desalento, sobrecarga, impotência, humilhação, irritação, inveja e muito mais quando percebemos uma ameaça ao apego. Confira a tabela de sentimentos no Apêndice se precisar de ajuda para identificar seus sentimentos protetores.

8. Você lutou, fugiu, congelou ou apaziguou?

Recorde os quatro Fs que discutimos antes:

Lutar: Você subiu o tom para que te ouvissem? Queixou-se para mostrar sua raiva? Culpou a outra pessoa para sugerir que ela mudasse? Criticou-a para que ela visse que estava errada? Defendeu-se ou se esquivou das preocupações porque queria que ela mudasse de ideia? Fez acusações?

Fugir: Você disse "Não quero falar sobre isso agora" (como uma forma de evitar o confronto, e não para fazer um intervalo)? Tentou evitar o conflito convencendo a outra parte a ver as coisas de maneira diferente? Esquivou-se das preocupações para mudar de assunto e evitar briga?

Congelar: Você se fechou? Sentiu entorpecimento?

Apaziguar: Você disse o que a outra pessoa queria ouvir para que a situação se encerrasse? Tentou deixá-la feliz para que pudessem mudar de assunto?

9. Qual pode ter sido o impacto na outra pessoa?

Alguma necessidade dela não foi atendida? O que pode ter acontecido no corpo dela? Como interpretou o ocorrido: sentiu que não era ouvida, validada, compreendida ou estimada, foi pega de surpresa, sentiu-se atacada? A vergonha entrou em cena? Ela sentiu que não era amada ou que era indigna? O que ela fez a seguir? Lutou, fugiu, congelou ou apaziguou?

Responda em formato narrativo. Aqui vão alguns exemplos:

1. A pessoa com quem me relaciono estava se queixando de algo que fiz, e não parava de falar a mesma coisa. Não importava o que eu dissesse, ela continuava. Não me lembro do que acontecia no meu corpo, mas sei que estava pensando: "Lá vamos nós outra vez. Sinto que tem um caminhão passando por cima de mim". A sensação era de frustração e opressão. Eu não sabia se minhas necessidades importavam. Tenho uma raiva profundamente enraizada em relação a isso. Cresci em um ambiente onde sentia que não podia dizer que não gostava da maneira como falavam comigo. Era demais para mim, e comecei a me fechar. A ideia era me manter em segurança e não deixar que a raiva me dominasse, por isso eu não dizia nada de que pudesse me arrepender, ou que talvez tornasse tudo ainda pior. Ela viu que eu me fechava como se não me importasse. Agora entendo que isso pode tê-la deixado desesperada por uma resposta.

2. Quando meu/a/e parceiro/a/e chegou tarde em casa sem ter avisado, senti o corpo ficando tenso e pesado. O que disse a mim mesma foi: "Ele/a/u não se importa em atender às minhas necessidades". No nível mais profundo, senti desamparo e derrota. Também fiquei morrendo de medo de que nada nunca fosse mudar. Doeu, então senti o impulso de lutar; também fiquei desesperada para ser ouvida. Em meio a tudo isso eu não parava de dizer o que ele/a/u estava fazendo de errado. Pensei: "Se eu conseguir

explicar direito, ele/a/u finalmente vai entender e me ajudar a afastar os sentimentos de desamparo e medo". O que ele/a/u viu foi apenas raiva e repetição incessante. Entendo que pode ter sido um pouco opressivo e que ele/a/u tenha sentido necessidade de se distanciar.

3. Quando vi a pessoa com quem me relaciono falando com nosso filho de uma forma que me pareceu dura demais, entrei em pânico. Meu coração começou a acelerar. Pensei: "Ele vai sofrer e não posso impedir". Tenho medo de que as necessidades da nossa criança não sejam atendidas e de que tudo desmorone, como na minha infância. Meu maior medo é de não me sair bem como mãe. Também fiquei com raiva do meu/a/e parceiro/a/e por não me ajudar a me sentir segura, mesmo sabendo o quanto isso é importante para mim. Eu me senti sozinha. Dominada pela raiva, assumi o controle da situação. Tudo o que ele/a/u viu foi que eu estava zangada e não o/a/e estava apoiando, por isso procurou se proteger.

4. A pessoa com quem me relaciono me perguntou se podíamos ajudar amigos com a mudança deles no fim de semana. Eu tinha meus motivos para dizer não, mas fiquei com medo. Cresci acreditando que pessoas que dizem não são más e deveriam se envergonhar. Então disse a mim mesma: "Não quero ajudar ninguém na mudança, mas se disser não ela vai ficar brava comigo". Me senti colocada em uma posição difícil. Agora sei que não é verdade, mas na hora tive a impressão de que minhas necessidades não importavam para ela. Fui pega de surpresa, e me senti sozinha e derrotada. Veio um aperto no peito, junto com um desalento. Disse sim mesmo querendo dizer não. Quando chegou o dia de ajudar na mu-

dança, meu ressentimento levou a melhor sobre mim e fui sarcástica o tempo todo. Era minha maneira de dizer: "Estou irritada, mas tenho medo de falar sobre isso". Tudo o que ela viu foi meu comportamento cínico sem motivo aparente. Entendo que ela tenha ficado confusa, se sentido tratada injustamente e deixada de lado.

5. A pessoa com quem me relaciono disse algo que me fez pensar que ela achava alguém fisicamente atraente. Recebi isso como uma ameaça, e meu estômago embrulhou. Minha mente disse: "Pronto, estou sendo traída". Já vivi situações de traição no passado e foi devastador. Fiquei com medo e me senti perdida. Fiquei brava, me fechei e desliguei, porque não queria que a raiva ganhasse força e acabasse em uma explosão. Ela só viu que eu estava dando um gelo nela. Entendo que tenha se sentido confusa e excluída.

Se este exercício estiver sendo feito em casal, chegou a hora de dividir as respostas. Sugiro que vocês se alternem da seguinte maneira:

Pessoa 1: compartilhe sua narrativa
Pessoa 2: responda
Pessoa 2: compartilhe sua narrativa
Pessoa 1: responda

Deem respostas curtas, ofereçam validação e se concentrem na outra pessoa. Não estamos tentando encontrar uma solução ou deixar o relato mais aprofundado agora. Esse exercício é mais sobre ver e compreender um ao outro do que sobre exatidão. É sobre aprenderem a estar juntos no desconforto, a se ouvirem e a compartilhar. Para que seja bem-sucedido, precisamos abrir espaço para a vulnerabilidade. Quando a outra pessoa revela sua vulnerabilidade, é importante tratá-la com cuidado. Lembre-se de como se mostrar vulnerável também é assustador para você. Algumas coisas importantes para ter em mente ao responder:

- Demonstre sua gratidão pela outra pessoa dividir as respostas com você.

- Caso sinta proximidade, expresse isso.

- Não peça desculpas nem se explique, apenas ouça.

- Segure a mão da pessoa ou faça algum outro contato físico.

- Valide: "Isso faz muito sentido", "Você está esclarecendo tudo", "Entendo seus sentimentos", "Entendo você".

- Seja breve e simples. Procure usar apenas três frases.

Aqui vão dois exemplos:

Agradeço por me permitir ver você. Sinto que me deixou entrar e que agora estamos mais próximos. Fez sentido para mim.

Agradeço por me confiar tudo isso. Não vejo fraqueza em sua vulnerabilidade. Vejo você como alguém forte agora. O que dividiu comigo não é excessivo. Quero te ver por inteiro.

DESCULPAS E MUDANÇAS
DE COMPORTAMENTO

Para muitos adultos, uma das partes mais difíceis dessa abordagem é abandonar a necessidade imediata de um pedido de desculpas. Essa geração cresceu em um mundo em que o mais importante era pedir desculpas — quando as coisas davam errado, seus cuidadores eram mais do tipo "Peça desculpas" do que "Vamos entender por que você fez isso". Não me entenda mal: pedidos de desculpas são uma coisa muito importante. Quando você pede desculpas à pessoa com quem se relaciona, o que está dizendo é: "Percebo que o que fiz machucou você, e machucar você me machuca". Pedidos de desculpas mostram uma disposição a se responsabilizar, o que também denota um desejo de trabalhar no comportamento. A palavra "desculpa" é importante e às vezes basta. Porém, haverá vezes em que os gatilhos são mais poderosos e as feridas mais profundas, e o pedido de desculpas será muito mais eficaz quando feito no contexto de uma conversa reparadora.

Além disso, pedidos de desculpas são mais significativos quando você reserva um tempo para compreender como seu comportamento impactou a outra pessoa e depois compartilha o que concluiu. Um "Desculpa pelo que falei" sincero é importante, mas "Desculpa pelo que falei, consigo ver que te magoei e fiz com que se sentisse traído", ou "Desculpa pelo que falei. O que você sentiu na hora?", é ainda mais.

E se você estiver pensando que é bacana compreender o que se passa abaixo da superfície mas seu maior interesse é garantir que as coisas mudem para que aquilo não volte a acontecer? O objetivo deste trabalho é conduzir à proximidade e harmonia, e ambas, em última análise, dependem de uma mudança de comportamento — parte crucial do processo de reparação. Aprendizagem, empatia e compreensão não valem de nada se um casal não for capaz de substituir atitudes que prejudicam a segurança no apego e corroem a confiança por outras que propiciam a conexão e a confiança. Seu relacionamento não tem como prosperar se os comportamentos prejudiciais não são alterados. No entanto, mudanças comportamentais não acontecem por conta própria. Ambientes seguros e saudáveis criam espaço para atitudes seguras e saudáveis. E mesmo nos ambientes mais favoráveis ao apego, elas não acontecem de imediato.

Mudanças reais e sustentáveis exigem espaço, tempo e consistência. O objetivo deste livro é ajudar você a criar esse espaço.

9. Feridas de apego e reparação

A maior parte dos exemplos de conflitos que abordamos neste livro até agora eram rupturas difíceis mas relativamente comuns em torno de assuntos como finanças, família estendida, mal-entendidos e decisões importantes que precisam ser tomadas. Mas e quanto às pessoas que estão lidando com feridas mais profundas, cujo impacto é maior na confiança? Conflitos desse tipo podem incluir um caso extraconjugal, uma mentira séria ou desonestidade crônica, a ausência de uma das partes em um momento-chave (uma internação ou o nascimento de um bebê, por exemplo), comportamento abusivo, uso de substâncias que causam vício, brigas particularmente prejudiciais ou qualquer situação que envolva traição. Essas coisas abalam profundamente e continuam vivas no relacionamento, às vezes mesmo anos depois.

São mais do que apenas rupturas; trata-se de *feridas de apego*. O que têm em comum é um impacto tão profundo na confiança e na conexão que, sem cura (que eu defino como o restabelecimento da confiança), pode ser impossível que o relacionamento prospere. Elas também se caracterizam por um forte sentimento de traição. Alguns casais lidam com feridas múltiplas. Com frequência elas vêm de um único lado (uma parte fere e a outra é ferida), mas os dois podem ter feridas de apego no relacionamento, às vezes por conta do mesmo evento.

Se você sofreu uma ferida de apego sabe do que estou falando. O evento deve ter vindo à sua mente enquanto lia isso, e talvez você tenha até sentido seu corpo reagir. É possível que você note a respiração mais pesada ou os maxilares se cerrando, talvez não consiga se concentrar no que tem à frente. Feridas de apego são subjetivas: uma pessoa pode não vivenciar como traição algo que outra percebe dessa forma. Como todos os traumas, feridas de apego são definidas pela *interpretação* dos eventos e seu impacto, e não pelos eventos em si.

Embora suas feridas de apego possam ser "maiores" que as rupturas mais corriqueiras já mencionadas, todas têm algo importante em comum: feridas de apego também *podem* ser curadas. Às vezes até criam a oportunidade para níveis mais profundos de crescimento. Contudo, é um processo sensível, e antes que qualquer conversa sobre cura possa começar certos critérios precisam ser atendidos.

Leah fazia trilhas. Uma tarde ela escorregou na lama e foi parar no pronto-socorro, morrendo de dor por causa de uma perna quebrada. Seu companheiro, Max, só apareceu muitas horas depois, por causa de uma crise no trabalho que ele sentiu que não poderia deixar de lado sem sérias repercussões. Sozinha e sofrendo, Leah ficou devastada e se sentiu profundamente traída. Claramente se tratava de uma ferida de apego, mas não era um evento isolado. Fazia tempo que Leah sentia que Max colocava o trabalho em primeiro lugar, e o hospital foi a gota d'água. Quando *realmente* importava, ela não pôde contar com Max. A princípio Leah não tinha certeza se poderia continuar naquele relacionamento.

Max não compreendia, porque seu senso de segurança no mundo — incluindo a segurança de Leah e do relacionamento — se baseava em ser bem-sucedido no trabalho. Fracassar profissionalmente era fracassar em tudo, *ser* um fracasso. Na cabeça de Max, Leah não estivera sozinha e desamparada; recebera cuidados médicos e contava com profissionais para ajudá-la. Ele tinha claro em sua mente que iria para o hospital assim que pudesse. Não estou oferecendo uma desculpa para o comportamento de Max, mas é importante compreender que o que pode parecer indiferença muitas vezes é uma resposta ao trauma — no caso, resultante de mensagens tóxicas na infância envolvendo o valor de Max, que explicavam seu desespero para "ter tudo sob controle" mesmo às custas da segurança do apego em seu relacionamento.

Leah e Max decidiram que queriam fazer com que seu relacionamento funcionasse e começaram a terapia. Deixei claro que tínhamos uma ferida a curar, e os dois concordaram em trabalhar a questão. Como terapeuta e clientes, podíamos nos esforçar para impedir situações como aquela no futuro? Sim. Primeiro, no entanto, precisávamos abordar a situação abertamente a fim de compreender todas as variáveis. Para Max, seguir em frente significava se dispor a levar em consideração a experiência de Leah, mesmo que não fosse sua intenção fazer com que ela se sentisse tão traída e com a confiança abalada. Ele precisava concordar e aceitar que uma ferida de apego ocorrera.

Depois que ficou estabelecido que *havia* uma ferida de apego, expliquei para Leah e Max que a única maneira de encontrar a cura seria processar a ferida em um ambiente favorável ao apego, com conversas seguras e reparadoras. A segurança não é importante apenas para a proteção da parte ferida, mas também para a parte que *feriu* — ou seja, não é porque a parte que feriu se comportou de uma forma que gerou danos consideráveis que ela merece ser alvo de linguagem abusiva, insensível ou maldosa. A segurança para ambas as partes envolve evitar comentários do tipo: "Como pôde ser tão insensível? Você é sociopata ou algo assim?", "Você está exagerando um pouco, sabe que fiz o melhor que pude", "Por que não esquecemos tudo e seguimos em frente?" ou "Espero que nossos filhos não puxem a você".

Também expliquei para Leah e Max que o processo leva tempo. Se o objetivo era reconstruir a confiança e a segurança no relacionamento, o melhor que podíamos fazer era criar as condições certas para que a cura surgisse de maneira natural e gradual. Não podíamos obtê-la por meio da força ou da vergonha. O sistema nervoso tem um tempo próprio. Por mais difícil que seja sentir falta da outra pessoa e da segurança e proximidade que tiveram no passado, procure pensar na cura dessas feridas como um *processo*, e não um único evento. Não é algo que acontece ou não acontece (ou você se cura ou não; ou você perdoa ou não; ou você supera ou não). Você não vai ter uma conversa e de repente se sentir curada. Quando as coisas estiverem indo na *direção* certa, um dia você vai se dar conta: "Nossa, acho que o que aconteceu não mexe mais comigo como antes". E isso, como quem já sofreu uma ferida de apego deve saber, é um avanço gigantesco.

CONVERSAS CURATIVAS

As conversas para reparar uma ferida de apego são similares àquelas para reparar uma ruptura; precisam conter uma quantidade saudável de vulnerabilidade, validação (inclusive validação da raiva) e empatia. No entanto, como a ferida é mais profunda, a cura também é.

A seguir, apresento um guia passo a passo para uma conversa curativa. Se foi você quem causou a ferida (isto é, se você for a parte que feriu), é essencial dar espaço à outra pessoa para que compartilhe o impacto que sofreu. No caso de Leah e Max, ela pôde dizer como havia sido sentir que vinha depois da carreira dele e como havia sido passar o dia no hospital sozinha e com dor. No entanto, ela precisava fazer isso *fora do ciclo negativo*, ou seja, precisava dividir sua experiência a partir do eu, dizendo "Foi assim para mim", em vez de julgar, culpar e envergonhar Max Leah também precisava fazer isso sem minimizar seus sentimentos ou se desculpar por sua experiência — ou seja, sem dizer coisas como "Talvez eu não devesse estar tão chateada" ou "Devo estar só exagerando".

Uma conversa reparadora *não* é:
"Não consigo acreditar que você me deixou lá sozinha, naquele estado. Como pôde ser tão insensível? Eu ti-

nha acabado de quebrar a perna e você não podia se ausentar do trabalho por duas horas? Você só se importa com você mesmo."

Uma conversa reparadora é:
"Fiquei com muita raiva, e numa camada mais profunda me sentia arrasada. Parecia que tinha perdido o chão. Eu me senti tão traída, sozinha e até humilhada, como se não valesse a pena me dar apoio."

Se você for a parte que feriu, é importantíssimo que seja capaz de receber a mensagem da outra pessoa, tentar compreendê-la, demonstrar empatia e então validá-la. Reproduza à outra pessoa o que ela está tentando dizer sobre sua experiência; *deixe claro que você está ouvindo*. Tente se colocar no lugar dela. Talvez a experiência no pronto-socorro não teria sido para você como foi para Leah; talvez vocês tenham experiências emocionais diferentes em relação a questões médicas, talvez por qualquer outro motivo a mesma situação não teria te incomodado tanto. Porém todo mundo tem *alguma coisa* que faria com que se sentisse traído. Imagine um cenário que faria você se sentir assim. Como esse momento seria para você? O que teria ajudado? Traga essa compaixão e abertura para as conversas e lembre-se de *ouvir com amor*. Use quaisquer experiências suas a que puder recorrer para sentir empatia e valide os sentimentos da outra pessoa por meio dessa empatia: "Lembro quando vi que você tinha mandado uma mensagem pro seu ex. Pareceu uma traição na hora. Eu precisava que você soubesse da minha mágoa. Imagino que seja assim que você se sente agora, e faz sentido para mim".

Uma resposta reparadora *não* é:

"Ouvi você e peço desculpas. Da próxima vez serei mais sensível... Mas *não* foi traição. Meu trabalho dependia de cumprir aquele prazo. Você sabe como o projeto era importante. E quanto a mim?"

Uma resposta reparadora *é:*

"Entendo que isso te magoou muito. Entendo como você ficou brava e devastada quando não apareci. Estou pensando em momentos parecidos com esse que você descreveu, em que me senti traído, e me identifico com seus sentimentos. Dói pensar em você sofrendo assim, em você se sentindo tão sozinha. Fico de coração partido só de imaginar você questionando seu valor. Mas faz sentido. Eu entendo. Entendo de verdade."

Quando tiver conversas reparadoras, use a comunicação não verbal como apoio adicional. Transmitir empatia e validação através do contato visual e do toque gentil (caso a outra parte esteja aberta a isso) torna o processo muito mais tranquilizador e curativo.

Esse diálogo talvez precise acontecer várias vezes para que a confiança seja reconstruída. Pode parecer desmoralizante ter a mesma conversa sobre a mesma ferida repetidas vezes, a ponto de você se perguntar se um dia isso será superado e se vocês conseguirão seguir em frente. Apontaremos algumas armadilhas comuns às quais prestar atenção, porque podem sinalizar que as conversas não estão mais sendo eficazes ou que estão obstruindo a cura.

COMUNICAÇÃO NO CICLO NEGATIVO

Quando estou trabalhando com um casal com uma ferida de apego, não conseguimos abordar a ferida logo no começo do processo terapêutico. Podemos falar dela como um evento, mas só mergulharemos em conversas curativas no momento em que eles se tornarem capazes de falar sobre questões menores fora do ciclo negativo. Quando isso for possível, é um sinal de que é hora de avançar. Se vocês estão tentando reparar uma ferida e se veem presos a ciclos negativos, talvez precisem dar um passo atrás e trabalhar primeiro nos ciclos negativos envolvendo assuntos menos sensíveis.

ESPIRAL DE VERGONHA

A espiral de vergonha acontece quando um gatilho é acionado e a parte que feriu é dominada pelo constrangimento, a ponto de se tornar o centro das atenções e fazer com que a parte ferida continue se sentindo abandonada. A espiral de vergonha transfere o foco da ferida para a vergonha da parte que feriu. É claro que há espaço para uma culpa saudável quando se trata de feridas — como provoca uma sensação ruim, a culpa contribui para o desejo de não repetir o mesmo erro —, mas lembre-se de que uma culpa saudável diz "Fiz algo errado ou que causou sofrimento", enquanto a vergonha diz "*Eu* errei, *eu* sou ruim". Caso você se pegue falando coisas como "Sou tão ruim, como você pode me amar? Sou uma companhia péssima. Você não merece isso", é porque está em uma espiral de vergonha.

Tenha em mente que espirais de vergonha não são motivo de vergonha. É difícil nos mantermos presentes quando encaramos o fato de que machucamos alguém que amamos. No entanto, para que haja cura, é muito importante perceber isso e buscar o caminho de volta para a presença emocional. Às vezes a única maneira de encontrar esse caminho é nomear a sua vergonha: "Isso é difícil. Desperta sentimentos de vergonha em mim. Mas estou disposta a contê-los para me manter presente enquanto você diz o que precisa dizer". Assim você consegue seguir em frente e desempenhar seu papel de apoio.

DAR DESCULPAS

Se você for a parte que feriu, o que quer que tenha te levado a fazer o que fez importa e não pode ser ignorado. Uma hora você vai precisar de espaço para dividir sua experiência também. No entanto, dar desculpas não envolve compartilhar o que estava acontecendo com você; é mais uma questão de tentar convencer a outra pessoa a não se sentir como está se sentindo, ou tirar um pouco da pressão de cima de você. Dizer coisas como "Eu estava tentando terminar um projeto", "A pessoa que me ajuda faltou e eu não tinha mais ninguém", "O trânsito estava péssimo", "Eu não teria te traído se você prestasse mais atenção em mim" ou "Como eu ia saber que você precisava de mim àquela hora? Não é como se não tivesse nem dado as caras", ainda mais se estiver interrompendo o processo da outra pessoa, só vai atrapalhar o objetivo principal, que é seguir em frente.

MUDAR DE ASSUNTO

De novo, se você for a parte que feriu, seus sentimentos também importam. Esse trabalho envolve interpretar o evento como um conjunto... em todas as suas variáveis. No entanto, não podemos fazer isso de uma vez só. Respostas como "E quanto aos meus sentimentos? E quanto ao estresse que o projeto provoca em mim?", "Você espera que eu pise em ovos?" ou "Parte disso acontece porque você é sensível demais, por causa do relacionamento com a sua mãe. Não tem a ver comigo" são tentativas de mudar de assunto. Se você se pegar tentando fazer isso não é porque é insensível; essa é sua maneira de lidar com sentimentos dolorosos. No entanto, não estamos tentando ajudar você a se sentir melhor nesse momento sem que a relação seja curada; nosso objetivo é muito maior.

TENTAR ACELERAR O PROCESSO

Não tente fazer com que a conversa ou que o processo avance mais rápido. Dizer "Eu ouvi, mas quantas vezes vamos ter que fazer isso? Não podemos seguir logo em frente?" comprime o espaço necessário para a cura, e nosso objetivo é expandi-lo. Não dizemos a um joelho ralado que cicatrize logo. Nós o limpamos, às vezes colocamos um band-aid por cima e confiamos que nosso corpo vai fazer o que é preciso no próprio tempo. Quanto mais espaço há, mais a cura é capaz de fazer seu trabalho.

Tenha em mente que se curar de uma ferida de apego é algo que nunca deveria ser evitado, mas não é o caso de tudo se resumir a isso. Esse não deveria ser o único assunto sobre o qual vocês conversam até que esteja resolvido. Na verdade, essa abordagem provavelmente obstruirá a cura. Em vez disso recomendo começar e interromper essas conversas. Tanto quanto possível (dependendo da sua situação), procurem curtir um ao outro fora das conversas curativas. Alegria é uma emoção vulnerável, que fortalece o vínculo, e fortalecer o vínculo só ajudará no processo de cura.

Quando estiver em uma conversa curativa, sempre que possível se afaste dessas armadilhas e procure ouvir com amor, empatia e validação. Aos poucos, as discussões começarão a ser mais curtas e espaçadas. Por quê? Porque quando as pessoas conseguem o que querem não precisam ficar pedindo por isso.

A PARTE QUE FERE: E QUANTO A VOCÊ?

Já oferecemos diversas estratégias para que a parte que feriu possa fazer uma reparação com a parte ferida. Talvez você não seja capaz de corrigir o que fez de errado, mas pode recorrer a essas táticas para ajudar na cura e talvez inspirar perdão na outra pessoa. No entanto, mesmo que tenha sido você quem agiu "errado", seus sentimentos também importam. Houve um motivo para você ter feito o que fez, então e quanto à sua cura? Para que um casal seja capaz de interpretar uma ferida de apego de forma que gere compreensão e minimize as chances de que isso volte a acontecer, a experiência de ambas as partes importa. Quando é que a *sua* experiência terá espaço? Há um momento certo para isso — quando a outra pessoa se sentir segura e conseguir suportar, sua experiência terá espaço nas conversas reparadoras. Isso só pode acontecer depois que a outra pessoa se sentiu ouvida e validada. Ser ouvida e validada cria espaço e abertura para *toda* a experiência (e compreender a experiência toda não é o mesmo que dar desculpas ou se justificar). Se você não tem certeza se a outra pessoa já está nesse ponto, pergunte: "Você já conseguiria entender o que aconteceu comigo?". Se a resposta for positiva, compartilhe sua experiência. Ela pode soar assim:

"Sinto muito por ter magoado você. Fiquei com medo e coloquei esse medo antes das suas necessidades. Se eu pudesse voltar atrás, teria agido diferente. Não era minha intenção fazer com que você se sentisse só. Eu só estava tentando fugir do meu próprio medo. Reconheço que esse é um padrão meu, enraizado na minha necessidade de me sentir aceitável para você, para o mundo, para mim. Minha vergonha e meu medo do fracasso atrapalharam nossa conexão, e sinto muito por isso. Pode me perdoar?"

Esse é apenas um exemplo, claro. Cada situação é única e se prestará a palavras únicas, mas gostaria que você entendesse o espírito da coisa e se apropriasse dele.

E SE NÃO ESTIVERMOS NOS CURANDO?

Em se tratando de feridas de apego, é importante lembrar que a desconfiança é uma reação instintiva; uma estratégia de sobrevivência, não uma escolha. Algumas vezes a desconfiança decorre de eventos reais, em outras é consequência de obstáculos pessoais que existiam antes mesmo de o relacionamento começar. Muitas vezes é uma combinação das duas coisas. Desconfiança é o sistema nervoso dizendo: "Há uma ameaça. Não estou seguro. Cuidado. Busque segurança". No contexto certo, a desconfiança nos mantém vivos. Por isso, depois de sofrer uma ferida de apego, você pode até decidir que está aberta à cura e disposta a dar os passos necessários para chegar lá, mas quem decidirá quando você vai estar verdadeiramente pronta para confiar de novo será seu sistema nervoso. A confiança é um senso sentido de segurança — é possível trabalhar nela, mas não dá para forçá-la; ela só vem quando a pessoa se mostra aberta e quando são criadas as condições certas para que cresça.

Se você está pondo todos esses princípios em prática e continua dizendo "Esse evento me assombra", "Ainda não sou capaz de confiar totalmente", "Estou tão brava que não consigo sentir proximidade" ou "Temos trabalhado, mas algo está atrapalhando", isso significa que existe mesmo alguma coisa impedindo o processo de cura. Talvez haja feridas múltiplas de um lado ou de ambos, e o relacionamento esteja tão sobrecarregado que fica difícil para o casal ter confiança o bastante para avançar em conversas curativas.

Também pode ser que o comportamento que feriu *não* seja recorrente, mas o ambiente que contribuiu para ele seja. Vamos tomar um caso extraconjugal como exemplo. A maioria de nós concordará que casos são devastadores. Ao mesmo tempo, talvez também concordemos que em geral não acontecem do nada — muitas vezes (mas nem sempre) estão relacionados a dificuldades no clima do relacionamento. Se ambas as partes desejam se curar de um caso, precisa haver abertura para olhar além dele e para o clima geral. Isso implica que, embora a pessoa traída seja a que foi ferida de maneira crítica, uma hora precisaremos abrir espaço para as mágoas da pessoa que feriu também.

Ayla e Ari estavam tentando se curar de um caso quando comecei a atendê-los. Muito antes, ciclos negativos crônicos vinham fazendo com que ambos se sentissem envergonhados, invalidados, rejeitados, indesejados e desvalorizados, fora uma variedade de outras necessidades de apego que não eram atendidas e atrapalhavam sua proximidade e capacidade de conviver bem. Embora não fossem tão instantaneamente devastadoras ou visíveis, essas rupturas menores eram reais. Em determinado momento, cada uma das partes precisou ter espaço para compartilhar sua experiência e se sentir ouvida e validada. Não foi algo como: "Sinto muito por ter traído você, mas eu estava infeliz. Se não estivesse, não ficaria tão vulnerável a cair nos braços de uma pessoa com quem trabalhava", e sim como: "Escolhi ter um caso. Você e os problemas do nosso relacionamento não me obrigaram a isso. Ao mesmo tempo também tenho minhas mágoas e me sentiria mais próxima se pudéssemos falar a respeito, não como uma maneira de diminuir a importância da sua dor, mas como uma forma de curar verdadeiramente nosso relacionamento". Essa comunicação aconteceu quando o processo já estava avançado e a confiança mais firmemente estabelecida. De início tivemos que lidar com a questão mais premente: a mágoa da parte traída.

Pense nisso como acordar no meio da noite ouvindo o barulho de uma goteira no telhado. Você pode tapar os buracos, o que por um tempo vai funcionar e impedir futuros danos, mas uma hora vai ter que lidar com por que o telhado chegou ao ponto de ter goteiras. Caso contrário, haverá um novo problema. Essa lógica se aplica não só a casos extraconjugais, mas a feridas de apego de todas as naturezas.

Às vezes uma parte (ou as duas) não tem certeza de que quer se curar. Só segue em frente porque parece a coisa "certa" a fazer, ou porque tem medo de ficar sozinha, e nunca embarca verdadeiramente no processo. Quando atendo um casal empacado e não consigo descobrir o motivo, na maior parte das vezes é porque uma das pessoas não tem certeza absoluta de que quer insistir. Se você desconfia que possa ser o seu caso, por mais difícil que pareça, é importante falar a respeito. Lembre-se de que todo o trabalho de que tratamos neste livro exige autenticidade e vulnerabilidade. O processo de cura não é exceção; exige envolvimento total. Sem isso, seu relacionamento ficará eternamente no limbo.

Algumas pessoas feridas descobrem que não importa o quanto queiram, simplesmente não conseguem perdoar. A parte que feriu trabalhou da melhor maneira possível, mas a raiva e o ressentimento perduram. Talvez a parte ferida até acredite genuinamente que o comportamento não vai se repetir, porém o bloqueio permanece. Isso pode estar relacionado a como a pessoa ferida *vai se sentir em relação a si própria*, no nível subconsciente, caso perdoe. Ela pode associar (de novo, no nível subconsciente) perdão a fraqueza, a não ser digna, a ser uma vítima, não estar à altura e/ou ser humilhada, tudo isso com base na vergonha. Agarrar-se à raiva que impede o perdão a protege de sua vergonha. Ou a protege de como poderia se ver caso se responsabilizasse por sua parte nos problemas. Se você se identifica com isso, é uma questão a explorar e trabalhar.

Alguns comportamentos decorrem de questões pessoais de uma ou de ambas as pessoas, como vícios, e a cura não acontecerá até que a situação seja devidamente abordada. Por exemplo, se a pessoa que tem um caso apresenta um vício em sexo não tratado, as chances são maiores de que sem tratamento isso continue a ser um problema. Há profissionais que conduzem casais por um processo de cura formal em conjunto com o tratamento do vício. Se há um problema de abuso de substâncias, encontraremos alguns destes fatores associados: mentiras, problemas legais, devassa da conta bancária para manter o vício. Qualquer pessoa que lide com as dores de um vício provavelmente causará sérios danos ao relacionamento e precisará de ajuda para se curar, ou para curar o relacionamento.

Se você se identifica com qualquer um desses obstáculos e já tentou abordá-los, mas o relacionamento continua empacado, é hora de buscar ajuda profissional. Feridas de apego podem ser especialmente delicadas, e às vezes a melhor maneira de tratá-las é através de uma perspectiva externa. Isso não significa que você tem um problema, é fraca, não se esforça o bastante ou que tudo está perdido. Só significa que está passando por mais complicações do que é capaz de enfrentar sozinha — e confie em mim quando digo que você não está sozinha.

Por último, algumas feridas não podem ser curadas. Às vezes dói demais. Às vezes a traição foi tão grande que torna impossível a reconstrução da confiança e a recuperação da proximidade. Às vezes há feridas em excesso. Às vezes os comportamentos da outra parte extrapolaram seu sistema de valores. Se o trabalho de reparação está indo tão bem quanto possível, se vocês estão tendo as conversas certas, se o comportamento cessou, se a comunicação está melhorando, se vocês estão dando tempo ao tempo e ainda assim o bloqueio persiste, talvez seja necessário considerar se não há coisas demais a superar. Não é vergonha admitir que às vezes voltar a confiar na outra pessoa é impossível. Se você acha que pode ser o caso, recomendo fortemente que procure ajuda profissional para processar isso.

DEIXANDO A FERIDA PARA TRÁS

Como você sabe quando está curada? Já aprendemos que curar feridas de apego é mais um processo que um evento. O que eu vejo nos casais que atendo é que durante nossas sessões a ferida de apego deixa de ser o foco. O relacionamento volta ao "normal"? Não. Relacionamentos bem-sucedidos em curar feridas de apego nunca voltarão a ser exatamente como eram. Na verdade serão melhores, porque o processo de trabalhar as feridas aprofunda a conexão e propicia o crescimento pessoal e da relação. Pela minha experiência, casais que conseguem sobreviver se tornam mais fortes do que nunca.

PARTE III
CONSIDERAÇÕES NO MUNDO REAL

10. Intrusos manejáveis
Quando você ou a outra pessoa lida com depressão, trauma ou vício

Para chegar ao amor seguro, você e a pessoa com quem se relaciona precisam de quatro princípios básicos: 1) comprometimento, 2) acesso a informações acionáveis, 3) capacidade de autorregulação e 4) disposição para fazer de maneira consistente sua parte a fim de criar um ambiente favorável ao apego. Se você leu este livro até aqui, isso indica comprometimento. Também ajuda bastante a acessar informações acionáveis. No entanto, para integrar essas informações de maneira eficaz, você precisa ser capaz de manter sua regulação e sua presença emocional. Sua capacidade de se autorregular e/ou se envolver pode ser drasticamente prejudicada por questões de saúde mental e vício, e se a pessoa com quem você se relaciona enfrenta esse tipo de dificuldade isso também pode comprometer a conexão entre vocês.

Meu principal objetivo é que os casais mantenham um ambiente favorável ao apego o máximo possível e se corregulem durante as rupturas. Para isso, cada parte precisa ser capaz de se autorregular a ponto de ser sua melhor versão na maior parte do tempo.

Só que não basta dizer: "Vou manter a regulação e a presença". As duas coisas exigem habilidades específicas (muitas das quais já discutimos neste livro) e prática. No entanto, algumas pessoas têm mais dificuldade em praticar e implementar essas habilidades que outras, com frequência devido à interferência de desafios adicionais. Chamo esses desafios de "intrusos manejáveis", e eles incluem (embora não se limitem a) estresse excessivo, depressão, histórico de trauma e vícios.

ESTRESSE EXCESSIVO

O estresse distrai e consome energia. Embora a maior parte das pessoas provavelmente lide com mais estresse do que gostaria, algumas delas precisam lidar com uma quantidade *excessiva* dele, ou seja, maior do que podem gerenciar sem comprometer seriamente a energia e o tempo que deveriam ser devotados ao autocuidado e ao relacionamento. Se você passa o dia apagando incêndios sem fazer um intervalo, fica muito mais difícil fazer o necessário para impedir que esses incêndios cheguem a acontecer.

Para a maior parte das pessoas, o estresse excessivo decorre de questões relacionadas a finanças, criação dos filhos, discriminação, cuidado de parentes idosos, desafios no trabalho, condições médicas, relacionamentos, dificuldades socioeconômicas ou uma combinação de dois ou mais desses fatores. Independente da fonte, esse estresse só vai tornar mais difícil trabalhar no relacionamento. No entanto, entenda que aumentando a qualidade de suas interações com a outra pessoa o estresse é reduzido.

A maioria de nós não tem a oportunidade de transformar a vida e reduzir o estresse de maneira significativa no curto prazo. No entanto, em geral conseguimos fazer *alguma coisa*, mesmo que pequena. Você pode trabalhar um pouco menos? Pode fazer duas caminhadas de dez minutos para se movimentar e reiniciar o cérebro? Pode ir dormir uma hora antes? Pode fazer cinco minutos de exercícios de respiração por dia? Há *qualquer* outra ação capaz de diminuir um pouco seu nível de estresse e abrir um espacinho para se concentrar no seu relacionamento (mesmo que apenas prestando mais atenção no tom de voz que você usa)?

Algumas pessoas não podem se dar ao luxo de fazer mudanças significativas na realidade logística da vida. Compreendo isso. Se é o seu caso, veja se consegue ao menos reservar alguns intervalos de três minutos durante o dia para fazer exercícios de respiração. Isso ajuda você a se aterrar e praticar atenção plena em suas interações com a outra pessoa. Um intervalo mínimo que seja já fortalece tanto você quanto seu relacionamento.

Às vezes três minutos de respiração relaxante às duas da tarde têm um impacto na sua reação a uma mensagem de texto irritante que seu/a/e parceiro/a/e manda meia hora depois. À noite talvez não haja tempo para ficar abraçadinho no sofá porque você tem dois empregos e chega tarde. No entanto, quando a pessoa te recebe com um abraço, talvez, só talvez, isso tenha a ver com o fato de que você se reservou três minutos para respirar, o que te ajudou a não responder à mensagem em tom cínico, o que por sua vez foi corregulador para ela (ou pelo menos não contribuiu com energia negativa). Em troca, o abraço pode ser corregulador para você. Você vai dormir um pouco melhor sem tensão no relacionamento? Como uma boa noite de sono afetará sua capacidade de lidar com o estresse no dia seguinte? Pequenos momentos se somam.

E quando é a outra pessoa que lida com estresse excessivo e não se mostra totalmente disponível no relacionamento? Minha intenção não é diminuir quão solitário pode ser quando o/a/e parceiro/a/e não está presente. Isso é frustrante mesmo quando se trata de uma situação que ele/a/u não pode mudar e você compreende. Claro... você sente falta da outra pessoa e tem um controle limitado sobre a situação, mas tem algum controle. Ainda que talvez não consiga neutralizar as circunstâncias que desencadeiam o estresse, você *pode* oferecer apoio emocional com a sua presença nos piores momentos, o que reduzirá a carga da outra pessoa. Se é você quem está passando por um momento estressante, é importante abrir espaço para a frustração do outro sem ficar na defensiva. Pode ser um simples "Entendo que é difícil para você também e fico feliz que esteja do meu lado". Isso não diminui sua experiência, mas tornará muito mais fácil para a outra pessoa tolerar situações que não consegue controlar se o impacto sobre ela não passar despercebido.

Problemas de relacionamento representam cerca de 30% do estresse do americano médio. Embora a tensão seja real, e reconheço que algumas pessoas mal conseguem dar conta dela minimamente, até mesmo as menores ações que contribuam para um ambiente favorável ao apego ajudam a reduzir o estresse de quase um terço da sua vida.

DEPRESSÃO

A depressão rouba a energia e a motivação da pessoa, fazendo com que ela se sinta entorpecida, agitada, excessivamente culpada, muitas vezes com menos (ou nenhuma) libido e/ou sem concentração. Se você ou seu/a/e parceiro/a/e está em depressão, dar conta de um dia pode ser por si só uma batalha, e talvez sobre pouco para o relacionamento. Se você está em depressão, talvez não consiga se concentrar em conversas sobre necessidades de apego, sejam suas ou da outra pessoa. Sua dor é tão grande e sua motivação é tão baixa que você não tem como oferecer à outra pessoa o que ela precisa, não importa o quanto seu "eu verdadeiro" deseje, sob a nuvem escura da depressão.

Imagine uma voz na sua cabeça dizendo: "Tudo é culpa sua". Você perde a motivação e fica triste e até com um pouco de medo; talvez só sinta um tipo de entorpecimento. Tudo parece sombrio e sem esperança, e os sentimentos a consomem. A outra pessoa chega em casa querendo se conectar, mas você não tem nada a oferecer. Agora a voz na sua cabeça que diz que a culpa é sua, que você é uma decepção, fica ainda mais alta. Tudo o que você consegue fazer é chorar, talvez se fechar. Com frequência clientes deprimidos não têm capacidade emocional de fazer nada além de sobreviver. Mesmo uma depressão leve pode causar disrupção suficiente no seu funcionamento para impedi-la de estar presente com todo o seu eu.

A depressão, quando não é inteiramente compreendida ou discutida, pode piorar a insegurança no apego. Se a parte deprimida não foi diagnosticada, ambas as partes podem se sentir sozinhas, magoadas, assustadas e confusas. No entanto, quando a depressão é identificada e a pessoa recebe tratamento, o casal entende o que está acontecendo e pode começar sua jornada rumo à recuperação.

Se você sofre de depressão, idealmente a primeira coisa a fazer é buscar ajuda profissional com terapeutas, psiquiatras ou outras especialidades médicas. É preciso ter em mente a importância de conexões de qualidade, capazes de provocar uma melhora significativa. Ambientes favoráveis ao apego são construídos a partir da premissa de que se trata de espaços seguros para a conexão. Esses ambientes incentivam a liberação dos hormônios da felicidade, incluindo a ocitocina, e neurotransmissores como a serotonina e a dopamina — os mesmos dos medicamentos que tratam a doença. Assim, mesmo que esteja se sentindo deprimida e a última coisa que queira fazer seja direcionar sua energia para se conectar com alguém, incluindo a pessoa com quem se relaciona, faça o que puder, quando puder. Um mínimo de envolvimento que seja faz diferença.

A habilidade de compartilhar sua experiência para combater ciclos negativos ajuda quando você lida com a depressão, então fale sobre isso com seu/a/e parceiro/a/e. Dê acesso a ele/a/u. Ajude-o/a/e a compreender seus sentimentos de tristeza, culpa e letargia, e por que você está com dificuldade de se esforçar pelo relacionamento. Deixe que a pessoa veja pelo que você está passando. Ela precisa saber que você se importa *de verdade* com a melhora da relação, mesmo que trabalhar nisso seja um problema agora. Se conseguirem conversar sobre as partes reais e imperfeitas de si próprios e da vida de vocês, como a depressão, vão se sentir conectados. Compartilhar é se conectar, mesmo quando se trata de coisas difíceis.

Se quem está deprimido é a outra pessoa, faz sentido você se sentir sozinha e sem controle da situação. Procure compreender que ela está lidando com uma doença e que seu comportamento não é uma rejeição. Propiciar um ambiente favorável ao apego, que valide em vez de envergonhar, *é* algo que você pode controlar, e, acredite ou não, fará mais diferença que qualquer outra coisa. O autocuidado faz parte de um ambiente favorável ao apego. Certifique-se de atender a suas necessidades básicas, mantendo uma alimentação saudável, exercitando-se, dormindo bem e buscando apoio nos outros. Você pode fazer terapia para aprender a atender às próprias necessidades ao mesmo tempo que cuida do relacionamento. É fácil negligenciar a nós mesmos quando alguém que amamos está sofrendo, mas com o tempo isso cobra o preço não só de você, mas da outra pessoa também.

Para que ambas as partes compreendam melhor a depressão no contexto do relacionamento e como encontrar maneiras de manter o vínculo, recomendo o livro *When Depression Hurts Your Relationship: How to Regain Intimacy and Reconnect with Your Partner When You're Depressed* [Quando a depressão prejudica seu relacionamento: Como recuperar a intimidade e se reconectar com seu parceiro quando você está deprimido], de Shannon Kolakowski e Craig Malkin.

OUTRAS DOENÇAS MENTAIS E TRANSTORNOS DE PERSONALIDADE

Embora seja comum, a depressão não é de forma alguma a única questão de saúde mental que pode acrescentar complexidade à relação. Se você ou a outra pessoa lida com bipolaridade, ansiedade ou qualquer outra forma de doença mental, neurodivergência e/ou transtorno de personalidade (como transtorno de personalidade narcisista ou transtorno de personalidade borderline, que se sobrepõem à insegurança no apego e ao trauma, representando desafios únicos para o trabalho no relacionamento), é importante procurar ajuda profissional e recursos adicionais.

TRAUMAS NÃO RESOLVIDOS

Muitas vezes, quando pensamos em traumas não resolvidos, nos vêm à mente eventos como abuso sexual ou físico, ou a morte de uma figura de apego. A maioria das pessoas não precisa ser convencida de que essas experiências provocam danos emocionais imensos, e por um bom motivo. O que muitas vezes passa despercebido são os eventos menores ou crônicos, que, se nunca foram processados da maneira apropriada, também se manifestam de modo a afetar nosso bem-estar e a saúde do relacionamento. Costumo comparar esses eventos a mil cortes de papel — individualmente não parecem grande coisa, mas somados têm um efeito imenso.

A expressão "traumas não resolvidos" engloba mais situações e afeta mais gente do que você poderia imaginar. Volta e meia atendo pessoas que cresceram sob abuso emocional sutil — por exemplo, ouvindo constantemente coisas como "Se você não parar de chorar, vou te dar um motivo", "Meninas ficam mais bonitas quando estão quietinhas" ou "Meninos não choram". Essas frases formam traumas emocionais, porque enviam a mensagem de que não é seguro sentir ou demonstrar seus sentimentos — ou você será rejeitada, envergonhada, afastada ou até mesmo fisicamente ferida. Isso também comunica que você não é digna de ter uma voz. Tais mensagens alimentam crenças pessoais que se manifestam em problemas de relacionamento ao longo da vida, de maneiras muitas vezes tão discretas que é necessário um profissional treinado para ligar os pontos.

Um ambiente repleto de crítica e vergonha é perfeito para criar o tipo de trauma que estou descrevendo, conhecido como transtorno de estresse pós-traumático complexo (TEPT-C). Se você se identifica com isso talvez reconheça que em seu relacionamento atual faz de tudo para evitar a dor da vergonha com que cresceu. Digamos que seu pneu fure e só então você percebe que não tem estepe e que esqueceu de renovar o seguro. A raiva cresce, dizendo: "Como pôde ser tão idiota?". Isso te leva a descontar na outra pessoa, não porque seja culpa dela, mas porque você faria qualquer coisa para pegar mais leve com você mesma. Lembre-se de que a vergonha nos diz para esconder as partes de nós que acreditamos que não são aceitáveis para os outros. Por isso, quando você não gosta de ser vista ou de ver a si mesma como incompetente, parece muito mais seguro projetar essa incompetência em outra pessoa, mesmo quando essa não é uma intenção consciente. Tudo o que o seu sistema nervoso sabe é que você está tentando se sentir melhor. Infelizmente o dano está feito, e a outra pessoa se sente atordoada e atacada, o que pode levar a um ciclo negativo dependendo da reação dela.

Essa é uma reação ao trauma. Alguém que não cresceu com uma exposição excessiva à vergonha provavelmente não vai surtar assim. Não vai descer a espiral da vergonha e se chamar de idiota. Em vez disso, vai sentir irritação, lidar com o que aconteceu e se certificar de arranjar um estepe e renovar o seguro assim que possível, e depois pensar no incidente como uma experiência de aprendizagem importante.

Agora, em vez de vergonha, pense em traumas relacionados a medos e necessidades de apego, como invalidação emocional. Quando repetido o bastante ao longo dos anos formativos de uma pessoa, esse tipo de desamparo emocional (invalidação *é* um desamparo emocional) provoca um medo generalizado de abandono. Então quando a outra pessoa não responde a sua mensagem em cinco minutos e você começa a entrar em pânico, convencida de que ela está te ignorando de propósito e não te ama mais, saiba que isso é trauma.

E quanto ao trauma físico ou sexual? Esses traumas "com T maiúsculo" têm um impacto profundo em suas vítimas. Isso é especialmente verdade quando ocorrem em combinação com um ambiente tóxico, o que costuma ser o caso. O mesmo vale para o TEPT resultante de crises agudas, como acidentes, crimes, desastres naturais e eventos militares. O TEPT abala a sensação de segurança da pessoa, provocando reações violentas a qualquer coisa no ambiente que possa lembrar o acontecimento traumatizante. Também causa pesadelos e outros distúrbios do sono, pensamentos intrusivos, flashbacks, oscilações de humor e muito mais. Estar emocionalmente presente quando acometida por sintomas de trauma pode ser muito difícil, motivo pelo qual o TEPT exerce um enorme impacto no seu relacionamento mesmo quando do não tem a ver com ele.

Alguns traumas exigirão mais ajuda para serem curados que outros. Sei que esse é o caso quando estou sentada diante de um casal no meu consultório e uma das partes não consegue relaxar com o trabalho que estamos realizando juntos. Em algumas situações isso se expressa como desinteresse. Em outras, como uma desregulação externalizada que se manifesta em explosões emocionais, dificuldade de se manter no assunto, protestos demorados e queixas mais persistentes que de costume. Muitas pessoas, incluindo aquelas sem um histórico de trauma significativo, têm um gatilho acionado na terapia, principalmente quando sentimentos dolorosos se manifestam como nunca. No entanto, no ambiente de segurança e validação que é meu trabalho criar, ambas as partes quase sempre se sentirão ouvidas e apaziguadas. Quando não é o caso, e o trauma no consultório é maior do que minha habilidade de contê-lo, sei que é hora de a pessoa procurar ajuda para tratar especificamente os sintomas do trauma. A abordagem da Experiência Somática, um tipo de terapia que tem o intuito de ajudar a sentir, processar e gerenciar os sentimentos conforme se manifestam no corpo, é um importante acréscimo ou uma boa alternativa à psicoterapia tradicional, e a recomendo fortemente a quem tem dificuldade de se envolver por inteiro na terapia de casal.

Embora não seja de modo algum a única opção para se curar do trauma, a terapia somática oferece um descanso da dependência excessiva na mente e apresenta uma oportunidade inestimável de começar a aprender a partir da inteligência do corpo. Muita gente aprende bastante com a psicoterapia e depois passa à terapia somática, quando estão prontos para abordar o trauma de maneira mais profunda. Profissionais que se especializaram na abordagem da Experiência Somática são preparados para ajudar pessoas a processar traumas *sem* ser inundadas ou oprimidas por suas emoções, e de maneira que possam "desligá-las" quando a sessão termina, o que torna a cura mais confortável e menos traumática. A Experiência Somática pode ser mais eficaz para quem não conseguiu se curar com outros tipos de terapia. Além disso, seu intuito é ajudar as pessoas a se autorregularem não apenas quando estão processando o trauma ativamente, mas enquanto encaram os desafios corriqueiros da vida e dos relacionamentos. Ser capaz de se autorregular e encontrar calma dentro de si ajuda enormemente quando a pessoa precisa de um apoio extra para conseguir realizar um trabalho, autorregular-se e impedir ciclos negativos. Você pode encontrar mais informações sobre esse tipo de abordagem em www.traumahealing.org (em inglês).

Há muito a ser dito quanto à capacidade de ambientes favoráveis ao apego contribuírem de maneira significativa para a cura do trauma. A vergonha diz "você não merece amor ou cuidado", mas relacionamentos seguros e ambientes favoráveis ao apego enviam mensagens consistentes por meio de palavras e comportamentos de que "você merece, sim, amor e cuidado". Além disso, quando casais conseguem reduzir a frequência e a intensidade dos ciclos negativos, o ambiente doméstico parece mais seguro. A segurança é o antídoto do medo, que por sua vez é a força motriz por trás dos gatilhos relacionados ao trauma. Quando o estresse é reduzido no ambiente, a vítima de trauma (seja você, a pessoa com quem se relaciona ou ambas as partes) terá mais energia livre para dedicar à cura individual. Por esse motivo, o trabalho no relacionamento é um componente vital da cura. Para compreender melhor o poder curativo de relacionamentos de qualidade no tratamento do trauma, recomendo que o casal leia *O corpo guarda as marcas*,[1] de Bessel van der Kolk.

VÍCIOS

Não deve surpreender ninguém que o abuso de substâncias e outros vícios atrapalham a capacidade de uma pessoa estar totalmente presente da maneira mais saudável para seu par, e que ela terá dificuldade em colocar novas habilidades relacionais em prática. Vícios criam apegos concorrentes, porque o acesso ao objeto do vício é a prioridade, e não o relacionamento. Drogas e álcool alteram a consciência, de modo que a pessoa real é escondida pela intoxicação. Vício em pornografia e sexo cria apegos concorrentes *e* leva a traições.

Tratar vícios e abuso de substâncias é vital. Se você tem um vício, tem um relacionamento real com a atividade ou substância na qual é viciada, e não poderá estar totalmente presente nos relacionamentos que mais importam — incluindo aquele consigo mesma — até que consiga cessar o vício ou garantir que ele não seja mais sua prioridade. No entanto, como a ciência nos ensinou, romper esse tipo de vínculo será muito mais fácil se suas relações humanas forem fortes.

O ESTUDO DO RAT PARK

Na década de 1970, pesquisadores provaram que quando podiam escolher entre água com cocaína (ou heroína) ou água normal, ratos deixados sozinhos em gaiolas pequenas bebiam apenas água com droga até terem uma overdose ou morrerem.

Pouco depois, o psicólogo americano Bruce Alexander introduziu uma nova ideia, que decidiu testar em uma nova versão desse estudo. Os ratos ainda podiam escolher entre água com droga ou sem, mas Alexander adicionou uma variável: eles não estavam mais sozinhos em uma gaiola pequena, e sim em um "parque dos ratos", motivo pelo qual o experimento ficou conhecido pelo nome de Rat Park. Nesse parque eles contavam com a companhia de outros ratos, e podiam brincar e socializar da maneira que quisessem (como os humanos, ratos são animais altamente sociais). Agora os ratos *não* preferiam a água com droga, e sim a água pura. Os que bebiam a água com droga só faziam isso de maneira intermitente e nunca tinham uma overdose, tampouco reduziam seu consumo de comida ou de água normal por conta disso. Mesmo os ratos trazidos de solitárias, que já estavam perto da morte, desintoxicavam-se e se recuperavam totalmente do vício.

Esse experimento nos mostrou que o vício envolve muito mais do que dependência química; também é uma questão de conexão, ou da falta dela. Quem vive em isolamento — e relacionamentos empobrecidos são uma forma de isolamento — é incapaz de estabelecer conexões satisfatórias com outras pessoas. Sem conexão duas coisas ocorrem: primeiro, abre-se um vazio a ser preenchido por qualquer coisa que possa replicar o prazer que vem com a conexão; segundo, as dores e os problemas, e em especial a vergonha, são intensificados, a ponto de ser preciso se automedicar para que os sentimentos dolorosos sejam mediados.

O estudo do Rat Park tratou especificamente do vício, mas sua lógica se aplica a todas as informações contidas neste capítulo. O mesmo ambiente empobrecido que contribui para causar e perpetuar o vício está associado ao estresse e à doença mental, de modo que faz sentido que relacionamentos melhores desempenhem um papel importante no tratamento de *tudo* isso.

Se você lida com um vício, meu conselho é trabalhar nele *e* no seu relacionamento, no grau que for possível. É claro que haverá situações em que a cura do vício não deixará espaço para mais nada. Nesse caso, pode-se ser flexível e priorizar a necessidade no curto prazo: curar o vício. No entanto, quando pensamos na cura no longo prazo, o melhor que você pode fazer para garantir a recuperação é criar e alimentar conexões.

Se é a outra pessoa que tem um vício, você provavelmente se sente impotente e só no relacionamento, além de vivenciar sentimentos conflituosos. Se quiser aprender mais sobre oferecer apoio ao seu companheiro e a si mesma de uma forma que incentive os limites saudáveis e o autocuidado, e se esse desejo vier de uma perspectiva de apego, recomendo o livro *Beyond Addiction: How Science and Kindness Help People Change* [Além do vício: Como a ciência e a gentileza ajudam as pessoas a mudar], de Jeffrey Foote.

Antes de concluir este capítulo, quero que você tenha em mente que não cheguei nem perto de esgotar as circunstâncias que podem tornar mais difícil aprender e pôr em prática habilidades de relacionamento mais saudáveis. Incluí aqui apenas as mais comuns, mas trabalhei com pouquíssimos casais que não tinham algo acontecendo na vida que adicionasse um nó ao trabalho. Meu mantra é encontrar os clientes onde eles estiverem e ajudá-los a avançar. Independente das dificuldades que estiver enfrentando, procure fazer o mesmo: encontrar a si e ao outro onde quer que estejam, com todos os desafios envolvidos, fazer o melhor possível com as habilidades que tem e se concentrar em avançar ao máximo.

11. O fator sexo

A conexão sexual estabelece um vínculo único e poderoso entre as duas partes do relacionamento. É claro que sempre há exceções, mas em termos estatísticos casais com uma vida sexual boa relatam maior satisfação de modo geral.[1] O impulso de reduzir isso a "Se você quer ser feliz no seu relacionamento, tenha uma vida sexual melhor" é forte, e às vezes isso funciona mesmo. Mas a verdade é que o relacionamento sexual é composto de muitas camadas, e o que um casal precisa abordar para que haja melhora nem sempre funcionará para outro. O que sabemos é: melhorar o clima do apego é imprescindível, porque a única maneira de avançar em conversas sobre ter uma vida sexual mais saudável é se elas ocorrem fora do ciclo negativo de comunicação.

Antes de mergulhar no assunto preciso deixar claro que quando um casal enfrenta dificuldades na vida sexual, terapeutas e médicos sempre pedirão antes de qualquer coisa exames para descartar problemas como desequilíbrios hormonais, infecções, disfunções eréteis, problemas de bexiga, diabetes, doenças cardiovasculares e quaisquer outras questões de saúde que possam contribuir para dor e queda da libido. Por sorte existem tratamentos, mas primeiro é preciso saber que há um problema; então se você ainda não deu esse passo, comece por ele. E se seus problemas não estiverem relacionados a questões médicas, ou pelo menos não inteiramente, vamos conversar sobre o que mais pode estar acontecendo.

A essa altura você já sabe que ciclos negativos devastam relacionamentos, ao prejudicar a proximidade e a harmonia, então não se surpreenderá com a informação de que outro efeito colateral bastante significativo do ciclo negativo é o dano à vida sexual. Embora *haja* casais que conseguem manter uma vida sexual boa mesmo com dificuldades de comunicação e com questões relacionadas ao apego inseguro, eles são a exceção, e não a regra. Para alguns casais, o relacionamento sexual fica tão entremeado ao ciclo negativo que inicia um ciclo negativo por si só — além do ciclo negativo de comunicação, eles passam a se ver também em um ciclo negativo sexual.

A maior parte das pessoas que atendo me diz que no começo a vida sexual era boa ou até mesmo ótima. Embora seja fácil concluir que circunstâncias da vida, como filhos ou carreira, atrapalhem casais a manter uma vida sexual saudável, na minha experiência, e de acordo com as pesquisas, casais seguros têm maior tendência a manter a vitalidade sexual apesar de tudo (dentro de limites razoáveis).

A IMPORTÂNCIA DA CONEXÃO FÍSICA

Desde o dia em que nasceu, você obteve apoio emocional através do toque. O toque calmante de seus cuidadores enviava mensagens como "Você é valiosa", "Você é amada", "Você está segura", "Você não está só". O toque tranquiliza o sistema nervoso, e é tão importante para os bebês que eles não se desenvolvem e até morrem quando não o recebem. O contato pele a pele é um dos primeiros atos de vínculo entre os cuidadores e o recém-nascido.

Dois anos atrás minha avó morreu, aos 96 anos. Eu era muito próxima dela e tive o privilégio de estar a seu lado no momento da sua morte. Tive que atravessar o país para vê-la, e quando cheguei ela já não conseguia mais falar. Estive a seu lado nos últimos dias, fazendo compressas frias em sua testa, segurando sua mão e até me deitando a seu lado. Improvisei uma espécie de cama de casal reclinando completamente uma poltrona e a encostando na cama hospitalar com a proteção lateral abaixada. Assim, podia continuar segurando sua mão mesmo dormindo. Eu também falava com ela, mas sentia que o toque era um conforto emocional igualmente importante durante o que devia ser um momento assustador. Minha avó não conseguia falar comigo, mas se comunicava através do toque. Quando eu segurava sua mão ela apertava a minha, e o toque a ajudava a relaxar, assim como me ajudava a relaxar quando eu era um bebezinho e pegava no sono em seus braços.

Do berço ao túmulo, humanos precisam de contato físico. O toque é um meio de conexão emocional tão válido e digno quanto as palavras, e o sexo não é exceção.

Todos os tipos de toque entre o casal são importantes. Toques não sexuais, como dar as mãos, ficar agarradinhos no sofá em um dia de chuva ou dar um abraço de despedida são maneiras poderosas de comunicar amor e segurança. O toque sexual, no entanto, *é* diferente. Embora todo toque libere substâncias químicas que agem a favor do vínculo, como ocitocina, dopamina e endorfinas, o toque sexual faz isso exponencialmente.

Sexo também é uma forma de vulnerabilidade. É uma das coisas mais vulneráveis que podemos fazer num relacionamento, porque exige que compareçamos por inteiro. Como sabemos, a vulnerabilidade reina quando se trata de vínculo. Durante uma experiência sexual positiva, cada parte recebe a mensagem: "Vejo você por inteiro e não só te aceito como te valorizo". Essa mensagem é transmitida de maneira tão poderosa como se tivesse sido expressa em palavras. A conexão sexual é uma forma de se sentir escolhida e especial. Sua existência, até onde é desejada por cada uma das partes, é crucial.

O SEXO NO CASAL ANSIOSO-EVITATIVO

Como mencionei no capítulo 3, é muito comum que pessoas com apego ansioso se juntem àquelas com apego evitativo. Esse talvez seja o segundo tipo de casal com mais chances de "sucesso", atrás apenas de um casal com apego seguro. Como sabemos, isso se deve a um certo tipo de equilíbrio — uma pessoa vai agitar as coisas e a outra vai esfriar; uma pessoa vai tentar encurtar a distância debatendo os problemas e a outra vai tentar impedir que tudo piore evitando o conflito. Quando suas estratégias opostas se chocam vezes demais e o casal mergulha em ciclos negativos de comunicação, sua vida sexual pode acabar sofrendo danos colaterais. Sexo bom exige conexão e vulnerabilidade, e ciclos negativos corroem a conexão e desestimulam a vulnerabilidade — deixam pessoas ansiosas se sentindo emocionalmente negligenciadas e pessoas evitativas se sentindo um fracasso. Nenhuma das alternativas é uma receita para uma vida sexual saudável.

No começo do relacionamento a parte ansiosa tem maior propensão a buscar sexo como uma forma de se sentir amada. À medida que o relacionamento progride, quando sente que suas emoções não estão sendo levadas em conta ou validadas, ela pode se tornar *menos* propensa a querer proximidade física e sexo. Algumas pessoas evitativas se mostram emocionalmente distantes durante o sexo. Enquanto no começo a parte ansiosa talvez tolerasse isso, com o passar do tempo ela começa a desejar maior envolvimento e a "pedir mais". Se a parte evitativa teme ser vista como um fracasso e/ou já sente que não consegue acertar nas outras áreas do relacionamento, a última coisa que deseja é se sentir um fracasso na cama também. Para administrar as camadas de tensão, o casal pode simplesmente evitar o sexo, até que um dia percebe que faz meses, ou anos, que ele não acontece, tanto que parece estranho voltar a mostrar interesse pelo assunto.

Outro cenário comum no par ansioso-evitativo é uma pessoa se tornar a que busca sexo e a outra aquela que se esquiva. Já vimos esse tipo de dinâmica muitas vezes neste livro. Quando se trata de sexo às vezes os papéis são invertidos, com a pessoa evitativa procurando e a pessoa ansiosa se esquivando. Faz sentido quando pensamos melhor: pessoas evitativas estão menos conectadas com suas emoções, o que torna mais difícil se conectar de maneira íntima falando de seus sentimentos e necessidades. Para compensar essa falta, muitas delas se sentem emocionalmente vinculadas com sexo e contato físico (mesmo quando na superfície parecem distantes). O sexo oferece o estímulo sensorial necessário para que prosperem, podendo mesmo ajudá-las a ter suas necessidades de apego atendidas. Quando a outra pessoa é sexualmente responsiva, é como se dissesse: "Você é valiosa e bem-sucedida como companheira". Se uma pessoa evitativa não está obtendo o tipo de conexão que a ajuda a se realizar, muitas vezes se distancia do relacionamento de outras maneiras.

Pessoas ansiosas, por outro lado, podem ser mais verbais que seus companheiros evitativos, e a intimidade por palavras e gestos lhes vem com mais facilidade. Ainda que cada pessoa seja única na maneira como se sente amada, expressões verbais de amor, validação emocional e gestos de apoio que dizem "Estou aqui" quase sempre vão fazer com que a pessoa ansiosa se sinta amada, valorizada e vista. Se ela não tem o suficiente do tipo de conexão que a preenche e se fica ressentida por suas necessidades não serem atendidas, é possível que seu interesse por sexo diminua ou o veja como uma moeda de troca.

Nem sempre acontece de pessoas evitativas serem as que buscam o sexo e as ansiosas serem as que se esquivam.

Às vezes os mesmos padrões dos outros três Cs do relacionamento (cooperação, conflito e conforto) funcionam de maneira parecida no relacionamento sexual (que recai na categoria da conexão). Independente de quem desempenha qual papel, em uma dinâmica busca-esquiva sexual quem busca ocupa a posição sólida de iniciar o sexo de maneira quase exclusiva, enquanto quem se esquiva evita rigorosamente seus avanços. Nenhuma das partes age como um ser completo, que assume uma parcela equilibrada da responsabilidade pelo clima sexual do relacionamento. Em qualquer relação é normal que uma parte sinta mais libido que a outra, mas a dinâmica busca-esquiva é muito mais rígida e exagerada. Nenhuma das partes é boa ou má, está certa ou errada. Ainda assim, cria-se uma dança íntima que alimenta a si mesma. Cria-se um ciclo negativo devotado *especificamente* ao sexo, e nada que fica preso a um ciclo negativo prospera.

É exatamente o que aconteceu com Monique e Dietlef. No início eles tinham uma ótima vida sexual. Na verdade, a química desempenhou um papel importante em sua decisão de se casar. Os dois haviam crescido com cuidadores que não tinham casamentos felizes e não demonstravam afeto físico, por isso na cabeça de ambos sexo bom era um sinal de que o relacionamento funcionava. Conforme o tempo passou, como acontece com muitos casais, eles começaram a se estranhar com mais frequência. O conteúdo das discussões mudava de acordo com o avanço do relacionamento. Tudo começou nos preparativos da festa de casamento, passando para problemas com as famílias um do outro, evoluindo para todo tipo de problema que pode surgir quando duas pessoas tocam uma casa e uma vida juntas. Não havia nada de anormal nos desafios que enfrentavam, mas quando eles não concordavam logo se viam em ciclos negativos. Não eram particularmente intensos ou frequentes, porém criavam distância o bastante para exercer um impacto na vida sexual. Mesmo sem essa intenção, Monique se adaptou à falta de interesse em sexo. Também sem consciência disso, Dietlef se adaptou à decepção de não ter suas necessidades de apego atendidas quando insistia no sexo e se queixava — para ele, sexo parecia a *única* maneira de vivenciar uma conexão emocional. Com frequência Monique concordava em transar mesmo sem vontade, por querer que Dietlef ficasse feliz, mas ao fazer isso ela começou a pensar em sexo como uma obrigação, o que despertava ainda menos seu interesse. Dietlef também se preocupava em ser um bom parceiro — queria deixar Monique feliz—, porém as questões de apego do casal impediam que eles conseguissem se conectar plenamente. Em determinado momento, sua vida sexual se assentou no limbo. O único motivo pelo qual transavam era Dietlef continuar insistindo, e Monique continuar concordando, apenas o bastante para que o marido não se sentisse privado por completo. Alguns casais, no entanto, simplesmente abrem mão do sexo. Sem perceber, Monique e Dietlef criaram juntos um ciclo negativo sexual.

Quando ciclos negativos sexuais se encontram profundamente arraigados, sexo não é mais associado a vínculo, diversão e prazer; ao contrário, torna-se uma questão de pressão, vergonha e medo — sendo que nenhuma dessas coisas desperta a libido. A boa notícia é que embora ciclos negativos de comunicação alheios ao sexo possam causar ciclos negativos sexuais, *o contrário também é verdade*. Tratar ciclos negativos em outras partes do relacionamento pode melhorar muito os ciclos negativos sexuais. Quando Monique e Dietlef começaram a aprender como gerenciar seus ciclos negativos envolvendo as tarefas do lar, demandas de conexão emocional e o que fazer nos fins de semana — todos assuntos sensíveis —, também começaram a se sentir mais próximos, e o calor que antes dominava suas discussões foi transferido naturalmente para a vida sexual.

O IMPASSE

Uma pessoa querer mais sexo que a outra não é incomum e não é um problema por si só. Os problemas surgem quando essa dinâmica não é administrada, ou quando uma parte do casal (em geral a menos interessada) tenta satisfazer suas necessidades usando o desencontro a seu favor, principalmente se estiver sentindo que é prejudicada em outra área do relacionamento. Que cara tem um impasse? "Você não merece conexão sexual, a menos que eu obtenha a conexão verbal desejada [ou apoio de qualquer maneira que seja relevante para a pessoa]." Usar o sexo como moeda de troca para conseguir o que quer do outro não vai contribuir para alcançar o relacionamento que você busca. Se você *realmente* gosta de sexo, espero que não se negue esse prazer no esforço de negá-lo à outra pessoa.

No começo da minha carreira, antes que eu passasse a trabalhar exclusivamente com casais, atendi uma mulher na casa dos cinquenta que me contou que resistiu a sexo durante anos porque seu relacionamento tinha problemas dos quais ela se ressentia. Essa mulher não queria que o companheiro conseguisse o que desejava enquanto não fizesse o mesmo por ela. Então, um dia, ela pensou: "Escolhendo não transar estou privando meu marido, mas também a mim mesma". Depois disso, ela voltou a fazer sexo com o marido.

Não, isso não curou o relacionamento deles. Mas ambos apreciavam o sexo, que também oferecia uma oportunidade de vínculo e certamente não piorava as coisas.

Estou dizendo que você deveria resolver os problemas do seu relacionamento com sexo, ou te incentivando a ignorar seus sentimentos e transar mesmo quando não suporta a ideia? Não! No entanto, há algumas situações em que fazer sexo pode colaborar para vocês deixarem as diferenças de lado e se divertirem juntos. Fora que a diversão acaba contagiando outras partes da relação e torna tudo melhor.

Se você acha que seu relacionamento pode estar em um impasse sexual, é importante começar a falar a respeito (sem deixar que a conversa recaia em um ciclo negativo, claro). Isso vale tanto se você busca ou evita sexo, não importa sua identidade de gênero ou orientação sexual. Você pode começar simplesmente afirmando os fatos: "Estamos em um impasse sexual, e isso está prejudicando nossa proximidade. Acha que podemos tentar honrar as necessidades do outro sem deixar de honrar as nossas? Como podemos nos encontrar no meio do caminho?". Pense nisso como uma forma de abrir espaço para conversas mais profundas, em vez de perguntas com respostas difíceis. É mais uma questão de plantar as sementes de um novo diálogo que de encontrar uma solução instantânea. Se você seguiu os conselhos deste livro até agora e for capaz de ter conversas propícias ao apego, do tipo que impedem ciclos negativos, talvez descubra que pode chegar a um lugar novo. E muitas vezes quando os casais iniciam uma conversa sobre sexo ela acaba... em sexo.

TRABALHANDO NO CICLO SEXUAL

Vamos voltar a Monique e Dietlef. Embora se esforças-sem bastante para estabilizar seu ciclo negativo fora do sexo, o que ajudava enormemente na reconstrução do vínculo, ambos também trabalhavam no ciclo sexual de forma dire-cionada. Dietlef começou a controlar sua tendência a buscar sexo. Quando uma parte do casal desempenha esse papel, ela se responsabiliza inteiramente pelo sexo no relacionamento, o que muitas vezes não dá espaço para que a parte que se es-quiva reconheça o que acontece ou ouça as próprias neces-sidades sexuais. Quanto mais Monique perdia contato, me-nos vontade de transar sentia. Por isso, falei a eles o que diria a qualquer casal lidando com um ciclo negativo: que rom-pessem o ciclo estabelecido fazendo algo novo. Em vez de continuar evitando sexo por hábito, Monique tomou a ini-ciativa de aprender sobre seu lado sexual e celebrá-lo. Ela se esforçou para ficar mais confortável falando sobre sexo e co-meçou a reconhecer as próprias necessidades nessa esfera. Aos poucos, a vida sexual do casal encontrou um equilíbrio mais saudável e muito mais satisfatório.

SINTA-SE CONFORTÁVEL COM O DESCONFORTO

Recomendo um trabalho similar ao de Monique e Dietlef a todos os casais que estejam enfrentando dificuldades na vida sexual. Os problemas centrais serão diferentes, mas a solução sempre começará com ambas as partes se dispondo a demons-trar vulnerabilidade. Para Monique e Dietlef, isso implicou ter conversas incômodas, sair da zona de conforto e perturbar o status quo. Foi o que possibilitou a mudança.

Apesar de ser comum que os bloqueios de um casal estejam ligados aos ciclos negativos, muitos outros fatores agem como obstáculos para uma vida sexual saudável. Sexo pode ser algo bastante desconfortável para você ou para a outra pessoa por uma série de motivos. Terapeutas sexuais são especializados no mundo complexo do sexo e ajudam casais a ter um entendimento melhor e mais rápido de questões nessa área do que conseguiriam sozinhos, com base em tentativa e erro.

Embora este livro forneça a estrutura para criar ambientes favoráveis ao apego, o que por sua vez cria espaço para a conexão e para conversas emocionalmente seguras, sexo é um assunto bastante particular: até mesmo pessoas que se sentem confortáveis *fazendo* sexo podem se sentir desconfortáveis *falando* sobre sexo. Criar um amor seguro exige vulnerabilidade, o que inclui fazer perguntas desconfortáveis e até mesmo falar sobre o desconforto em si, porque os momentos de vínculo mais profundo ocorrem quando nos abrimos quanto ao que nos incomoda.

Em vez de insistir nas conversas sobre sexo apesar do desconforto, seja transparente quanto ao fato de que é desconfortável para você falar tão diretamente sobre isso por causa de mensagens que recebeu (ou não recebeu) durante a infância e que podem ter contribuído para esse sentimento. Talvez você tenha aprendido que sentir tesão é motivo de vergonha e que não se deve falar sobre isso, o que a impede de abraçar totalmente sua sexualidade. Quaisquer que sejam suas inseguranças, enunciá-las em palavras demonstra vulnerabilidade, e a vulnerabilidade fortalece o vínculo.

Se a pessoa com quem você se relaciona decide revelar suas inseguranças sexuais, certifique-se de estar emocionalmente disponível e de validá-la. Se chegou até aqui nesta leitura você já sabe como demonstrar apoio: use as habilidades aprendidas. Diga à outra pessoa que você compreende, que suas inseguranças fazem sentido, e explique o porquê: "É claro que você fica desconfortável falando sobre sexo se cresceu achando que isso era algo de que deveria se envergonhar. Qualquer um se sentiria assim". Compreender e validar cria intimidade emocional, e intimidade emocional *é* sexualmente estimulante.

Se é você quem quer revelar suas inseguranças, pergunte à outra pessoa se há algo que ela possa dizer para ajudar com seu desconforto em relação ao sexo. Essa parte é importantíssima, porque quando comunicam que se aceitam, sobretudo em áreas que envolvem vergonha (relacionadas a sexo ou não), a segurança aumenta e as pessoas ajudam uma a outra a reverter velhos sistemas negativos de crenças. Você pode perguntar: "Você tem como me garantir que aceita minha parte sexual e *não* me vê como motivo de vergonha?". Esse é só um exemplo. Quem cresceu acreditando que sexo era uma coisa "suja" talvez precise saber que a outra pessoa pode desejá-la sexualmente e ainda assim respeitá-la. Algumas pessoas podem precisar saber que sua libido não é vista como ameaçadora. Outras podem precisar saber que continuam sendo sexualmente desejáveis aos olhos do/a/e parceiro/a/e depois do nascimento de um bebê. Gente demais convive com inseguranças sexuais que não divide com seu par, imaginando que o que mais teme seja verdade.

Ao ter conversas intencionais e exploratórias sobre sexo, em especial considerando que esse é um tema sensível para muitos casais, atente para o fato de que todas as regras básicas de ambientes favoráveis ao apego se aplicam. Não culpe, evitando dizer coisas como "Não estou feliz com nossa vida sexual porque você faz com que eu sinta insegurança", ou "Não entendo. Todo mundo com quem me relacionei antes se sentia confortável com o próprio corpo". Não critique, evitando falas como: "Você está fazendo tudo errado" ou "Por que não consegue relaxar e curtir?". E o mais importante: não cause vergonha, dizendo algo como "Você gosta disso? Nossa, que esquisito" ou fazendo qualquer comentário que possa deixar a outra pessoa se sentindo mal ou constrangida por suas preferências sexuais.

LIDANDO COM A DOR DA REJEIÇÃO SEXUAL

O sexo cria bastante espaço para sentimentos de rejeição. As pessoas que se veem no papel de quem toma a iniciativa, por exemplo, às vezes se sentem privadas da oportunidade de serem procuradas, o que as faz se sentirem indesejadas. Se for o seu caso, aborde o tema diretamente e a partir da sua perspectiva. Em vez de dizer "Você *nunca* inicia o sexo!", tente algo como: "Não estou me sentindo realizada sexualmente. Não me sinto desejada, e para me sentir bem em um relacionamento preciso saber que sou desejada e que minhas necessidades importam. Preciso que sejamos capazes de falar sobre isso". Se você estiver do lado que ouve isso, certifique-se de escutar, compreender e validar *antes* de responder expondo seus sentimentos e sua perspectiva sobre a situação.

E depois? Bom, depois você se esforça para identificar as barreiras e trabalhar nelas. O que está por trás da falta de iniciativa? Talvez você tenha um palpite quanto ao que está atrapalhando a conexão sexual e seja só uma questão de pôr em palavras. A seguir vamos falar sobre alguns temas comuns que identifiquei ao atender casais que se sentiam empacados.

Se é você quem busca o sexo, além de sentir que não é desejada porque não é procurada talvez também se sinta rejeitada quando a outra parte se esquiva. Você pode ficar inclinada a receber isso como uma rejeição pessoal, isolada do apego inseguro geral do relacionamento. De novo, o objetivo é ver tudo sob a ótica do apego. O que a esquiva da outra pessoa está realmente dizendo? Que ela não sente atração por mim? Ou tem alguma outra coisa acontecendo? Será que é porque ela precisa de mim de outra maneira e não está tendo suas necessidades atendidas? Será que preciso trabalhar minha presença em outras áreas do relacionamento? Talvez a outra pessoa não queira sexo quando não se sente conectada. Ou talvez a esquiva queira dizer: "Estou ansiosa demais em relação a outras áreas da minha vida, como a criação dos filhos, os estudos, o trabalho, o cuidado com meus pais idosos, nossas dificuldades financeiras. Não é uma rejeição a *você*". Para deixar claro: a dor da rejeição é muito real. Pode ser terrível receber uma recusa uma única vez, então imagine se for uma questão crônica. No entanto, se você conseguir falar sobre o problema em um ambiente favorável ao apego e avaliar tudo sob a ótica do apego — que oferece alternativas muito menos assustadoras que a outra pessoa simplesmente não sentir desejo por você —, as conversas podem criar o tipo de conexão que muitas vezes contribui para o desejo sexual. Talvez a outra pessoa *precise* ser ouvida e validada em relação às pressões da vida em vez de ser informada de que é uma decepção sexual. Há uma boa chance de que ser ouvida e validada tenha um efeito positivo no desejo. (Embora *seja* possível passar a sentir menos atração por alguém, percebi que esse único fator — isolado de outras questões envolvendo o relacionamento — raras vezes explica tudo.)

Se você está do outro lado dessa situação, sua esquiva pode ser motivada por qualquer uma das explicações anteriores ou por crenças pessoais como "Não consigo desfrutar do sexo se for eu quem tomar a iniciativa, porque assim não saberei se sou mesmo desejada". Talvez experiências passadas envolvendo rejeição tenham levado você a jurar que nunca mais falaria sobre sexo. Outras possibilidades são ressentimentos envolvendo sexo ou outras partes do relacionamento, ou ainda questões médicas como baixa libido por motivos hormonais. Há fases na vida em que responsabilidades e desafios são a prioridade, mas às vezes há espaço para atender necessidades de autocuidado para então estar mais disponível.

Às vezes uma pessoa ou o casal atravessa dificuldades de abraçar seu lado sexual depois que tem um bebê, ou simplesmente se sente tão sem energia que o sexo fica em segundo plano. Em *Sexo no cativeiro*,[2] a terapeuta sexual Esther Perel incentiva pais e mães a fazerem seu melhor para manter a conexão sexual, assim como seu eu erótico (o que tem menos a ver com amor e mais a ver com desejo), não apesar dos filhos, mas *pelos* filhos. Afinal, é melhor para as crianças conviverem com cuidadores felizes e conectados.

Não importa o motivo, se você é a parte que se esquiva tem a responsabilidade (consigo mesma, com a outra pessoa e com o relacionamento) de ir fundo e tentar compreender o que está te refreando. Independente do que seja, existe uma explicação que faz sentido e é válida. Seu distanciamento não se materializou do nada. Pode ser um obstáculo pessoal que você esteja enfrentando, ou resultado de algo acontecendo no relacionamento. Talvez seja uma questão médica que você não quer encarar, talvez um antigo trauma esteja ressurgindo na terapia e você não saiba muito bem o que fazer com ele, talvez você precise se concentrar mais em suas necessidades de autocuidado para poder estar mais disponível, talvez você guarde alguma mágoa do/a/e parceiro/a/e que precisa ser botada para fora.

O desejo sexual de algumas pessoas perde intensidade à medida que o relacionamento avança e elas se tornam mais emocionalmente devotadas. O mesmo pode acontecer depois dos filhos. É uma maneira de compartimentalizar o eu sexual e o eu cuidador, porque em algum momento se desenvolveu a crença de que ambos não podem coexistir.

Às vezes a própria vergonha de ser a pessoa que "rejeita" reforça o comportamento de rejeição. Se você não perdeu completamente o desejo, pode ser mais fácil descartar totalmente a possibilidade de sexo por causa do medo de decepcionar a outra pessoa. Se for esse o caso procure conversar a respeito, deixando a vergonha de lado e buscando conexão.

TRAUMA SEXUAL

Às vezes problemas sexuais, incluindo aqueles que dão a impressão de ser impasses ou ciclos negativos, na verdade decorrem de um trauma. Se você sente vergonha relacionada ao sexo (mesmo que uma parte sua goste de transar), isso pode estar associado a traumas passados. Existem outros exemplos além do abuso sexual óbvio, como mensagens sutis e crônicas que causam a vergonha do próprio corpo ou que fazem a pessoa pensar que sexo é algo errado e sujo. Tenha em mente que o trauma não precisa ser abertamente sexual para prejudicar a sexualidade. O abuso físico não sexual, por exemplo, pode ter um impacto enorme na sexualidade de quem o sofre.

O trauma é insidioso. Tem diferentes caras e se manifesta de inúmeras maneiras. Sinais de que pode haver trauma sexual envolvido, independente de sua natureza ou grau, incluem: dificuldade em se excitar, ou em se excitar de maneira consistente, dificuldade em chegar ao orgasmo, disfunção erétil, vício em pornografia ou sexo, sentimentos de repulsa em relação ao desejo sexual ou à sexualidade próprios ou da outra pessoa, flashbacks de episódios abusivos (sexuais ou não), sentimentos de ansiedade, tristeza ou medo durante o sexo, dissociação (sensação de desconexão do próprio corpo) durante o sexo ou ansiedade de desempenho. Mesmo sem ter conhecimento do trauma, ele pode levar a uma tensão excessiva no corpo, prejudicando sua capacidade de desfrutar totalmente do sexo e até mesmo causando dor no ato. Saiba que essas experiências podem ser tão sutis e parecer tão desconectadas do seu passado que às vezes é tentador pôr a culpa dos sentimentos ruins durante o sexo em si ou na outra pessoa ("Não estou conseguindo relaxar", "Preciso ter uma postura mais aberta", "A outra pessoa não está fazendo como eu pedi", "Dá para ver que ele só está fingindo gostar") quando o verdadeiro inimigo é o trauma.

Se você desconfia que tem questões sexuais físicas ou emocionais que possam estar relacionadas a um trauma ou a seu passado, recomendo que procure ajuda de um terapeuta sexual, um psicoterapeuta que esteja habilitado para trabalhar com a sexualidade relacionada a trauma e transtornos de ansiedade ou mesmo um fisioterapeuta ou terapeuta ocupacional especializado em questões sexuais e seu impacto no assoalho pélvico a ponto de criar dor e tensão.

A comunicação sobre sexo e seus sentimentos é vital para superar quaisquer problemas sexuais que possam estar prejudicando seu relacionamento. Se você faz sexo ignorando o que está sentindo, ele corre o risco de se tornar uma experiência ainda mais negativa. Em vez de simplesmente seguir adiante, ajuda muitíssimo parar e na mesma hora dizer à outra pessoa o que está acontecendo: "Estou sentindo um pouco de vergonha. Pode me assegurar que essa parte de mim é digna de amor e aceitação?". Sei que parece estranho ter essa conversa durante o sexo, mas quando o casal é capaz de se tranquilizar no mesmo instante em que os sentimentos dolorosos surgem, uma experiência que de outra maneira seria negativa e levaria à desconexão chega até a fortalecer o vínculo. Dar nome aos bois também ajuda a outra pessoa. Ela poderia sentir sua distância e concluir, sem mais informações, que seu retraimento teria a ver com alguma coisa que estivesse fazendo de errado.

A "VIDA SEXUAL SAUDÁVEL"

Agora que abordamos o que poderia atrapalhar uma vida sexual boa, vamos falar sobre o outro lado da moeda: o que é uma vida sexual saudável?

Existem alguns pontos em comum na vida sexual dos casais que relatam ter maior satisfação no relacionamento como um todo. É claro que cada par tem sua maneira única de definir uma vida sexual satisfatória, por isso lembre-se de que sempre há exceções. Casais com uma vida sexual boa não têm medo de se abrir quanto a seus desejos, suas necessidades e preferências sexuais. Casais com apego seguro não seguem uma dinâmica rígida do tipo busca-esquiva, o que significa que as duas partes estão em contato com sua experiência interior, o que por sua vez contribui para uma comunicação aberta e honesta, incluindo nomear a vergonha e as inseguranças. Pessoas com uma vida sexual boa também têm bons limites — não fazem nada com que não se sintam confortáveis e não julgam seu par por *querer* fazer o que quer que seja que lhes provoque desconforto. Uma resposta saudável a diferenças poderia ser algo como "Não gosto disso, mas não penso menos de você por gostar. Somos apenas diferentes nesse sentido. Por sorte há muitas outras coisas de que gostamos".

E quanto a períodos de "seca"? Até mesmo casais com uma ótima vida sexual passam por eles, e os veem como uma parte normal da vida e uma fase. A sensação geral de segurança contribui para que acreditem que voltarão a transar no momento certo.

É claro que o relacionamento consigo mesma é fundamental para um bom relacionamento sexual com a outra pessoa. Para começar, ter um relacionamento seguro consigo própria ajuda na aceitação corporal, que por sua vez ajuda a estar presente durante o sexo, porque a insatisfação corporal não age como uma distração. Você pode experimentar e aprender do que gosta conhecendo seu corpo. Relacionando-se com seu eu sexual de maneira saudável, você cria um modelo do que parecerá bom quando outras pessoas fizerem. Ter um relacionamento seguro consigo mesma ajuda no relaxamento e no orgasmo, e também ajuda a outra pessoa a se sentir melhor. Assim, se você quiser ter um relacionamento sexual mais seguro com a outra pessoa, comece pelo relacionamento sexual consigo mesma. Recomendo às mulheres que leiam *A revolução do prazer*,[3] de Emily Nagoski, uma excelente fonte nesse assunto.

Por último, alguns casais muito felizes fazem pouco sexo (aqueles que apresentam condições médicas limitantes ou baixa libido), não fazem sexo presencial (os que vivem relacionamentos a distância) ou simplesmente não fazem sexo nunca (como os que envolvem pessoas assexuais). Alguns casais são praticantes do poliamor ou têm arranjos menos tradicionais, como relacionamentos abertos, e isso funciona para eles. Levando tudo isso em consideração, não há estatísticas ou uma definição minha ou de qualquer outra pessoa do que seria "uma vida sexual saudável" que supere a experiência única do que é saudável no *seu* relacionamento.

É bastante coisa para absorver, e espero que, aprendendo a se comunicar fora do ciclo negativo, você e seu/a/e parceiro/a/e possam começar a processar isso de uma forma que permita se encontrarem mutuamente no sexo e fortaleça o vínculo sexual como nunca. No entanto, como sempre ocorre com o crescimento em qualquer área, melhorar a vida sexual não é uma questão de "ou isso ou aquilo" — ou você tem uma vida sexual boa ou não tem. É mais uma questão da jornada de uma pessoa rumo à outra e rumo a um nível mais profundo de conexão.

Se você anda com dificuldade de encontrar a proximidade sexual que deseja, não tenha medo de procurar ajuda profissional ou outros recursos que possam ajudar. Recomendo fortemente o podcast Foreplay Sex Radio, apresentado pela terapeuta sexual Laurie Watson e pelo terapeuta George Faller (TFE), que disponibiliza informações inestimáveis com o intuito de ajudar casais a ter uma vida sexual melhor sob a perspectiva do apego. A boa notícia é que todo esse trabalho para criar um ambiente favorável ao apego, construir segurança e iniciar conversas sinceras sobre sexo já funciona como um ponto de partida para você compreender o que quer e o que a outra pessoa quer de uma forma livre de vergonha, com vulnerabilidade e honestidade. Porque no fim das contas, não importa qual seja a esfera, o objetivo é o mesmo: conexão.

12. Quando você não vê resultados

Digamos que você seguiu todos os conselhos deste livro — identificou seu estilo de apego, compreendeu seus gatilhos, passou a se autorregular, trabalhou sua vulnerabilidade e procurou criar um ambiente favorável ao apego — e mesmo assim, nada. Vocês continuam brigando. Você sente que não é compreendida. Em casa persiste uma energia hostil, com a qual você não sabe muito bem como lidar. "Devemos ser a exceção", você deve estar pensando. "Os princípios do apego e esses conselhos sobre relacionamentos talvez sejam ótimos para os outros, mas não funcionam para nós."

A primeira pergunta a fazer é: como você define sucesso? Talvez pense que o trabalho terá sido bem-sucedido quando vocês viverem em um ambiente favorável ao apego, com as necessidades das duas partes sendo atendidas quase o tempo todo. Quando houver uma ruptura, vocês logo voltarão aos trilhos. Vocês se sentirão emocional e fisicamente conectados e encararão a vida como uma equipe. Esse é o ideal, claro. É o que a maioria dos casais com apego inseguro deseja. E espero que vire realidade para você. Espero que este livro tenha te ajudado a pelo menos seguir o caminho certo. No entanto, nenhuma abordagem para lidar com problemas de relacionamento pode garantir esse resultado para todos, não importa quão lógica ou cientificamente embasada seja.

Se você sente que ainda não chegou lá, vamos explorar o que está acontecendo. A primeira coisa a levar em conta é se você tem expectativas realistas de sucesso. Você vê o sucesso como "Perfeição... o tipo de relacionamento que eu sempre quis"? Se for o caso, talvez seja hora de segurar a onda e ver o trabalho feito até aqui como um ponto de partida. Uma boa pergunta para medir seu sucesso seria: "Crescemos a ponto de provar que há esperança?". Na minha experiência, observei que casais que estão crescendo juntos podem continuar crescendo juntos. O crescimento, no entanto, nunca é linear: funciona mais como um processo em que você dá dois passos para a frente e um para trás. Sei que os passos para trás são frustrantes e desmoralizantes, porém são necessários, porque oferecem a maioria das oportunidades de aprendizagem que levam ao crescimento que virá. Em outras palavras, sem andar para trás não se anda para a frente. Isso é verdade para todos os casais, não importa quão fortes sejam.

Falando em crescimento, nem todas as pessoas crescem na mesma velocidade. Se você está lendo esse livro e seu/a/e parceiro/a/e não, você está aprendendo novas maneiras de agir em um relacionamento. Você tem a oportunidade de começar a se fazer presente de modo diferente, mesmo que a outra pessoa não tenha se juntado a você de início. Em um sistema emocional como um relacionamento ou uma família, a energia de uma única pessoa que seja afeta o sistema inteiro. Mudanças positivas em você impactam os outros. Basta que você, e só você, não entre mais em ciclos negativos para que eles deixem de acontecer. Quando você deixa de demonstrar evitação, também deixa de reforçar o apego ansioso do outro, e vice-versa. Isso criará um ambiente mais seguro e favorável ao apego. Quando um ambiente favorável ao apego se estabelece — e isso leva tempo —, a mudança é inevitável. A sensação talvez não seja boa a princípio, porque mesmo mudanças positivas podem ser desconfortáveis no começo. Quase sempre ambientes favoráveis ao apego acabam despertando o melhor em todos que participam do sistema, embora cada pessoa tenha versões diferentes do "seu melhor", dependendo de uma série de fatores. Não quero que só uma parte "faça todo o trabalho" — um relacionamento não tem como dar certo assim —, tampouco quero que alguém desista de forma precipitada só porque o outro não fez sua parte logo de início.

Trabalhando com casais observei várias vezes que depois de uma sessão difícil, que não acaba em mais proximidade, as pessoas voltam ao consultório dizendo que acabou sendo uma semana ótima. Sim, a terapia desenterra pontos complexos com os quais elas talvez nem soubessem o que fazer no momento, mas depois que cada parte tem espaço para processá-los há um crescimento profundo. O que estou dizendo é: tome cuidado para não se concentrar nos detalhes a ponto de não ver o todo.

Mas vamos pensar no pior dos casos: você deu o máximo de si. Ainda tem trabalho a fazer, porém no geral é mais capaz de validar, demonstrar empatia, transmitir mensagens e responder à outra pessoa de maneira saudável, evitar ciclos negativos e estabelecer limites favoráveis ao apego quando necessário. Você vem crescendo como indivíduo. Vem melhorando em sua forma de lidar com sentimentos, de se autorregular e se cuidar. Você não é perfeita, mas seu crescimento é real; ainda assim sua satisfação no relacionamento permanece baixa. Você não sente que estão mais próximos, que seus pedidos são respondidos ou que suas necessidades são atendidas. Nesse caso, e é um caso terrível, é importante se permitir sentir a decepção e até a raiva que qualquer pessoa sentiria. Ao mesmo tempo, embora o objetivo maior deste livro seja ajudar você a alcançar um relacionamento com apego seguro, o benefício de alcançar um relacionamento com apego seguro consigo própria *não pode ser subestimado*. O único relacionamento na sua vida que durará para sempre, do nascimento à morte, nas 24 horas do dia, o relacionamento que vem em primeiro lugar, não importa o quanto precise se conectar com outros, é o relacionamento com *você*. E sempre que você valida a outra pessoa, que se autorregula antes de agir, que demonstra empatia ou vulnerabilidade, que estabelece limites saudáveis, que se comunica a partir da sua perspectiva em vez de culpar e envergonhar, que defende suas necessidades de apego e daí em diante, você está se apoiando, se amando, fortalecendo a crença e a confiança em si mesma e se cuidando — e esses são os principais componentes da segurança. Você não está apenas tentando ter um relacionamento melhor com a outra pessoa, também está aprendendo a ter um relacionamento saudável de modo geral. Não importa o que o outro faça, você está construindo uma vida melhor para si, mesmo que isso não fique evidente de imediato. Seu crescimento é um investimento no seu eu futuro e em relacionamentos fora da esfera romântica, incluindo o que você constrói com seus filhos, o que renderá frutos adiante. Todos sabemos que infelizmente a vida acontece e as circunstâncias mudam de maneiras que não podemos controlar. Se você buscar um novo relacionamento no futuro, seu nível de crescimento não vai apenas informar o que você procura em alguém, mas também quão saudável será esse relacionamento desde o início. Assim, embora o foco deste livro seja o crescimento da relação, ele também é sobre crescimento pessoal.

CONSULTANDO PROFISSIONAIS

Se você sente que já fez todo o possível e nada no relacionamento mudou, essa é uma informação importante. Seria possível dizer que a abordagem *de fato* "funcionou" porque você atingiu uma clareza — sobre si, a outra pessoa e o relacionamento — que não tinha antes. Dessa clareza decorrem opções. Há escolhas a fazer, que apresentaremos neste capítulo, e a maioria delas envolve uma autoexploração que você pode fazer por conta própria. Antes de entrarmos nisso, entretanto, quero abordar a primeira opção: buscar ajuda profissional.

Algumas pessoas enfrentam circunstâncias únicas e extenuantes e precisarão de um nível de intervenção maior do que este livro é capaz de oferecer por si só. Algumas situações são simplesmente mais difíceis de trabalhar que outras, sobretudo quando não há uma solução fácil. Elas podem incluir filhos de casamentos anteriores, convocação militar, uma pessoa com transtorno de personalidade, neurodivergências, dificuldades após sobreviver a um desastre natural, um filho doente, uma doença crônica e muito mais. Quando é o caso, recomendo buscar a ajuda de um terapeuta que trabalhe sob a perspectiva do apego e aborde diretamente a estabilização do ciclo negativo do casal. Se possível, procure alguém especializado no seu desafio em particular. (A verdade é que qualquer casal pode se beneficiar da terapia, mas para casais que se encaixam nas categorias mencionadas acima ela é imprescindível.) A Terapia Focada nas Emoções é especialmente eficaz. Estudos formais refletem o mesmo progresso que vejo nos casais que atendo: pelo menos 70% estão livres de sintomas ao fim do tratamento (e permanecem assim dois anos depois), e uma porcentagem ainda mais alta apresenta melhora significativa.[1] Recomendo a TFE porque é a área em que me especializei, de modo que tenho certeza de que esse tipo de trabalho estará alinhado com a filosofia deste livro.

E AGORA?

Digamos que você se esforçou ao máximo para pôr as ideias deste livro em prática e deu tempo ao tempo, mas a outra pessoa não parece crescer também. Você não está feliz no relacionamento e não tem esperança de que as coisas vão mudar. Você se sente empacada, frustrada e sozinha. E agora?

Há três opções viáveis: 1) manter tudo como está; 2) continuar trabalhando em você e no seu lado do relacionamento; ou 3) se separar.

Antes de entrarmos nelas, vamos dar uma olhada no que *não* é viável e que muitos de vocês podem estar fazendo, embora os mantenha empacados: trabalhar no relacionamento em um ciclo negativo.

QUANDO "TRABALHAR NO RELACIONAMENTO" SE TORNA UM CICLO NEGATIVO

O que falta nas três opções anteriores talvez seja exatamente aquilo que você *mais* fique tentada a fazer: forçar uma mudança.

Tentar forçar, coagir ou pressionar a outra pessoa a mudar (ou ser forçada por ela) pode iniciar outro ciclo negativo. Alguns sinais de que isso está acontecendo incluem: a principal motivação (sua ou do seu par) para mudar é "fazer com que a pessoa mude", em vez de crescer como indivíduo ou investir a longo prazo na relação; se tornar hiperatenta a tudo o que a outra pessoa diz ou faz (ou, se for o caso, não diz ou não faz) para determinar se ela está mudando ou não; deixar-se levar pelo medo ou pela ansiedade, em vez de avançar rumo a uma conexão mais profunda; e/ou ser excessivamente ameaçadora ou exigente.

Digamos que as duas partes do casal estão lidando com questões menores de saúde que provavelmente responderiam bem a uma alimentação mais saudável. A outra pessoa tem interesse em nutrição e decidiu que vocês precisam comer melhor. Você não é totalmente contra a ideia — porque reconhece a necessidade —, mas não sabe se quer mesmo alterar de maneira drástica suas refeições. A outra pessoa, por sua vez, está *muito* empolgada. Na verdade, o que começa como empolgação logo se torna pressão. "Você tomou seu suco verde hoje?", ela escreve, logo depois do almoço. "Você leu o artigo que te mandei?", ela pergunta à noite. "Ah, não", você pensa, "vamos falar de novo sobre comida."

A outra pessoa sente que você se distancia do assunto, o que a faz aumentar ainda mais a carga: "Como você pode não querer ser saudável? Essas mudanças não são apenas para me ajudar, são para *nos* ajudar. É nosso futuro que está em jogo. E se acabarmos desenvolvendo diabetes? Tem gente com diabetes na minha família e na sua. Isso é sério. Por que não fazer tudo o que pudermos?".

Você quer apoiar a outra pessoa, por isso tenta fazer a sua parte. Os dois ouvem podcasts sobre saúde, mesmo que você preferisse ver Netflix. Você troca lanchinhos açucarados por legumes e castanhas. Começa a levar salada para o almoço. Mas quando seus colegas no trabalho falam em ir a uma loja de cupcakes que acabou de abrir no prédio e vem sendo muito elogiada, você é a primeira da fila.

Você não menciona nada disso à outra pessoa, porque não quer ter uma longa conversa sobre como não está se esforçando na mesma medida. No entanto, ela acaba vendo uma foto sua com a seguinte legenda no perfil de alguém do seu trabalho: "Cupcakes com os MELHORES colegas do mundo!".

Em algum momento você simplesmente para. Não tem mais interesse em manter a paz. Qual é o sentido, afinal? A outra pessoa só enfatiza seu fracasso em "seguir o plano". Então você começa a reagir. "Isso é ridículo", protesta. "Comer não precisa ser tão complicado!" Você tenta argumentar em favor de diferentes maneiras de se alimentar, mas a outra pessoa desiste e diz que você não se importa. Você acaba se fechando e se recusando a falar sobre comida.

O que acontece então? A comida adquire um ciclo negativo próprio no relacionamento de vocês.

A mesmíssima coisa pode acontecer com o trabalho no relacionamento. Essa é uma explicação muito comum para as coisas não estarem mudando. Talvez Gianna queira que seu companheiro Luca pare de culpá-la por não ser emocionalmente disponível, mas a maneira como ela comunica seus sentimentos de rejeição é dizendo: "Você me critica o tempo todo, não aguento mais. Se quer que a gente cresça como casal, precisa parar de fazer isso". Talvez Tanny queira que seu companheiro Gavin fique menos na defensiva. Quando menciona suas preocupações, ele rebate dizendo que ela "está entendendo tudo errado". Tanny reage: "Viu? Nunca vamos romper o ciclo negativo porque você simplesmente não quer mudar". Gabin e Tanny combatem fogo com fogo, e quando isso acontece a mudança no relacionamento dá início a seu próprio ciclo negativo. A Pessoa 1 (em geral a pessoa ansiosa, que tem maior propensão a trazer os problemas) reconhece que há um problema, um problema legítimo, que precisa ser abordado. Ela toma a iniciativa, faz a pesquisa, arregaça as mangas e bola um plano. Seu esforço é louvável, mas a maneira como aborda a situação e tenta implementar seu plano pode facilmente fazer com que a solução se torne parte do problema.

A Pessoa 2 (em geral a evitativa, que tem maior propensão a tentar manter o status quo para evitar vergonha e conflito) reage à pressão se distanciando. Afinal, o plano atual não está funcionando, então é melhor evitar o assunto. Isso faz a Pessoa 1 pressionar mais. Quanto mais ela insiste, mais a Pessoa 2 se distancia; a Pessoa 1 se sente só, enquanto a Pessoa 2 sente que as exigências da outra só estão piorando as coisas. Ninguém tem suas necessidades atendidas e ninguém fica feliz.

Se você está lendo este livro e tentando fazer com que a mudança aconteça, talvez se pergunte por que a Pessoa 2 não pode simplesmente "seguir o fluxo". Às vezes, no entanto, não é assim que funciona. E às vezes a atitude da segunda pessoa é justificada — ela não está resistindo a mudanças no relacionamento, e sim a como se sente mal em relação a tudo o que está acontecendo. Meu objetivo aqui é abrir espaço para a mudança sem que ela transmita uma sensação ruim. O melhor modo de fazer isso é trabalhar para mudar o *clima* do relacionamento, e não a outra pessoa.

Eis como uma mudança saudável no ambiente pode acontecer, no nosso exemplo da alimentação: a Pessoa 1 fala com a Pessoa 2 sobre mudar a qualidade das refeições. Talvez a Pessoa 2 concorde que há um problema, talvez não. De qualquer modo, a Pessoa 1 diz: "Vou comprar comidas mais saudáveis para nossa casa, vou tentar comer melhor e cozinhar mais". Então a Pessoa 1 começa a fazer mudanças. Enche a geladeira de comida saudável. Quando está cozinhando para a família não exagera, preferindo integrar o novo estilo ao antigo. E o mais importante: dá o exemplo, convidando a outra pessoa a se juntar a ela mas sem a pressão do "Faça como eu, senão...", "Se realmente me ama, vai agir igual" ou "Quando você errar, teremos longas conversas sobre como precisa melhorar". Ela tampouco diz: "Se você não se tornar mais saudável comigo, eu também não vou".

É claro que a Pessoa 1 *quer* que a Pessoa 2 se junte a ela para ser mais saudável. No entanto, a abordagem da pressão e do controle é, para a maioria dos casais, a maneira mais rápida de garantir que a mudança não aconteça. Na verdade isso vale para a maioria das pessoas. Grande parte delas se rebela quando se sente controlada — é uma reação humana compreensível para tentar manter a dignidade.

Aqui vão alguns exemplos do que é necessário para criar um ambiente favorável ao apego. Você não pode forçar a outra pessoa a mudar, mas pode decidir que vai fazer o seu melhor para criar uma nova forma de comunicação, mais fácil para as duas partes. Você pode interromper o ciclo. Pode demonstrar empatia. Pode servir de exemplo. E pode fazer tudo isso sem dizer: "Você também precisa mudar, ou...".

Quando uma pessoa faz pressão pela mudança e a outra se distancia, isso reflete um desequilíbrio com o qual a relação já sofre: a parte ansiosa compreensivelmente tenta encurtar a distância (ou evitar a solidão) concentrando todo o seu foco na mudança imediata, enquanto a parte evitativa compreensivelmente se esforça para manter a paz (ou evitar a vergonha) esquivando-se de assuntos difíceis. Lembre-se de que o apego seguro se dá a partir de um equilíbrio na relação, e em momentos de crescimento o equilíbrio vem de cada parte reconhecer a necessidade de mudança e se responsabilizar pelo que cabe a si (mesmo que seja preciso tempo para chegar lá). Se você é a pessoa iniciando a mudança, precisa estar disposta a manter a constância e não recair em extremos (no caso de pessoas ansiosas, em geral exercendo pressão e controle) por tempo o bastante para que a outra pessoa comece a fazer as mesmas mudanças em reação ao novo ambiente. Se você é a parte evitativa, precisa correr o risco de se abrir a novas informações.

Se pressionar e controlar não vão convencer a outra pessoa a se abrir, o que convencerá? Além de criar um ambiente favorável ao apego, sugiro começar tentando atender às próprias necessidades e depois servindo de exemplo, como no caso da alimentação. Pense no que você quer do relacionamento, veja se consegue oferecer isso a si mesma e depois sirva de exemplo para o outro. Você quer que ele te valide mais? Em vez de exigir validação, valide-se primeiro: "Meus sentimentos são reais e fazem sentido". A validação da outra pessoa nunca será suficiente se você não for capaz de se validar. Caso não faça isso, você vai acabar tentando obter da outra pessoa mais do que qualquer um, incluindo o parceiro mais amoroso do mundo, seria capaz de oferecer. Depois mostre a ela que cara tem a validação e que sensação pode transmitir *validando-a, mesmo que isso signifique validar sua resistência a trabalhar no relacionamento.*

Como assim? Bom, se uma pessoa se mostra reticente a trabalhar no relacionamento, talvez tenha um bom motivo. Eis algumas explicações comuns entre meus clientes para resistir a obter ajuda: achar que é um sinal de fraqueza ou incompetência; ver isso como a última opção, útil apenas se for impedir o término; ter dúvidas quanto a se vai funcionar; ter certeza de que vai ser alvo de acusações, não só por parte da outra pessoa, mas também do terapeuta; entender isso como uma maneira de sofrer controle. Algumas pessoas acham que trabalhar no relacionamento vai ser como ter um caminhão passando por cima delas, como se suas ideias não fossem relevantes. Elas veem isso como uma ameaça ao status quo, que pode não ser o ideal, mas pelo menos é familiar e, portanto, seguro. Ou encaram como uma ameaça à autenticidade ou à capacidade do casal de se curtir em vez de trabalhar o tempo todo. Estão cansadas demais para pensar. Não conseguem encontrar as coisas "certas" para dizer e vão se sentir um fracasso. Talvez tenham visto amigos ou parentes fazerem terapia de casal e depois se divorciarem. Preocupam-se com o custo, que às vezes é proibitivo mesmo (um dos motivos que me levaram a escrever este livro). De novo, não estou dizendo que estão certas, só estou tentando compreendê-las sob a ótica do apego.

Veja este exemplo: Victor reconhece que é a parte ansiosa e que Dahlia é a parte evitativa do relacionamento. Reconhece os ciclos negativos do casal e está comprometido a trabalhar rumo a um apego seguro. Quando menciona a ideia de fazer terapia de casal a Dahlia, ela reage dizendo que não precisam disso porque estão melhor do que a maioria dos casais que ela conhece e que terapia de casal é para quem está à beira do divórcio, e não para gente como eles, com problemas normais. Victor fica arrasado. Não acha que estão à beira do divórcio, mas *sabe* que poderia ser melhor — que eles poderiam brigar menos e se sentir mais conectados.

No entanto, Victor também sabe que embora não possa controlar o desejo de Dahlia de fazer terapia, ele *pode* controlar como se comporta no relacionamento. Sua vontade é dizer a Dahlia que ela está errada em relação à terapia e convencê-la de que é melhor prevenir que remediar, mas ele resiste.

Em seu ciclo negativo, Dahlia com frequência responde às emoções de Victor com "Por que você está chateado? Não é tão importante", ou "Temos que falar sobre isso agora? Não podemos só curtir o dia?". Victor, como a parte ansiosa do casal, está em contato com sua necessidade de mais validação emocional no relacionamento.

Ele também reconhece que Dahlia, como a parte evitativa, não está tão em contato com suas necessidades emocionais, mas isso não significa que ela não tem necessidade de validação. Assim ele começa a responder à resistência dela à terapia de casal com curiosidade e validação, enviando a mensagem: "Vejo você. Você faz sentido. Seus medos são compreensíveis". Ele poderia comunicar isso dizendo: "Tá, estou ouvindo. Quero que me conte mais sobre suas preocupações", ou "Entendo por que você não quer que pareçamos um casal em apuros, isso faz sentido", ou "Gosto da ideia de terapia de casal porque quero que nossa comunicação melhore, mas respeito seus sentimentos em relação ao assunto", ou mesmo "Talvez para você terapia de casal seja sinônimo de fracasso e a última coisa que você quer é sentir que está fracassando". Depois que tiver deixado claro para Dahlia que vê seus sentimentos e suas ideias como dignos de respeito, Victor talvez decida expressar suas necessidades de maneira mais direta: "Entendo de onde vem isso. Eu também não iria querer fazer algo de que não tenho certeza. Só peço que pelo menos mantenha a mente aberta, porque talvez possamos nos beneficiar da terapia".

O que acontece então? No mundo ideal, Dahlia terá o apoio emocional que provavelmente nunca teve antes e começará a retribuí-lo de maneira natural, sem coerção e sem acrescentar mais do que não está funcionando.

Quando sentir a tentação de pressionar ou controlar a outra pessoa, pense em *ser* a mudança que quer ver. Se quiser compreensão, compreenda. Se quiser curiosidade, demonstre interesse. Se quiser mudança, mude. Se quiser que te ouçam, ouça. Se quiser que a outra pessoa mude, perceba quando ela muda. Em outras palavras, espelhe o que você quer que cresça.

Por fim: seu relacionamento consigo mesma é fundamental. Como você se trata vai se manifestar em como você trata a outra pessoa. Você não está pressionando ou abordando a partir de uma postura de controle porque é maníaca ou incapaz de empatia. Você tem um bom motivo para escolher essa abordagem, qualquer que seja ele. Provavelmente você cresceu sendo motivada da mesma maneira, e faz sentido que aja assim agora. Além disso, a dor de um relacionamento em dificuldades é real — é solitário, frustrante, enlouquecedor. A tentação de se sentir melhor de uma forma familiar é atraente. Ofereça validação e compreensão a si mesma. Mas não se esqueça de equilibrar isso com a noção de que o fato de seus sentimentos serem válidos e de que tudo o que você faz tem sentido em algum nível não significa que o que você está fazendo vai te ajudar a conseguir o que deseja.

SEGUINDO EM FRENTE: TRÊS OPÇÕES VIÁVEIS

OPÇÃO I: MANTER TUDO COMO ESTÁ

Na minha opinião, manter o status quo é a menos desejável das três opções, mas vamos explorar o que isso significa. Manter as coisas como estão significa basicamente desistir do trabalho pessoal, pensando: "Bom, parece que não vai ficar melhor que isso". A pessoa que escolhe esse caminho talvez pense que mudanças só podem ocorrer quando ambas as partes se comprometem, então decide aceitar o relacionamento como ele é. Essa pode ser a opção mais fácil — afinal, é a que menos exige esforço, e às vezes parece mais seguro nem tentar em vez de tentar e se decepcionar. Manter tudo como está costuma resultar nas duas pessoas ficando no caminho uma da outra devido a uma mentalidade do tipo "Se você não vai mudar, eu não vou mudar" que garante que ninguém mude. O casal leva uma vida medíocre na melhor das hipóteses, e infeliz na pior.

Para algumas pessoas o status quo parece seguro porque o ambiente do relacionamento pode até não ser bom, mas *é* familiar. Às vezes um mal conhecido parece melhor que um desconhecido. Se você decidir seguir esse caminho ninguém vai precisar sair da zona de conforto. Fazer o trabalho sozinha é intimidador, e talvez pareça uma receita para o fracasso. A ideia de pôr um fim no relacionamento às vezes é simplesmente aterrorizante. Não fazer nada, no entanto, também tem um custo: o de continuar empacada.

As pessoas têm seus motivos para manter tudo como está. Trabalhar no relacionamento é cansativo: exige tempo e muita energia emocional, ainda mais se você sente que a maior parte está recaindo sobre seus ombros. Talvez você simplesmente não tenha energia no momento para se esforçar. Criar os filhos e botar comida na mesa é meio que o máximo de que você dá conta. Espero que pelo menos decida manter o status quo com intenção: "Pode não ser o ideal, mas vai ser assim por ora". Esse nível de consciência representa, por si só, um crescimento.

OPÇÃO 2: CONTINUAR TRABALHANDO EM VOCÊ E NO SEU LADO DO RELACIONAMENTO

Se a outra pessoa não trabalhar no relacionamento na mesma medida que você, sem dúvida será mais difícil que a mudança aconteça, mas há esperança. Se você optar por trabalhar na sua parte, o pior cenário ainda envolve um enorme sucesso: você crescer como indivíduo.

Como mencionei algumas vezes, pude observar que quando uma pessoa começa a fazer mudanças e um ambiente favorável ao apego é instaurado, todo tipo de espaço para a transformação se abre. No entanto, mudar envolve muito mais do que aquilo a que a outra pessoa está disposta; para que uma mudança seja real, ela precisa acima de tudo ter a ver com *você*. Você pode continuar explorando os padrões de apego estabelecidos na sua infância para se entender mais profundamente, e com isso fazer escolhas melhores para sua própria paz de espírito.

Romper com o status quo *será* difícil. Mesmo na melhor das circunstâncias, quando as duas pessoas embarcam totalmente e desde o início no processo, existe um sistema em funcionamento que seu cérebro não quer reprogramar. Ele fará todo o possível para resistir à mudança e interpretará tudo como ameaça, tão rápido que você nem perceberá que está acontecendo. No começo, cada consideração de movimento diferente causará estranhamento. Se a outra pessoa disser algo que você não quer ouvir, mesmo só pensar em dizer algo como "Fale mais a respeito, não sei se entendi bem" em vez de "Do que está falando? Nunca faço isso!" provocará uma resposta neural do tipo: "O que você está fazendo? É maluquice! Não *peça* críticas, isso não é seguro!".

No entanto, os benefícios de deixar o desconforto de lado e correr riscos mesmo contra a vontade do seu sistema nervoso renderá frutos para você como pessoa. Para começar, escolher agir de forma diferente para evitar ciclos negativos vai diminuir o conflito de uma maneira que reduzirá o estresse geral, porque ciclos negativos acalorados são estressantes e exaustivos. Quando você fizer uma retrospectiva do dia, da semana, do mês ou do ano que passou e se pegar dizendo "Nossa, estou agindo de modo diferente! Não estou me permitindo ser sugada por buracos negros. Fui eu que fiz isso", sua confiança só aumentará. Então, você aprenderá a acreditar em si. Aprenderá a acreditar que pode contar com sua capacidade de se comportar de uma maneira saudável e com autocompaixão, deixando de lado o velho impulso de lutar ou fugir. Autoconfiança é autoestima, é autossegurança, é *um apego seguro consigo mesma*.

Com base na minha experiência, acredito que em algum lugar dentro de cada um de nós existe uma tendência ao crescimento. Todos queremos ser nossa melhor versão e manifestar nossa bondade intrínseca, embora às vezes algumas pessoas não saibam por onde começar, sintam-se desesperançadas ou tenham tanta vergonha que não conseguem encarar. É aí que as partes de um casal podem exercer um enorme impacto uma sobre a outra. Se você é a parte mais saudável no momento, incentivo que crie um ambiente livre de vergonha e favorável ao apego tanto quanto possível por conta própria. Faça isso por você, por sua família e porque pode ser o bastante para dar o pontapé inicial na vontade de crescer da outra pessoa.

E se você escolher essa opção, aceitar meu conselho, der tempo ao tempo e a outra parte ainda assim não mudar? Talvez você decida ficar, ou ao menos ficar por ora. As pessoas escolhem continuar num relacionamento que não as realiza plenamente por motivos logísticos diferentes (não querer dividir a família, questões financeiras etc.). Elas seguem fazendo sua parte para criar um ambiente saudável, aprendem a valorizar o relacionamento tal qual ele é, com seus pontos fortes e deficiências, e encontram outras formas de ter suas necessidades atendidas. Nesse caso, aceitar as coisas "como elas são" pode envolver algum luto. Talvez seja necessário abrir mão da ideia de como queria que seu relacionamento fosse, e isso é uma perda.

No entanto, manter um relacionamento que não é exatamente o que você esperava ou planejava não significa que está tudo perdido. Mesmo quando as coisas não são perfeitas, melhorar já é dar um passo firme. Se você fizer todo esse trabalho e o relacionamento continuar não sendo ideal mas houver melhora, então não terá sido em vão. Talvez seja o caso de dar um passo atrás para ver melhor. Nosso cérebro está programado para dar prioridade ao que *não* está funcionando, então às vezes precisamos nos esforçar para mudar a perspectiva e conseguir fazer uma avaliação mais justa. Procure responder à seguinte pergunta: "Se as coisas realmente melhoraram, em que sentido isso aconteceu?". Observe o que vem. Não estou pedindo que você veja a vida em cor-de-rosa, apenas que reserve um momento para notar a melhora. Assim como pode ser difícil notar o crescimento físico de uma criança que você vê todo dia, a ponto de parecer que de repente todas as roupas ficaram curtas, pode ser difícil ver crescimento na relação no dia a dia. É raro que me digam: "Estamos curados!". O que acontece é que depois de semanas ou meses de terapia eles chegam às sessões contando "Ah, tivemos uma semana ótima", como se esse fosse o novo normal. O que estou dizendo é que você pode ter que se concentrar em áreas de crescimento no curto prazo, quando os momentos ruins ainda forem mais evidentes que os bons. Buscar identificar melhorias com intenção lhe dará o impulso necessário para seguir nessa importante jornada.

Por fim, embora o foco deste livro sejam os relacionamentos afetivos, o trabalho não se encerra aí. Todas as relações, incluindo as que não envolvem o casal como um todo e mesmo aquelas em que você pode se ver no futuro se beneficiam dos princípios que exploramos aqui: validação, empatia, escuta ativa, autorregulação. Eles promovem a conexão, e a conexão faz bem.

OPÇÃO 3: SEPARAÇÃO

Por mais difícil que seja encarar, às vezes, depois de um período de tempo significativo (cuja duração é diferente para cada pessoa), você caminha a passos largos em seu desenvolvimento pessoal e passa a se comportar da maneira mais saudável possível no relacionamento, mas continua infeliz. Talvez a outra pessoa não esteja mudando, talvez sair do ciclo negativo tenha deixado claro que alguns dos problemas de vocês têm mais a ver com incompatibilidade do que com comunicação. A verdade é que às vezes duas pessoas simplesmente não se encaixam. Às vezes duas pessoas costumavam se encaixar, mas cresceram de um modo que as distanciou. A comunicação saudável até cria compatibilidade, mas não há garantias.

Se é isso que está acontecendo no seu caso e você não tem mais esperança de conseguir o relacionamento que deseja, o que fazer? A essa altura talvez você precise decidir que o caminho mais saudável é terminar e seguir em frente. E tudo bem. Essa pode ser a melhor opção para você e todos os envolvidos. Já atendi casais que fizeram um grande trabalho gerenciando os ciclos negativos — medalhistas de ouro da terapia! — e chegaram à conclusão de que pôr um fim na relação fazia sentido. Alguns queriam coisas diferentes da vida; outros perceberam que se saíam melhor como amigos que como um par; outros ainda tiveram motivos diferentes. Por mais paradoxal que possa parecer, meu trabalho como terapeuta de casais não é salvar o relacionamento, e sim fazer com que as duas pessoas possam avançar de maneira saudável, juntas ou separadas, com a clareza que só pode ser encontrada na comunicação segura.

Não é fácil quando seu relacionamento não está melhorando mesmo depois de você se esforçar muito e começar a mudar. Ofereça amor e compaixão a si mesma, e saiba que você não precisa decidir nada de imediato. Comprometa-se com você e com o processo de cura.

13. Em vez disso, faça isso

Quando me ___*fecho*___ ,

por dentro estou ___*sobrecarregada*___ ,

porque ___*nem sempre conheço meus sentimentos*___ ,

e entendo que isso

te deixe ___*perdido*___ .

Ao longo do meu atendimento clínico e do meu trabalho nas redes sociais, aprendi que as pessoas querem palavras. Posso até passar um conceito do que fazer, mas fornecer as palavras certas é o que fará esse trabalho ganhar vida para você. É exatamente isso que faço com os casais que atendo: os ajudo a encontrar sua experiência interna, real e autêntica, e lhes ofereço as palavras para compartilhá-la. A experiência é deles, e as palavras acabam se tornando deles também, mas no começo eles precisam de ajuda para aprender a linguagem do apego.

Este capítulo está repleto de frases que você pode usar com a outra pessoa em situações difíceis. Elas foram escritas de maneira genérica porque, como você pode imaginar, é impossível refletir o vocabulário e o estilo de fala de cada um. Portanto, embora possam não parecer muito autênticas a princípio, faça um esforço para experimentá-las. Brinque com elas. Fique vulnerável. Aproprie-se dos princípios da comunicação favorável ao apego, que tanto discutimos, tornando-os seus. E lembre-se: este é um trabalho que envolve autenticidade, então se você se sentir desconfortável diga: "Posso parecer boba, mas do jeito antigo não estava funcionando, então vou tentar algo novo". Lembre-se de que muitos elementos influenciam a maneira como um casal conversa entre si: fatores culturais, de gênero, geracionais, regionais, e por aí vai. Alguns casais ficam mais confortáveis sendo mordazes entre si a tal ponto que deixariam outros chocados. Alguns conversam com tanta formalidade que outros se perguntariam se são realmente um casal. Eu mesma não uso muitas dessas frases com meu marido, e sou a autora deste livro! (Mas, claro, aproveito os fundamentos.) O ponto é: aproveite os princípios que ofereço a seguir, torne-os seus, veja o que funciona e esqueça o resto.

Espero que você e seu/a/e parceiro/a/e tenham lido tudo até aqui; é um primeiro passo para que as afirmações sejam bem recebidas. Se não for o caso, imagino que no mínimo serão recebidas melhor do que o que quer que vocês estejam dizendo e levando a ciclos negativos. Se você continuar treinando falar da sua perspectiva e sob a ótica do apego, com o tempo as palavras começarão a parecer mais autênticas e se tornarão mais suas.

Antes de abordar um assunto difícil, autorregule-se, acalmando e preparando seu sistema nervoso. Faça exercícios de respiração, atenção plena e mentalização, ou quaisquer outras técnicas de autorregulação que lhe pareçam úteis (volte ao capítulo 5 para mais ideias) para encontrar clareza, aterrar-se e sintonizar uma mentalidade do tipo "Eu consigo, está tudo bem. Estou em segurança. Sou forte. Posso ser vulnerável. Estou aprendendo novas maneiras de habitar esse relacionamento, e isso é bom".

Quando conversar com a outra pessoa, não subestime o poder de regulação emocional e de conexão de se comunicar não verbalmente e pelo toque. Enquanto fala, procure fazer contato visual, manter o corpo voltado na direção dela e com uma postura aberta, segurar sua mão ou qualquer outra coisa que possa ajudar fisicamente na conexão e na corregulação, enviando a mensagem "Você é importante para mim". Às vezes ficar do mesmo lado da mesa ajuda a mostrar que vocês estão mesmo do mesmo lado. Descubra o que funciona para vocês.

Nada disso é uma questão de pisar em ovos e impedir a outra pessoa de reagir mal, mas sim de fazer o seu melhor para criar segurança emocional e ajudar cada um a se sentir mais confiante quanto a suas habilidades de comunicação. As afirmações vêm de uma perspectiva pessoal e de um lugar de vulnerabilidade, transparência e curiosidade, e/ou têm um sentido de apego embutido. Não envolvem culpa, vergonha, crítica, defensividade ou qualquer outro gatilho em potencial.

Por último, o espírito deste trabalho é plantar sementes e criar mudanças, e não conseguir exatamente o que você deseja na mesmíssima hora. É uma questão de progresso, e não de perfeição. No começo é comum não ter o retorno que deseja, e até receber uma resposta negativa. Mudanças, mesmo as boas, parecem ameaçadoras no início. Se isso acontecer com você, se mantenha firme e seja sincera: "Estou tentando me comportar de maneira diferente porque nosso relacionamento é muito importante para mim e porque quero me orgulhar de quem sou".

Alguns exemplos se referem a assuntos específicos, mas a maioria pode ser usada em diferentes contextos, inclusive nos particulares ao seu relacionamento.

QUANDO VOCÊ ESTÁ SE SENTINDO SÓ OU QUER PASSAR MAIS TEMPO COM A OUTRA PESSOA

Em vez de:
"Você nunca quer passar tempo comigo."

Tente:
"Valorizo seu trabalho duro *e* sinto muito sua falta. Acho que nos sentiríamos melhor se arranjássemos um tempinho para nos conectar. O que você acha?"

Queixas deixam os alvos na defensiva. "Nunca" e "sempre" costumam acabar em discussão porque é fácil encontrar exceções, e a questão real — a saudade — é deixada de lado. A versão alternativa atende a necessidades de apego ("Valorizo você") e cria segurança. Aborda o sentido mais amplo ("Sinto sua falta") em vez de iniciar uma discussão envolvendo fatos. E parte de uma perspectiva pessoal ("Eis o que está acontecendo comigo"), de modo que não é necessário ficar na defensiva. Convidar a outra pessoa a dizer o que pensa envia a mensagem de que isso é importante para você, e assim outra necessidade de apego é acolhida.

QUANDO VOCÊ SE SENTE SOBRECARREGADA E PRECISA DE AJUDA

Em vez de:
"Sou sempre eu que faço tudo."

Tente:
"Para mim é importante sentir que somos uma equipe. Essa é uma das maneiras de me sentir próxima de você. Eis o que está acontecendo comigo e o que faria com que me sentisse melhor..."

Ou:
"Vamos conversar sobre nossos padrões diferentes no cuidado da casa para podermos trabalhar juntos onde concordamos e nos encontrar no meio onde não concordamos."

Ou:
"Sei que no passado transmiti a mensagem de que seu jeito de fazer as coisas em casa não é o certo, e entendo que pode ter sido desagradável para você. Se foi o caso, eu gostaria que tentássemos nos comunicar de uma maneira melhor."

A frase original facilmente leva a uma discussão envolvendo fatos; é uma abordagem "eu contra você", expressa em uma queixa genérica. Também mostra que você não está reconhecendo as contribuições da outra pessoa e a experiência dela, o que pode acontecer quando um gatilho é acionado. As alternativas reconhecem comportamentos anteriores que podem ter impactado vocês e criam um ambiente seguro e de confiança. Transferindo o foco para a "equipe" e a "proximidade", você trabalha sob a ótica do apego, expressando claramente o que te ajudaria a sentir segurança e permitindo uma abertura a soluções mais direcionadas.

QUANDO ALGO IMPORTANTE ESTÁ TE IRRITANDO

Em vez de:
"Cansei de chegarmos sempre tarde porque você não consegue se arrumar na hora."

Ou:
"Perco a cabeça quando você fala dos meus problemas no trabalho na frente dos outros. Por que tem que fazer isso?"

Tente:
"Valorizo nosso tempo juntos acima de tudo, mas atrasos não são bons para a minha ansiedade. Faz com que eu me sinta mal. Preciso falar a respeito e preciso saber que isso importa para você."

Ou:
"Sei que você está tentando se envolver e amo isso em você, mas fico com vergonha quando fala dos meus problemas no trabalho na frente de outras pessoas. Pode levar isso em consideração?"

As primeiras opções são queixas, envergonham a outra pessoa e abordam a questão a partir de uma perspectiva "eu contra você". É fácil ignorar queixas ou recebê-las como uma ameaça, porque elas não revelam vulnerabilidade. Recordar suas necessidades em vez de julgar o comportamento alheio não envergonha ninguém e é favorável ao apego. As alternativas se concentram em soluções e validam a experiência do outro, o que cria segurança e serve de exemplo. Você tem maiores chances de despertar empatia quando explica como as ações da pessoa te impactam emocionalmente. Empatia é um motivador melhor que vergonha e reclamação.

Devo apontar, no entanto, que nem *tudo* precisa ser discutido. Às vezes a irritação tem menos a ver com o que o/a/e parceiro/a/e está fazendo do que com seu humor ou com feridas do passado que não foram curadas e agora te assombram. Você pode decidir simplesmente sair para dar uma volta, "esquecer", fazer uma lista de tudo pelo que é grata, escrever um diário ou confiar que esse momento específico não define seu relacionamento e que isso também vai passar, porque, honestamente, é como os relacionamentos funcionam. Você escolhe suas batalhas.

QUANDO VOCÊ PRECISA SABER QUE TAMBÉM HÁ ESPAÇO PARA O SEU JEITO

Em vez de:
"Por que tudo tem que ser do seu jeito?"

Ou:
"Pare de me dizer o que fazer."

Tente:

"Gosto de organização, mas nunca vou ter os mesmos padrões que você. Como podemos encontrar um meio-termo?"

Ou:

"Eu entendo. Sei que você se sente mais confortável quando as coisas acontecem como você quer. Como uma pessoa adulta, no entanto, preciso poder fazer as coisas do meu jeito, mesmo que às vezes seja diferente do seu."

As frases originais são queixas críticas, que podem fazer a outra parte se fechar, reagir na defensiva ou tentar virar a mesa, todas opções que iniciam ciclos negativos. As alternativas, por sua vez, estabelecem limites com delicadeza em torno do que você *pode* fazer, sem criar vergonha nem julgar o estilo ou os sentimentos da pessoa. Elas oferecem a oportunidade de falar sobre soluções em vez de se ater a acusações. Também validam e partem da ótica do apego ao procurar proteger a proximidade. Dizem: "Eu me importo com você. Eu me importo com a gente. Você não é o inimigo".

QUANDO VOCÊ QUER ABORDAR UM ASSUNTO DIFÍCIL

Em vez de:

"Precisamos falar sobre..." (em tom de exigência)

Tente:

"Tem algo que preciso discutir com você, embora vá ser difícil para nós dois, porque não tivemos muita sorte com esse assunto no passado. Nosso relacionamento é importante demais para mim para ficar preso a um ciclo negativo. Você tem alguma ideia de como impedir que isso aconteça?"

Ou:

"Tenho muito orgulho de todo o trabalho que fizemos para nos comunicar melhor, e continuamos evoluindo. Posso falar de algo que talvez seja difícil e ver como nos saímos?"

Ou:

"Eu gostaria que tirássemos um dia para falar sobre nosso orçamento porque segurança financeira é extremamente importante para mim. Mas também é muito importante para mim que a gente converse quando for um momento bom para você. Podemos fazer um planejamento juntos?"

Ou:

Use a sequência a seguir, criada por Marsha Linehan, que recebe o nome DEAR MAN [querido homem] por causa das iniciais de cada etapa em inglês. É possível encontrar mais informações na internet a respeito.

1. Descreva o problema

2. Expresse como ele afeta você

3. Diga do que você precisa

4. Reforce a mensagem

5. Lembre-se de não fugir do assunto

6. Demonstre confiança

7. Negocie

Por exemplo:

"Temos uma dívida grande no cartão de crédito (1)."
"Isso é um problema para mim. Desperta minha ansiedade.
Não consigo sentir proximidade se não podemos falar a respeito, e não quero que isso aconteça (2)." "Preciso que você se comprometa a reservar um momento para conversarmos a respeito (3)." "Não consigo viver com esse problema e preciso que a gente tente chegar a um acordo quanto a isso (4)."

Se a outra pessoa tentar mudar de assunto, dizendo algo como "Por que você sempre fala dessas coisas quando estamos jantando/indo dormir/a caminho do trabalho/fazendo uma caminhada agradável etc.":

"Talvez não seja o melhor momento para tocar no assunto, mas preciso de um plano (5)." Enquanto fala, não duvide do que está sentindo. Lembre-se de que é bom para você e para o relacionamento que você seja capaz de defender suas necessidades (6). "Eu gostaria de falar a respeito em algum momento. Quando é uma boa hora para você? (7)"

Exigências enviam a mensagem de que a outra pessoa não está à sua altura, não é uma igual. É muito provável que ela não se sinta inspirada a colaborar caso se sinta assim. A alternativa se baseia em uma mentalidade de trabalho em equipe. A positividade é um fator de motivação — oferece recompensa pelo esforço. Reconhecer a dificuldade torna o gerenciamento mais fácil, e planejar permite que ambas as partes tenham uma sensação de controle quanto ao momento em que a conversa ocorrerá, em vez de uma parte se sentir pega de surpresa. Fora isso, a outra pessoa também terá a oportunidade de refletir sobre o que pensa e o que sente, o que aumenta as chances de que responda em vez de reagir.

A abordagem de Marsha Linehan é eficaz porque ajuda na organização durante a fala, impede que a conversa saia dos trilhos e incentiva soluções.

QUANDO VOCÊ DISCORDA DA OUTRA PESSOA

Em vez de:
"Você está errado."

Tente:
"Fale mais sobre por que você vê isso dessa forma."

Ou:
"Ser capaz de discordar e ainda assim manter o respeito é muito importante para mim. Podemos trabalhar juntos nesse sentido?"

Ou:
"Seus sentimentos a esse respeito fazem sentido para mim. Também tenho medo de que coisas ruins aconteçam. O fato de eu ter uma ideia diferente de como abordar isso não significa que não vejo nem ouço você."

Não existe uma pessoa que reaja bem quando ouve que está errada. É uma forma de invalidação, e todos precisamos ser respeitados como seres humanos dignos com direito a pensamentos e opiniões próprios. Por outro lado, a curiosidade envia a mensagem de que a opinião da outra pessoa importa, de que ela é vista como digna e que você respeita sua individualidade. Mantendo a abertura, você pode aprender algo novo e crescer como pessoa. Isso também aumenta as chances de que te ouçam e de que o outro aprenda algo novo, porque o sentimento de segurança possibilita dar um passo atrás e refletir em vez de se agarrar a uma ideia por medo. Isso contribui para uma conexão intelectual rica e estimulante, o que promove o vínculo. Essas abordagens iniciam um diálogo intencional sobre como lidar com a discordância, em vez de incentivar ciclos negativos.

QUANDO VOCÊ FICA NA DEFENSIVA PORQUE A OUTRA PESSOA ESTÁ (OU VOCÊ ACHA QUE ESTÁ) CRITICANDO DEMAIS

Em vez de:
"Não é verdade, estou fazendo o meu melhor e você se recusa a reconhecer o que quer que seja..."

Ou:
"Quem está gritando é você. Só estou gritando porque você está gritando."

Tente:
"Meu impulso é começar a me defender, mas não quero fazer isso com nossa relação. Meu comprometimento é continuar presente e te ouvir."

Ou:
"O que você tem a dizer é importante para mim, e seu medo de não ser ouvido faz sentido por causa dos ciclos negativos em que costumamos cair. Quero te ouvir, mas dói quando a fala chega assim. Podemos tentar de outro jeito?"

Ou:
"Quando você diz que não tenho consideração, o que quer realmente que eu saiba/quais sentimentos está realmente tentando me comunicar/do que realmente está precisando?"

As primeiras opções invalidam: são típicas de ciclos negativos e contribuem para que a situação saia do controle. O tema original será deixado de lado e ninguém será ouvido. Elas não abordam a crítica, percebida ou real. Quando você consegue expressar seu ímpeto em palavras, alivia a pressão de segui-lo. Dizer à outra pessoa que você quer experimentar algo novo envia a mensagem de que você se importa tanto com ela e com o relacionamento que se dispõe a ficar vulnerável e sair da zona de conforto. Isso atende a uma necessidade de apego. Compartilhar vulnerabilidade inspira empatia, o que torna mais provável que a outra parte expresse sua preocupação de uma forma mais favorável ao apego; e demonstrar curiosidade dá a ela a oportunidade esclarecer as coisas, de modo que não se sinta incompreendida.

QUANDO VOCÊ TEM VONTADE DE SE FECHAR OU SE DISTANCIAR

Em vez de:
Se fechar.

Tente:
"Tenho medo de que se eu não me distanciar isso vai acabar em uma grande briga, mas também sei que se eu agir assim vou fazer com que você se sinta abandonado/a/e. Como podemos lidar de maneira diferente agora?"

Ou:
"Quero resolver isso mas não sei como, e sentir que é demais para mim vai fazer com que eu me feche. Estou dividindo o que acontece aqui dentro para que a gente possa experimentar algo novo."

Ou:

"Sei que não conseguimos fazer isso muito bem no passado e que você se preocupa que eu não vá te ouvir. Suas questões importam para mim, e quero chegar a um meio-termo. Ao mesmo tempo sinto que você não está me vendo quando fala assim comigo. Podemos começar de novo?"

Fechar-se faz com que a outra pessoa se sinta abandonada, sozinha e frustrada e acredite que não é ouvida. Não vai resolver o problema, e mesmo que no momento vocês não discutam o assunto ele vai continuar aparecendo até que haja um apego seguro o suficiente (até que as duas partes se sintam valorizadas, vistas, respeitadas etc.) para abordá-lo. Essas respostas verbais demonstram vulnerabilidade, o envolvimento emocional que ajuda a outra pessoa a não se sentir só. A mensagem é que você não está se protegendo da outra pessoa ao se fechar; só está se protegendo da vergonha e da ameaça ao relacionamento. Ao mesmo tempo, isso comunica que o relacionamento importa tanto que você se dispõe a encarar seus medos e sair da zona de conforto.

QUANDO VOCÊ SENTE QUE A OUTRA PESSOA SE FECHA

Em vez de:

"O que está acontecendo? Por que não quer falar comigo sobre como está se sentindo?"

Tente:

"Entendo que seja difícil para você falar sobre o que sente. Não estou aqui para te julgar, e sei que você não está tentando me machucar. Ao mesmo tempo, quando você não me deixa entrar, me sinto só. Quero conhecer você."

Ou:

"Estou entendendo mais sobre como você fica descompensado quando não sabe o que fazer. Conflitos são experiências diferentes para nós, por causa de como vivemos situações assim quando éramos pequenos. Quero experimentar um jeito novo de fazer isso e que nos ajude na comunicação."

Ou:

"Aprendi que os sentimentos se expressam no meu corpo como tensão ou um peso. Você já notou algo parecido? Se notou, talvez possa compartilhar comigo. Preciso ser capaz de me conectar para ter proximidade, senão sinto que estou sozinha aqui."

Pessoas que não estão em contato com seus sentimentos ficam sobrecarregadas com um simples "Por que você não fala comigo?" porque não sabem como responder. Os exemplos alternativos buscam validar as dificuldades do/a/e parceiro/a/e, usar a curiosidade para iniciar uma conversa mais profunda e ver as coisas sob a ótica do apego: "Quero saber o que você sente para aumentar a nossa proximidade", em vez de "Você está me decepcionando por não dividir seus sentimentos comigo". A ideia é criar espaço para conversas mais profundas, no momento ou no futuro. Vá devagar... pessoas que se fecham fazem isso para se proteger da vergonha. Muita informação cedo demais pode ser devastador. Também é importante que seu/a/e parceiro/a/e saiba do que você precisa e como a desconexão impacta você.

QUANDO A OUTRA PESSOA DIZ QUE NÃO ESTÁ BRAVA, MAS CLARAMENTE ESTÁ

Em vez de:
"Por que você não admite que está com raiva?"

Tente:
"Estou sentindo uma tensão e posso te dar espaço. Ao mesmo tempo essa tensão é estressante para mim, então em algum momento preciso que possamos conversar a respeito."

Ou:
"Entendo por que você talvez sinta que não é seguro dizer que está com raiva, já que no passado falar sobre isso só piorou as coisas. Ao mesmo tempo meu corpo está sentindo a tensão, e preciso saber que poderemos conversar em algum momento."

Ou, se você achar que pode funcionar:
"O que me ajudaria agora é saber se essa distância tem a ver comigo ou não. Se tiver, eu aguento, e podemos conversar sobre isso agora ou depois. De qualquer maneira, a distância tácita é ruim para mim. É tensão demais."

Ou, se a outra pessoa não estiver sintonizada com a própria raiva e tiver dificuldade em colocá-la em palavras:
"Se você estava com raiva mais cedo, qual pode ter sido o motivo?"

Ou:

"Talvez você se feche assim porque tem medo de que sentir raiva seja errado, vergonhoso ou perigoso. Faz sentido?"

Às vezes falar na hora ajuda, mas às vezes é melhor só falar depois. Quando uma pessoa está zangada e não reconhece, em geral é porque tem medo da própria raiva ou está fazendo tudo que pode para contê-la, mesmo que não reconheça o sentimento de maneira consciente. Embora possa não ser óbvio na superfície, no fundo a pessoa vive desconforto e sentimentos conflitantes, e não vai ser capaz de ouvir a razão ou responder a questionamentos.

Mais tarde, quando a poeira baixar, compartilhe como a raiva da outra pessoa impactou você e faça um plano para a próxima vez. Não espere resultados imediatos. A maior parte do trabalho que apresentamos neste livro exige tempo, e nesse caso essa afirmação é ainda mais verdadeira. Para alguém que vem tentando a vida inteira conter a raiva, é preciso muita segurança e confiança para reconhecer isso.

A raiva *precisa* ser ouvida e validada. Você não é obrigada a tolerar mau comportamento, como gritos ou xingamentos, nem concordar com o *motivo* da raiva (embora possa compreender por que a pessoa se sente assim), mas valide a raiva, porque a raiva invalidada não desaparece. Se você tocar no assunto na hora, com autorregulação o suficiente, procure desempenhar o papel de corregular em vez de questionar.

Tenha em mente que a outra pessoa talvez nem saiba que está brava. Algumas pessoas precisaram aprender a esconder a raiva tão lá no fundo — porque lhes ensinaram que era errado, perigoso ou vergonhoso — que perderam de verdade o contato com a consciência desse sentimento, mesmo quando ele está presente. Outras podem não querer admitir que estão zangadas, por isso não conseguem responder à pergunta, o que talvez faça com que se sintam ainda mais frustradas. Dar espaço à pessoa para sentir e reconhecer o que está sentindo é uma forma de validação. Refletir os sinais físicos que você observa, quando feito de maneira segura, ajudará no reconhecimento dos sinais de raiva de que a pessoa talvez não tenha consciência. Perguntar, em termos hipotéticos, por que ela poderia estar com raiva permite que responda de acordo se isso não ecoar nela. Embora seja importante permitir que os sentimentos das pessoas sejam delas, e não um constructo, nove em cada dez vezes a resposta será precisa, e a pessoa poderá começar a trabalhar para reconhecer a raiva e falar sobre isso. Demonstrar curiosidade em relação a seu relacionamento com a raiva (medo, vergonha) permite reconhecimento, reflexão e uma conversa mais profunda, que planta as sementes da consciência.

QUANDO VOCÊ NÃO SENTE VALIDAÇÃO

Em vez de:
"Você não se importa com meus sentimentos. Por que não consegue me dizer que pode compreendê-los?"

Tente:
"Não preciso que você concorde comigo em tudo. Só quero saber que vê que estou triste/com raiva/me sentindo só. Isso me ajudaria a me sentir segura e mais próxima de você."

Ou:

"Você tem seus motivos para pensar que eu não deveria me sentir como me sinto. Quero saber mais sobre eles. Não importa quais sejam, são compreensíveis. Ao mesmo tempo, não consigo sentir segurança e proximidade se não me sinto validada. Tanto eu quanto você precisamos de validação. Vamos trabalhar juntos."

Ou:

"Entendo como minha raiva te deixa desconfortável. Acho que pode parecer ameaçador quando me sinto assim, mas preciso saber que há espaço nesse relacionamento para tudo que venha de mim, incluindo a raiva. Sou responsável por como a expresso, mas não consigo sentir proximidade se for obrigada a escondê-la."

Dizer a uma pessoa que ela não se importa e que precisa oferecer validação é invalidá-la. Já as outras reações contam com validação, e podem servir de exemplo para aquilo que você está buscando. Ao validar a outra pessoa você ensina não só a validar, mas como é bom receber validação. Essas respostas criam segurança na medida em que você comunica à outra pessoa que ela não precisa concordar com você, o que ajuda a manter o senso de self e de igualdade. Elas plantam as sementes da conscientização, ajudando a outra pessoa a reconhecer que não ofereceu validação e a compreender por que isso é tão difícil, em vez de simplesmente fazer com que ela se sinta um fracasso.

QUANDO VOCÊ PRECISA SABER QUE A OUTRA PESSOA TE VALORIZA

Em vez de:
"Não aguento mais você me jogando pra baixo o tempo todo."

Tente:
"A única maneira de eu sentir segurança e proximidade é sabendo que você reconhece minha contribuição no relacionamento. Mesmo quando não ajo de maneira perfeita, preciso saber que você vê meus pontos fortes."

Ou:
"Suas preocupações são reais, e sei que fiz coisas no passado que te decepcionaram. Ao mesmo tempo, às vezes sinto que ouço muito mais o que estou fazendo de errado, e isso me faz sentir desânimo e solidão. Como você me vê é muito importante para mim, e preciso ouvir sobre as coisas boas também."

Queixas poucas vezes são ouvidas, e a expressão "o tempo todo" vai fazer com que a outra pessoa se sinta incompreendida ou pense que suas preocupações não estão sendo validadas. As falas alternativas, ao contrário, estabelecem limites gentis e favoráveis ao apego: "Quero sentir proximidade" em vez de "Eu contra você". Ao mesmo tempo, pedem que certas necessidades sejam atendidas e validam as preocupações do outro.

QUANDO VOCÊ SENTE DECEPÇÃO

Em vez de:
Fazer cara feia, agir de maneira passivo-agressiva, ficar na defensiva.

Tente:
"É uma decepção não irmos viajar. Estou chateada, mas sei que vou superar. É melhor colocar isso em palavras que ficar reprimindo."

Ou:
"Sei que pode ser difícil para você quando alguma coisa me decepciona, e me identifico com isso. É péssimo. Ao mesmo tempo, preciso saber que há espaço para todos os meus sentimentos."

Se quando se sentiam decepcionados seus cuidadores tratavam você mal ou simplesmente te ignoravam, a decepção pode provocar ansiedade ou até mesmo ser assustadora. Esse tipo de comportamento às vezes cria medo do abandono e até uma retraumatização. Dito isso, a decepção faz parte da vida. Abrir um espaço seguro para ela é importantíssimo. As respostas sugeridas ajudarão a outra pessoa a saber que você vai se recuperar, que não vai ficar assim para sempre. Elas estabelecem limites gentis no seu direito de sentir decepção.

QUANDO VOCÊ PRECISA DE REAFIRMAÇÃO

Em vez de:
Não pedir reafirmação para evitar uma possível rejeição.

Tente:

"Pode me ajudar a sentir que mesmo quando digo não você ainda vai me ver como um bom par?"

Ou:

"Pode me ajudar a sentir que se eu falar sobre minhas necessidades você não vai me ver como alguém carente?"

Ou:

"Pode me ajudar a sentir que se eu dividir minhas emoções com você não vai me ver como uma pessoa intensa demais?"

Ou:

"Pode me ajudar a sentir que se eu falar sobre meus sentimentos não vai me ver como uma pessoa fraca?"

Tentativas de evitar rejeição atrapalham a conexão. Não pedir reafirmação é perder uma oportunidade importante de reverter crenças negativas formadas na infância (ou em outros relacionamentos relevantes na idade adulta). Quando as pessoas se apoiam de maneira consistente diante de questões que despertam medos fundamentais de abandono e vergonha, ajudam a reverter esses sentimentos em um nível profundo. À medida que essa transformação for acontecendo, a necessidade de reafirmação diminuirá. Ela provavelmente não desaparecerá por completo — todos precisamos disso de tempos em tempos —, mas uma reafirmação consistente tornará mais fácil demonstrar vulnerabilidade, o que ajudará na conexão.

QUANDO VOCÊ ESTÁ DE MAU HUMOR E NÃO É POR CAUSA DA OUTRA PESSOA

Em vez de:
Descontar a raiva em seu/a/e parceiro/a/e.

Ou:
Não dividir seus sentimentos e deixar a outra pessoa se perguntando se a culpa é dela.

Tente:
"Tive um dia ruim e estou com dificuldade de me manter presente no momento, mas não tem nada a ver com o que sinto por você. Só preciso de algum tempo para me aprumar."

Descontar a raiva no/a/e parceiro/a/e é destrutivo e não te dá a oportunidade de processar seus sentimentos. Além disso, a outra pessoa não sabe o que está acontecendo, o que provoca ansiedade. É muito mais provável que acolha seus sentimentos e seja uma presença compassiva se souber o que está acontecendo e não se sentir ansiosa. Para se sentir segura, ela precisa ter certeza de que você vai se recuperar.

QUANDO A OUTRA PESSOA ESTÁ DE MAU HUMOR E ISSO ATIVA SUA ANSIEDADE

Em vez de:
Pisar em ovos.

Ou:
Ficar com raiva do outro.

Ou:
Levar para o lado pessoal.

Tente:
"Estou sentindo certa distância da sua parte e isso me deixa bastante desconfortável. Pode só me dizer se tem a ver comigo? Isso me ajudaria a ficar menos ansiosa."

Ou:
"É importante para mim que você tenha o espaço necessário para processar as coisas, e sei que no passado não fui capaz de te dar esse espaço. Posso fazer isso agora, mas preciso saber que você vai falar comigo quando conseguir."

Pisar em ovos tira sua paz de espírito e impede a compaixão. Pensar que o mau humor da outra pessoa tem a ver com você quando na verdade não tem cria confusão e desconexão. As abordagens alternativas comunicam diretamente o que você precisa e estabelecem limites gentis, sem deixar de abrir espaço para que a outra pessoa sinta o que quiser, livre de vergonha.

QUANDO VOCÊ PRECISA ESTABELECER UM LIMITE EM RELAÇÃO A GRITOS, XINGAMENTOS E ATITUDES GROSSEIRAS

Em vez de:
"Você está violando meus limites e não vou corroborar esse comportamento. Você não tem o direito de dar chilique como se fosse um bebê."

Tente:

"Não vou tolerar gritos e xingamentos porquc isso afetaria os sentimentos positivos que tenho em relação a você e quero proteger a mim, a você e ao nosso relacionamento. Vou precisar sair de perto se você gritar comigo, e mais tarde poderemos retomar a conversa."

Ou:

"Não consigo sentir segurança e proximidade com você gritando. Preciso que me ajude dizendo o que precisa de uma forma que eu possa te ouvir."

Ou:

"No momento suas palavras estão ocultando seu eu verdadeiro. Vejo que você está sofrendo. Não vamos fazer isso. Posso segurar sua mão?"

Ou:

(*se as coisas não estiverem mudando*) "Não vou tolerar que fale assim comigo. (*em um tom firme*) Seus sentimentos são reais e importam, mas a maneira como você está se expressando é inadmissível. Isso é péssimo. Se continuar assim, vou precisar..." (*o que quer que você precise fazer para ficar em segurança*)

Limites são necessários, mas quando são compartilhados de uma forma que faz com que a outra pessoa sinta que é o inimigo eles abalam a segurança do apego. Ninguém melhora quando sente que é o inimigo. Se puder corregular a outra pessoa (o que nem sempre é fácil quando ela pega pesado), essa provavelmente será a opção mais eficaz. As respostas também validam os sentimentos do outro sem aprovar ou incentivar seu comportamento. Algumas pessoas não foram criadas com limites saudáveis, por isso precisarão de uma abordagem mais firme. Limites criam clareza e parâmetros seguros, e estabelecê-los é, para muita gente, uma atitude bastante vulnerável, porque traz à tona o medo do abandono ("Se eu impuser limites vão me ver como alguém ruim, pouco razoável ou indigno, e sofrerei rejeição"). No entanto, em um relacionamento não há avanço sem limites. Eles ajudam a ensinar ao outro como deve nos tratar, o que é justo para ambas as partes. Algumas pessoas de início não respondem a limites da maneira mais favorável, porque isso parece ameaçador. No fim das contas, no entanto, a maioria prefere clareza quanto a onde está. Limites eliminam as especulações e são seguros para todos. É necessário consistência e acompanhamento, mas se você quer que o relacionamento funcione é o que precisa ser feito.

QUANDO A OUTRA PESSOA ESTÁ TRISTE

Em vez de:
"Não fique triste, veja pelo lado bom..."

Tente:
"Sinto muito que você esteja sofrendo. Vejo que é muito difícil para você. Estou aqui. Podemos conversar sobre isso ou ficar em silêncio... o que você quiser."

A única maneira de deixar sentimentos ruins para trás é vivenciá-los. Permita-se um momento para absorvê-los. Em vez de ficar tentando contornar os sentimentos ruins ou fazê-los desaparecer, sejam eles seus ou da outra pessoa, é preciso dar espaço para que existam. Procure respirar e encará-los, em vez de lutar contra eles. Ouça-os e aprenda. A primeira abordagem prejudica a capacidade da outra pessoa de lidar com sua tristeza. Ela também invalida e envia mensagens como "Não é legal sentir", ou "Seus sentimentos são um pouco demais para mim". Oferecendo apoio, mesmo que apenas com a sua presença, você ajuda a outra pessoa a diminuir a ansiedade diante dos próprios sentimentos. Ela vai se sentir menos sozinha, o que contribui para a cura.

QUANDO VOCÊ QUER FALAR SOBRE OBTER AJUDA PARA O RELACIONAMENTO OU TRABALHAR NO RELACIONAMENTO

Em vez de:
"Temos que fazer terapia, e se você não topar é porque não se importa com o relacionamento tanto quanto eu."

Ou:
Qualquer coisa que envie a mensagem "Precisamos de terapia para que você consiga ver o que está fazendo de errado".

Tente:
"Compreendo sua resistência à terapia. É claro que você não quer acabar em uma situação de dois contra um que só vai fazer com que se sinta ainda pior. Acontece que o que estamos fazendo não está funcionando, e me sinto isolada e sozinha."

Ou:

"Entendo que você pense que terapia pode piorar tudo, e concordo que é um risco real. Ao mesmo tempo, não me sinto bem com o modo como as coisas estão entre nós. Sinto tristeza, solidão e frustração em grande parte do tempo, e acredito que não termos ajuda também envolva um risco real."

Ou:

"Você tem razão. É um sacrifício em termos de tempo e dinheiro, e sei que você precisa nos proteger de mais estresse. Valorizo essa parte cautelosa sua. Faz sentido para mim, e valorizo isso em você porque de muitas maneiras me ajuda a sentir segurança. Por outro lado, não me sinto em segurança agora porque nosso relacionamento, a coisa mais importante que temos, me preocupa. E sinto que preciso nos proteger."

Ou:

(*se tiver decidido que a terapia é necessária para que você permaneça no relacionamento*) "Não estou feliz com a maneira como as coisas estão. Quero pedir ajuda. Se você não topar, não sei se posso continuar com isso. É doloroso demais brigar tanto e me sentir tão distante. Não é assim que quero que um relacionamento seja."

A verdade é que a maioria das pessoas que evita a terapia não faz isso porque não se importa com o relacionamento. Exigir algo, mesmo que seja saudável, envia a mensagem de que as ideias ou mesmo o livre-arbítrio do outro não importa. Se a pessoa com quem você se relaciona tem qualquer motivo para acreditar que o objetivo da terapia é corrigi-la, talvez sinta vergonha ou invalidação vindas tanto de você quanto do terapeuta, e não vai se sentir segura. Na prática, é impossível *obrigar* alguém a fazer terapia. Se você tenta forçar, isso se torna parte do problema. No entanto, você pode criar o ambiente certo, validar a resistência e influenciar a outra pessoa. É preciso compartilhar como você e o relacionamento serão impactados, principalmente da perspectiva do apego — "Se as coisas não melhorarem, não tenho como sentir proximidade" —, mas na prática é impossível controlar a outra pessoa. Se ela sentir que há espaço para os seus sentimentos e ninguém a está forçando nada, a probabilidade de se abrir à ideia é maior.

Outra dica é tentar entender o *motivo* pelo qual ela se fecha à proposta de terapia. Em que sentido essa resistência é uma tentativa equivocada de sentir segurança? Se a explicação for reduzida a "Você simplesmente não se importa", a oportunidade de compreender melhor o que de fato está acontecendo se perde.

QUANDO VOCÊ ACHA QUE A OUTRA PESSOA RECEBE SUAS PREOCUPAÇÕES COMO CRÍTICAS

Em vez de:
"Não seja tão sensível."

Tente:
"Sei que no passado expressei preocupações de uma forma que fez com que você sentisse que era um ataque. Minha intenção agora é compartilhar as coisas de modo diferente para que isso não se repita. Também preciso saber que há disposição da sua parte para me ouvir."

Ou:

"Você é um/a/e ótimo/a/e companheiro/a/e e adoro você por mais motivos do que posso explicar. Não gosto quando [*nomeie o comportamento*], e para sentir proximidade preciso saber que há espaço para ser ouvida."

Dizer que alguém está sendo sensível demais é uma forma de invalidação e envia a mensagem de que seus sentimentos não importam, são excessivos ou decorrem do fato de que ela tem problemas. Reconhecer como o passado contribuiu para essa insegurança, no entanto, valida e cura. A relação entre essas duas verdades — a outra pessoa precisa se sentir segura *e* você precisa que te ouçam — incentiva o trabalho em equipe e a colaboração.

QUANDO VOCÊ SE SENTE MAL INTERPRETADA

Em vez de:
"Não foi isso que eu disse!"

Ou:
"Não foi isso que eu quis dizer."

Tente:
"Acho que a linha está cruzada. Vamos parar por um momento e tentar nos entender. Estou bem aqui."

Às vezes é mesmo uma questão de interpretação equivocada, mas quando a mensagem é transmitida como queixa antes que a segurança emocional tenha sido estabelecida, isso atrapalha a proximidade.

Reservar um tempo para se conectar *antes* de elucidar a questão criará a segurança emocional necessária para transmitir sua mensagem. A última abordagem deixa claro que seu objetivo é compreender. Acrescentar "Estou bem aqui" é o bastante para acessar o sistema nervoso da outra pessoa, agindo como corregulador.

QUANDO VOCÊ DIZ ALGO DA MANEIRA MAIS PERFEITA POSSÍVEL E MESMO ASSIM A OUTRA PESSOA REAGE MAL

Em vez de:
"Não importa como eu fale, você se recusa a escutar. Por que ainda me importo?"

Tente:
"Entendo perfeitamente por que é difícil para você aceitar o que estou dizendo. Com o histórico que temos, deve ser complicado acreditar que é sincero. Mas nosso relacionamento é importante para mim, e sei que se não houver proximidade vamos nos sentir muito, muito mal. Você tentaria se abrir mesmo que uma parte sua não queira?"

Ou:
"Dá para ver que aconteceu alguma coisa importante. O que está me ouvindo dizer?"

É uma frustração imensa quando você se comunica de maneira aberta e amorosa mas a resposta não é boa porque sua vulnerabilidade está sendo rejeitada. No entanto, todo o seu trabalho será desperdiçado se você reagir com uma queixa, como na primeira opção, sem vulnerabilidade nem validação. Oferecer validação ao muro que a outra pessoa ergueu é uma maneira poderosa de derrubá-lo. A nova abordagem pode não obter de imediato a resposta que você procura, mas você provavelmente conseguirá que te ouçam (mesmo que não pareça), plantando as sementes para o crescimento e a conexão futuros. Você oferecerá ao/a/e seu/a/e parceiro/a/e um exemplo daquilo que espera obter em troca, para que construam seu estilo de comunicação juntos A segunda abordagem é especialmente correguladora: abre espaço para que a outra pessoa perceba o gatilho operando, e sua curiosidade enviará a mensagem de que você se importa. Assim, você terá uma oportunidade de validar os sentimentos dela. Isso irá criar a segurança necessária para que você seja ouvida.

Vale repetir que conversas assim nem sempre resolvem o problema aqui e agora. É como escolher uma maçã em vez de um donut porque você quer ter uma alimentação mais saudável. Racionalmente faz sentido, mas emocionalmente você quer o donut mais do que tudo. E, embora escolhendo a maçã você possa se sentir melhor na hora, também acontece de não ser o caso. Seu corpo às vezes não responde logo de maneira positiva. Você pode se sentir pior. Pode ter que enfrentar sentimentos de privação. Talvez pense: "Por que me dou ao trabalho? Não me sinto melhor, e uma maçã não vai fazer diferença". E você tem razão: uma maçã não vai fazer diferença na sua saúde geral. Porém, se você continuar escolhendo a maçã dia após dia, isso sim começará a fazer diferença.

Palavras, assim como o toque, ajudam a abordar questões difíceis, criando com o tempo uma nova maneira de se relacionar. Se mostrar vulnerável e reagir de modo diferente de como vinha reagindo (e de como te ensinaram na infância) é desafiador, especialmente quando há um gatilho. No entanto, se puder se reservar um momento para perceber como está, regular-se e validar a outra pessoa, usando uma linguagem favorável ao apego, você criará segurança para si mesma e mais espaço para um amor seguro.

Conclusão
Avançando no mundo com amor seguro

Como uma esquiadora contumaz, adoro morar em Montana, onde tem neve, mas a temperatura às vezes fica um pouco baixa demais para mim. Sou capaz de me esquentar rápido, a não ser pelos dedos dos pés. Este ano, decidi experimentar meias aquecidas eletricamente. Depois de usá-las algumas vezes, liguei para a loja para saber se eu estava fazendo algo de errado, porque elas não pareciam estar esquentando. "Você não vai sentir calor", explicaram. "Só não vai sentir frio."

Quando você tem apego seguro sente uma conexão forte com a outra pessoa, mas em grande parte do tempo a segurança tem menos a ver com o que você sente do que com o que *não* sente. Em outras palavras, não vai haver um clima estranho no ar; não vai haver hostilidade ou uma energia negativa palpável. Na maior parte do tempo seus dedos não estarão frios. Não ter o desconforto como distração criará espaço para momentos de maior conexão. O que é "na maior parte do tempo"? Acho que uma boa medida é você estar pelo menos 80% do tempo consciente dos seus sentimentos positivos envolvendo a outra pessoa e o relacionamento, ou ter um senso sentido subconsciente de que "está tudo bem". A sensação de segurança simplesmente fica *ali*, como pano de fundo. Os outros 20% não são péssimos, mas talvez haja certa ansiedade ou tensão no ar, talvez você entre em um ciclo negativo, talvez vocês tentem se reencontrar através de um processo de reparação. Se 80% do tempo parece pouco para você, tudo bem. Este livro foi escrito para casais em dificuldades, mas para a maioria das pessoas que vão lê--lo 80% seria uma melhora considerável. Idealmente todos os casais estariam próximos desse "senso sentido de segurança" em cerca de 90% do tempo, mas gosto de manter as expectativas realistas. Esforçar-se de maneira consistente para pôr em prática os princípios deste livro e realizar o trabalho necessário para manter um ambiente favorável ao apego tornará isso possível, mas é claro que cada casal começa sua jornada em um ponto diferente.

Outra maneira de entender sua segurança no apego é avaliar como estão seus ciclos negativos. Eles são uma excelente maneira de aferir o crescimento da relação. Para começar, você notará que está entrando em menos ciclos negativos —

lembrando que "menos" não significa "nenhum". Menos é bom porque menos ciclos negativos levam a menos sentimentos ruins, que levam a menos ciclos negativos, que levam a menos sentimentos ruins, que levam a mais espaço para sentimentos positivos e por aí vai, em um esquema de retroalimentação. Talvez você precise dar um passo para trás e olhar o relacionamento a distância para notar a mudança. Pare um momento e se pergunte: Estamos brigando menos? Estamos discutindo questões difíceis com mais facilidade? Estamos melhorando em encontrar soluções para nossos problemas fora de ciclos negativos? Melhor ainda: falem sobre isso juntos.

Quando trabalho com um casal, não defino seu sucesso com base em perfeição, e sim nos sinais de crescimento. Uma vez eu estava explicando esse conceito a um casal e uma das pessoas comentou: "O que você está dizendo é que estamos em busca de uma tendência positiva, com altos e baixos".

É exatamente isso. Daquele dia em diante, comecei a explicar para meus clientes o tipo de crescimento que esperava através deste gráfico:

Como podemos ver, e como mencionei, o crescimento não é linear — *nunca* é. Simplesmente não funciona assim. Humanos são complicados demais, há muitas variáveis em jogo, e grande parte sai do controle do casal, como mau humor e uma pandemia global. Repare que depois que os casais começam a crescer nunca voltam ao ponto de partida, mesmo quando regridem. O ponto de partida é a consciência. Depois que você aprende os conceitos do apego, não tem como desaprendê-los — mesmo quando as coisas parecem ter saído completamente dos trilhos, você continua tendo uma base à qual recorrer quando se sentir pronta. Outra coisa que você pode notar é que os retrocessos são quase sempre seguidos de crescimento acelerado, pois muitas vezes são oportunidades de trabalhar em problemas mais profundos que enfim sentem segurança o suficiente para vir à tona. É como se o relacionamento estivesse dizendo "Agora estamos fortes o bastante para lidar com isso". E, após o trabalho, vem um crescimento maior.

Quando um casal apresenta um crescimento consistente em meio a altos e baixos, considero isso sucesso. E cada casal parte de um ponto diferente. Se um chega se sentindo bem com o relacionamento em 60% do tempo e depois de algumas semanas está em 70%, isso é crescimento. Se inicia em 10% e passa para 20%, isso também é crescimento. Às vezes, quando começo a atender, eles entram em ciclos negativos de uma a três vezes por semana. Se depois de algumas semanas tiverem apenas um, ou se passarem quinze dias sem nenhum, isso é crescimento. O sucesso é ao menos em parte definido pelo ponto de partida. É claro que relacionamentos são mais complicados do que estimativas aproximadas podem descrever, mas esses números servem de parâmetro geral para avaliar o crescimento dos clientes.

Alguns casais têm sempre um ciclo negativo operando abaixo da superfície: nunca se sentem bem de verdade na relação e de repente ocorrem picos de agravamento. Para eles, crescimento pode significar haver menos picos a princípio. Entre os picos o casal talvez ainda não se sinta próximo, mas já brigue menos, e podemos trabalhar com isso.

O que me leva a outro cenário comum. A maioria das pessoas que atendo em algum momento relatam que estão brigando menos, mas também se sentem mais distantes. O que eu explico para elas é que, quando começamos a trabalhar no relacionamento, é como se ele fosse um balde cheio de água suja. Enquanto procuramos estabilizar os ciclos negativos, esvaziamos lentamente o balde. No longo prazo, queremos encher o balde de água limpa: proximidade, confiança, intimidade emocional e física, amizade. No entanto, há um período entre esvaziar o balde e voltar a enchê-lo no qual ele fica vazio. Não há brigas, mas falta vínculo. Se você estiver passando por isso, saiba que é normal. Precisamos usar esse espaço para ter conversas reparadoras mais profundas em relação a velhas feridas (volte ao capítulo 7 para saber mais sobre reparação) e construção de vínculo.

Falando nisso, à medida que se encaminham para o apego seguro os casais notarão que se reparam mais depressa que no passado. Alguns, ainda no começo da jornada de cura, podem ficar sem se falar por vários dias, ou mesmo semanas, depois de uma ruptura. Para eles, uma reparação mais rápida leva poucos dias em vez de uma semana. Já outros talvez precisem de uma hora, ou mesmo de alguns minutos. Outra maneira de avaliar é investigando se a reparação é mais completa e mais profunda. Você sente os acordos mais firmes? Guarda menos ressentimento?

A vulnerabilidade é necessária para a reparação, mas criar coragem para ser vulnerável exige tempo e prática. Ninguém vai direto de "Morro de medo de que minha vulnera-bilidade seja demais para você e eu acabe sentindo rejeição" para "Estou mostrando todas as minhas cartas, preciso saber que minhas necessidades importam para você". É necessário trabalhar. Quando você fala sobre o que aconteceu e procura reparação, está sendo *mais* vulnerável do que no passado?

Outra maneira de avaliar seu nível de crescimento é percebendo quão "negativos" estão seus ciclos negativos. Vocês ainda estão perdendo o controle, mas nem tanto? Você mantém o envolvimento por mais tempo que antes? Vocês se acusam ou gritam menos? Você nota que valida e escuta mais antes de ficar na defensiva ou se esquivar das críticas? Você se sente menos mal quando tudo acaba? De novo, estamos atrás de melhoras, não de perfeição. E lembre que vocês podem retroceder e ter ciclos horríveis — mas no geral eles estão menos horríveis?

Por fim, pense na forma como solucionam os problemas. Tem sido mais fácil chegar a decisões, grandes e pequenas? Vocês conseguem se entender melhor e respeitar mais a perspectiva do outro? Dão tempo ao tempo para que as decisões sejam tomadas em vez de optar pela abordagem "Precisamos resolver isso aqui e agora"? Vocês têm tolerado mais não saber? Têm tido menos dificuldade de tocar em assuntos complicados, ainda que apenas um pouco, *ou* tocam neles apesar do medo? Notaram sinais de crescimento e têm esperança de continuarem assim enquanto se mantiverem trabalhando nisso?

Espero que a esta altura você consiga olhar para o seu relacionamento e ver que os ciclos negativos diminuíram, que estão menos piores quando acontecem e que a reparação acontece mais rápido. Se for o caso, não é pouca coisa. Comemore! Vocês realizaram um trabalho muito difícil, que diz muito sobre sua segurança no apego. Lembre-se de que os ciclos negativos são alimentados pelo apego inseguro, portanto se eles estão diminuindo é porque você e seu relacionamento estão se tornando mais seguros. Os dois andam de mãos dadas.

ALÉM DO APEGO SEGURO

Pessoas com apego seguro passam muito menos tempo trabalhando no relacionamento e muito mais tempo *desfrutando* dele — o que, no fim das contas, também *é* trabalhar no relacionamento, quando levamos em conta o tanto de resiliência que se cria quando duas pessoas reservam um tempo para desfrutar uma da outra. Apego seguro não é apenas uma questão de "não brigar" ou de "não ter ciclos negativos".

De novo: nenhum relacionamento, nem mesmo aqueles com mais confiança e segurança, são perfeitos. Penso no meu próprio caso. Meu marido e eu amamos fazer certas coisas juntos, principalmente atividades ao ar livre, mas à noite é comum que ele fique assistindo a um filme independente no andar de baixo enquanto estou no andar de cima, vendo futebol americano ou lendo um livro de mistério com uma protagonista audaciosa, possivelmente britânica. Somos assim. Não há regras quanto a que cara um relacionamento seguro deve ter — desde que o ambiente seja favorável ao apego, casais seguros encontram todo tipo de forma de prosperar.

Dito isso, enumero a seguir algumas coisas que casais com apego seguro fazem — e que você pode acabar fazendo também, agora que sua energia não está sendo sugada pelos ciclos negativos.

VIVER A VIDA

Como agora você tem um senso sentido de segurança, às vezes só leva a vida, sem ficar pensando conscientemente na outra pessoa. Na ausência do redemoinho constante de medos, inseguranças e preocupações, você fica livre para se concentrar em outras coisas. Isso não significa ignorar a outra pessoa — é só que suas ansiedades quanto ao relacionamento não são mais um ruído de fundo ou uma distração constante. Talvez você se envolva mais com o trabalho ou com um hobby. Talvez encontre amigos ou parentes. Talvez esteja no mesmo ambiente que a outra pessoa, com cada uma fazendo uma coisa diferente. Tudo bem. Vocês sabem que têm acesso uma à outra se precisarem, que são amadas, que alguém se importa e que terão momentos juntas o bastante depois.

DIVERTIR-SE

Como um casal com apego seguro, vocês têm suas próprias maneiras de se divertir. Alguns gostam de visitar galerias de arte, ir a shows, passar um tempo com a família ou com amigos, assistir ou praticar esportes, rir e brincar, transar, sair para jantar, estar em contato com a natureza, fazer compras, ver filmes, brincar com animais de estimação, passear de carro, fazer longas caminhadas, ouvir música, viajar, jogar video game ou qualquer outra coisa. Não precisa ser nada elaborado, apenas momentos de diversão compartilhada. Recentemente perguntei a meus seguidores nas redes sociais o que lhes trazia alegria no relacionamento. Uma mulher mencionou que o marido faz animaizinhos para ela em sua impressora 3D. Outra disse que ela e a pessoa com quem se relaciona adoram fazer palavras cruzadas enquanto cozinham (o que me deixou impressionada). A maior parte dos casais felizes gosta de se divertir separadamente também, o que é importante, mas tem pelo menos algumas diversões em comum e arranja tempo para elas. Fora que não se comparam com outros casais, o que prejudicaria desfrutar do que têm.

DIVIDIR EXPERIÊNCIAS E SENTIMENTOS

Casais com apego seguro conversam sobre suas experiências na vida. Você pode falar sobre seu dia no trabalho, situações da sua infância ou sobre um jantar com um conhecido. Pode ser qualquer coisa. Os casais mais felizes saem para o mundo, vivem e voltam para compartilhar o que veem com a outra pessoa. Esse foi um dos motivos pelos quais a pandemia de covid-19 foi bastante dura para os casais — eles não viviam experiências separadas para compartilhar. Um casal com apego seguro não fala apenas sobre detalhes e fatos; também divide sentimentos — "Fiquei muito mal quando meu chefe disse que..." — em vez de contar longas histórias limitadas a detalhes superficiais, o que pode sobrecarregar e, quando não há significado emocional, até ser chato. Cada parte aprende a compartilhar de forma atenciosa, é boa ouvinte e sabe estabelecer limites quando necessário: "Meu bem, o que você tem a dizer é muito importante para mim. Só que agora estou tão cansada que não consigo participar da melhor maneira. Você se importa de falar sobre isso amanhã?", ou "Vamos parar por aqui e continuar amanhã, quando estarei em melhores condições para te ouvir".

CONECTAR-SE COM OUTRAS PESSOAS

Casais com apego seguro têm outras pessoas com quem conversar e se conectar. Às vezes é uma melhor amiga, um parente ou alguém do trabalho que oferecerá a validação emocional de que você precisa no momento. Às vezes você validará a si mesma, porque isso também é bom. Às vezes uma história que você gostaria de contar será mais apreciada por outra pessoa que não seja o/a/e seu/a/e parceiro/a/e.

Pessoas com apego seguro no relacionamento atendem à maior parte das necessidades uma da outra na maior parte do tempo. Elas são o *principal* apoio uma da outra, mas não o *único*. E só para esclarecer, não estou dizendo que se vocês não têm vínculos fortes com outras pessoas ou não compartilham detalhes do seu relacionamento com elas isso significa que não têm apego seguro. Lembre-se: cada casal é diferente.

ALIMENTAR O RELACIONAMENTO

Casais com apego seguro passam mais tempo nutrindo o relacionamento do que tentando consertá-lo. O cuidado que você dedica agora para que as coisas sejam melhores no futuro evitará que precise investir mais tempo na reparação. Isso nada mais é que demonstrar consideração pelo espaço e pelo limite um do outro, fazendo pequenas coisas (como se lembrar de pegar leite de aveia no mercado porque é o que ele/a/u coloca no café), sendo tolerante com pequenos erros, falando de maneira respeitosa e amorosa, colaborando no trabalho de casa, dividindo tarefas e responsabilidades, arranjando tempo para o contato físico e a conexão, compartilhando emoções, preservando as boas maneiras, perguntando como foi o dia e ouvindo de verdade, demonstrando curiosidade e sendo seu maior fã.

PROTEGER O RELACIONAMENTO

Casais com apego seguro sabem da importância de proteger o relacionamento. Depois de todo o trabalho que teve, é muito mais provável que você pense no que faz ou diz e em como a outra pessoa vai receber isso. Você aprendeu a impedir ciclos negativos e provavelmente continuará a desenvolver isso de maneira ativa. Não fará coisas pelas costas que possam interferir na confiança dela ou no trabalho em equipe de vocês. Não vai tentar controlá-la, e vice-versa. Vocês protegerão o relacionamento do mesmo modo que protegeriam bens materiais. E, com sorte, quando chegarem a essa segurança, proteger o relacionamento não será necessariamente trabalho; será mais um estado natural de consideração.

SEJA SEGURA; SEJA IMPERFEITA

Parabéns: você está no caminho para a cura. Só de ler este livro já demonstrou seu compromisso em criar um relacionamento melhor e um ambiente melhor para você e para as pessoas que ama. Você cresceu e se conectou, e agora pode avançar em segurança, feliz e com propósito. A jornada nunca termina, mas você teve uma atitude muito corajosa — escolheu a vulnerabilidade. Ao fazer isso, se abriu para a experiência do amor e da conexão reais, e do crescimento prolongado. Valorize isso! Você pode até comemorar junto com seu/a/e parceiro/a/e.

Anos atrás, eu estava atendendo uma jovem de vinte e poucos anos que enfrentava dificuldades com seu perfeccionismo. No fim da sessão, peguei um post-it, anotei "Seja imperfeita" e colei ao lado da porta, dizendo: "Isto é para você. Seja imperfeita". O post-it ficou ali, e os outros clientes gostaram tanto que acabei emoldurando. Ele continua até hoje no mesmo lugar. Como todos os clientes que deixam meu consultório ao fim da sessão, quero que você tenha o seguinte em mente: torne o apego seguro seu objetivo, mas não deixe que a busca pelo relacionamento perfeito atrapalhe um relacionamento que é "bom o bastante". Torne o "bom o bastante" seu objetivo e talvez você descubra que era exatamente o que estava procurando. Então... vá em busca da imperfeição.

Apêndice

EXPERIÊNCIAS DE INFÂNCIA COM APEGO EVITATIVO

Comportamento do cuidador	Estratégia evitativa da criança	Benefício da estratégia da criança (subconsciente)	Malefício da estratégia da criança
O cuidador ignora ou envergonha as expressões de emoção da criança.	"É melhor não reconhecer meu eu emocional. Para quê? Vou empurrar isso para fora da minha consciência."	"Se eu não tiver sentimentos, não preciso sentir rejeição ou vergonha."	A criança se desconecta do seu eu emocional. Sem consciência dessa parte sua, não aprende a se comunicar nem a gerenciar seus sentimentos.
Quando a criança está em sofrimento emocional, o cuidador se concentra em "resolver" a situação.	"A melhor maneira de lidar com sentimentos dolorosos é usar a lógica e o raciocínio para acabar com o problema."	"Se eu for boa em resolver situações, nunca terei problemas. Se eu nunca tiver problemas, não precisarei ter sentimentos dolorosos."	A criança não aprende a buscar conforto em outras pessoas ou a compreender e reconfortar a si mesma quando está chateada. Quando cresce, tem dificuldades em se conectar com o mundo interior dos outros.

Comportamento do cuidador	Estratégia evitativa da criança	Benefício da estratégia da criança (subconsciente)	Malefício da estratégia da criança
O cuidador envia a mensagem (verbal ou não) de "não fale sobre seus sentimentos".	"Não é seguro falar sobre o que estou sentindo. Pessoas que se abrem são fracas e inferiores."	"Se eu mantiver meus sentimentos guardados para mim serei aceitável."	A criança aprende a esconder partes suas, o que causa sentimentos de vazio. Ela pode passar a desdenhar de si mesma ou dos outros quando sentimentos vêm à tona.
O cuidador se concentra abertamente no sucesso e nas aparências, com pouca dedicação aos sentimentos e pensamentos da criança.	"Meu valor depende totalmente de eu ser capaz de fazer um bom trabalho, de acertar e de como os outros me veem."	"Se eu conseguir acertar sempre, me verão como merecedora."	A criança não aprende a se conectar com seu mundo interior. Pode desenvolver tanto ansiedade em relação ao sucesso como apresentar um desempenho abaixo de seu potencial ("Se não estou à altura, por que me dar ao trabalho?").
O cuidador cria um ambiente que recompensa fortemente a independência.	"Tenho que saber fazer tudo por conta própria. Pedir ajuda é sinal de fraqueza."	"Só me sinto competente e aceitável sendo capaz de fazer tudo e entender tudo por conta própria."	A criança não desenvolve uma interdependência saudável; se torna refém da ideia de que pedir ajuda é sinal de fraqueza, associando interdependência a perda da individualidade.

Comportamento do cuidador	Estratégia evitativa da criança	Benefício da estratégia da criança (subconsciente)	Malefício da estratégia da criança
O cuidador envergonha a criança por cometer erros ou se comportar de maneira inadequada. Envia a mensagem de que "Você é ruim, você errou", em vez de qualificar o *comportamento* como errado, e em vez de usar os deslizes como oportunidades de aprendizado.	"Pessoas dignas não cometem erros."	"Se eu me esforçar para acertar o tempo todo não precisarei me sentir inaceitável pelos outros. Só posso me sentir bem em relação a mim mesma se eu nunca errar."	A criança fica na defensiva diante de críticas reais ou percebidas e tem dificuldade de aceitar suas imperfeições, o que provoca ansiedade. Também tem dificuldade de aceitar as imperfeições dos outros, o que atrapalha a proximidade e a conexão.
O cuidador se intromete emocionalmente: não estabelece bons limites, compartilha informações demais com a criança, tenta forçá-la a falar sobre o que está sentindo ou reage mal quando ela faz isso.	"Relacionamentos próximos são sufocantes." "Meus sentimentos aborrecem os outros."	"Se quero manter meu senso de self, não posso ter proximidade." "Preciso guardar meus sentimentos só para mim, ou deixarei os outros chateados."	Fechar-se à proximidade impede a criança de vivenciar conexões gratificantes com outras pessoas.

EXPERIÊNCIAS DE INFÂNCIA COM APEGO ANSIOSO

Comportamento do cuidador	Estratégia ansiosa da criança	Benefício da estratégia da criança (subconsciente)	Malefício da estratégia da criança
Quando a criança fica chateada, o cuidador não oferece respostas previsíveis: ora responde positivamente, ora com ansiedade, sobrecarga ou raiva.	"Tenho que brigar para que me ouçam, me vejam, me compreendam e me confortem."	"Se eu continuar brigando para conseguir alguma resposta talvez minhas necessidades sejam atendidas. Explodir e protestar me dá esperança de que não vou me sentir rejeitada e sozinha."	O sistema nervoso da criança vive ativado; a criança desenvolve sentimentos conflituosos de desejo de conexão e raiva por ter precisado brigar tanto.
A presença emocional e/ou física do cuidador é errática.	"Tenho que aprender a prestar muita atenção a qualquer sinal de que meu cuidador vai embora."	"Se eu ficar sempre por perto e não deixar que a pessoa que cuida de mim suma de vista, não vou ser abandonada."	A energia da criança é dedicada à manutenção da segurança com o cuidador e desviada da aprendizagem e do crescimento.
O cuidador se ocupa demais com os próprios sentimentos para estar emocionalmente presente para a criança ou atender às necessidades emocionais dela.	"Não posso confiar que a pessoa que cuida de mim me dará apoio emocional. Meus sentimentos precisam ser maiores que os dela, para que veja o quanto preciso de ajuda."	"Aprendi que se eu exagerar a pessoa que cuida de mim será capaz de me ver."	A criança fica presa a um padrão exaustivo de protestar para ser ouvida e conseguir respostas, não podendo contar com um exemplo de autorregulação para seguir.

Comportamento do cuidador	Estratégia ansiosa da criança	Benefício da estratégia da criança (subconsciente)	Malefício da estratégia da criança
O cuidador reage de maneira exagerada, demonstra ansiedade ou desregulação quando a criança se chateia.	"Se meus sentimentos já acionam um gatilho em quem cuida de mim, devo ser demais para os outros."	"Talvez eu precise me esforçar mais para guardar meus sentimentos, para que os outros não me vejam como uma pessoa intensa demais."	A criança desenvolve um conflito entre o medo de ser excessiva e o desejo de ser respondida. O conflito é exaustivo e a deixa insegura quanto a como fazer suas necessidades serem atendidas: ela fica dividida entre ser intensa ou ignorada.
O distanciamento emocional do cuidador é inconsistente. Às vezes a pessoa é capaz de se conectar; outras vezes, não.	"A sensação de conexão é ótima, mas depois passa e sinto abandono. Não posso confiar na conexão, porque ela vem sempre seguida por decepção."	"Quero sentir proximidade, mas não confio que vou consegui-la, então meu subconsciente a afasta para me proteger da decepção. Às vezes, quando não consigo a proximidade que desejo, isso me lembra de como sinto raiva por ela não ser previsível."	A criança carrega uma desconfiança da proximidade, o que atrapalha sua capacidade de relaxar e desfrutar inteiramente das horas felizes nas relações, por um medo legítimo de que as coisas boas acabem em algum momento.

EXPERIÊNCIAS DE INFÂNCIA COM APEGO DESORGANIZADO

Comportamento do cuidador	Mensagem recebida pela criança	Resposta da criança
Clima geral punitivo/hostil/rejeitador/abusivo.	"As pessoas que deveriam me amar e proteger são perigosas. Fico confusa e não sei a quem recorrer."	A criança precisa administrar seus desejos de conexão, proteção e cuidado em relação aos sentimentos que vivencia de medo e desconfiança. Isso a deixa tomada por confusão e caos internos. Ela acaba precisando gerenciar seus problemas e sentimentos sozinha. A solidão gera desespero.
O cuidador passa por episódios de dissociação (parece ter "apagões" ou estar ausente para a criança).	"Estou sozinha. A qualquer momento a pessoa que cuida de mim pode desaparecer. Eu a vejo, mas não consigo senti-la. Sinto confusão e medo."	É uma experiência assustadora ter que gerenciar o conflito da presença física com a ausência emocional.
O cuidador tem um trauma não resolvido (que não é gerenciado e não está em processo de cura).	"Nunca sei quando meu cuidador vai ter um gatilho acionado e descontar em mim."	A criança nunca se sente totalmente segura, porque a qualquer momento uma situação pode se tornar assustadora ou porque o ambiente é caótico. A criança fica acuada entre precisar de conforto e segurança e ter medo de pedir isso.
O cuidador tem medo da criança.	"Sobrecarrego a pessoa que cuida de mim e a afasto. Sou uma ameaça. Não tenho alguém mais sábio e forte para me proteger e guiar. Estou só."	A criança não tem a quem recorrer quando precisa de ajuda. Ela se sente sozinha e vive uma sensação profunda de vergonha.

Comportamento do cuidador	Mensagem recebida pela criança	Resposta da criança
O cuidador usa a criança como figura de apego.	"Sou responsável pelos sentimentos de quem cuida de mim. Quem é o responsável por mim? Isso é pesado demais. Não sei como agir."	A criança se sente sobrecarregada, sem apoio e só — um fracasso crônico por não ser capaz de fazer quem cuida dela feliz.
Conflito conjugal crônico e/ou violência doméstica.	"Meu ambiente é inseguro. Não há ninguém aqui para me proteger do medo ou do dano."	A criança não se sente valiosa o bastante para ser protegida. Diante do exemplo da briga e da violência, aprende a se comportar assim. Sem ninguém para ajudá-la a interpretar a situação, ela culpa a si mesma.
Comportamento predatório em relação à criança (olhar feio, arreganhar os dentes).	"Quem cuida de mim me assusta. Se eu cometer erros, vão me machucar. Meu ambiente nunca é realmente seguro."	A criança aprende a temer o que deveria ser fonte de conforto. Isso cria confusão, angústia, falta de segurança e apreensão quanto a pedir apoio.

SENTIMENTOS COMUNS NO RELACIONAMENTO

💔 Tristeza		🔥 Raiva
vazio desmoralização impotência ardor desorientação tristeza rejeição solidão	desespero mágoa não ser visto não ser ouvido desdém incompreensão subvalorização	irritação frustração fúria crítica hostilidade indignação ressentimento exasperação ira
🐱 Medo	👧 Vergonha	💜 Sentimentos positivos
temor confusão ansiedade insegurança opressão nervoso pânico perturbação preocupação inquietação	inadequação estupidez não estar à altura constrangimento rejeição desvalorização humilhação culpa insuficiência	proximidade conexão ser visto compreensão ser cuidado acolhimento segurança valorização apoio amor aceitação calma dignidade competência empoderamento

MOVIMENTOS DA PESSOA COM APEGO EVITATIVO
NOS CICLOS NEGATIVOS

Estratégias evitativas de gerenciamento das emoções	Benefícios percebidos (subconsciente)	Malefícios
Reprimir sentimentos dolorosos; fingir que não existem.	A pessoa fica parcialmente e/ou temporariamente protegida da sobrecarga de sentimentos dolorosos ou da criação de conflito.	Ela não consegue acessar ou expressar sentimentos; sentimentos a levam a comportamentos pouco úteis ou destrutivos; não consegue reconhecer a necessidade de conforto emocional; não aprende a comunicar nem gerenciar emoções negativas de maneiras que possam levar ao vínculo.
Ver experiências de infância em cor-de-rosa; minimizar momentos negativos desse período.	Ao apresentar uma visão desequilibrada, a pessoa não precisa ver a família de maneira negativa — o que poderia lhe causar vergonha, no sentido de que "se meus pais são problemáticos, eu também sou", ou despertar sentimentos dolorosos de deslealdade com as pessoas que ama.	A pessoa não vê como experiências negativas na infância impactaram sua vida atual. Os problemas permanecem um mistério ou culpa de outra pessoa. Visões simplistas dos relacionamentos: ela não consegue ver famílias ou outros em sua plenitude, com pontos fortes e fracos.
Acreditar que todos os seus problemas seriam resolvidos se conseguisse acertar.	A pessoa usa a vergonha como uma forma de se motivar a se sair melhor, uma estratégia que depende de uma vergonha tóxica. Acredita que, sendo o "vilão", poderá mudar; tudo ficará bem e o/a/e parceiro/a/e não irá embora.	Vergonha leva a estresse, ansiedade, doenças mentais, vícios e abuso de substâncias. Tentar assumir toda a culpa no relacionamento (seja de modo geral ou em momentos específicos) atrapalha o estabelecimento de limites saudáveis e bloqueia a conexão autêntica. A vergonha atrapalha a vulnerabilidade.

Estratégias evitativas de gerenciamento das emoções	Benefícios percebidos (subconsciente)	Malefícios
Verbalizar e/ou acreditar que o relacionamento está "bem" mesmo quando há sinais do contrário.	Na mente da pessoa evitativa, se o relacionamento está "bom" ela não precisa entrar em conflito, o que pode ser desconfortável e opressor. Se ela conseguir convencer a outra parte de que o relacionamento está "bom", preocupações não serão mais levantadas e/ou é mais provável que o relacionamento se mantenha.	Problemas reais no relacionamento não serão abordados nem resolvidos. Essa negação faz a outra pessoa se sentir só, confusa e desesperada por conexão e resolução.
Ver ou acusar a parte ansiosa de ser "emotiva" ou "sensível" em excesso; minimizar os sentimentos da outra pessoa.	Se a parte evitativa consegue convencer a ansiosa de que esta é sensível demais, pode entender a situação e/ou não ter que encarar suas próprias falhas e sua vergonha.	Colocar a culpa na parte ansiosa impede que sejam expostas necessidades não atendidas mais profundas no relacionamento e atrapalha a cura.
Evitar conflito.	Evitar sentimentos de vergonha, sobrecarga, raiva ou medo de perder a outra pessoa. Impedir brigas que prejudicarão o relacionamento.	Problemas de relacionamento não são abordados ou resolvidos; não há oportunidade de aprender como gerenciar o conflito de uma forma que seja segura para as duas partes. Oportunidades de vínculo são perdidas, já que conflitos saudáveis abrem espaço para a vulnerabilidade.

Estratégias evitativas de gerenciamento das emoções	Benefícios percebidos (subconsciente)	Malefícios
Distanciar-se do relacionamento.	Como ciclos negativos prejudicam o relacionamento, pessoas evitativas se distanciam para fugir da dor que a própria relação passou a representar, incluindo sentimentos como fracasso, desespero e/ou medo.	O distanciamento não abre espaço para a cura; ele cria sentimentos de vazio, aumenta a distância e faz com que ambas as partes se sintam sozinhas.
Buscar conforto em outro lugar (excesso de trabalho, hobbies, vícios, outros relacionamentos — românticos ou não — etc.).	Quando a pessoa evitativa associa o relacionamento a dor, fracasso e sobrecarga emocional, pode preencher o vazio e se distrair da dor procurando outras atividades prazerosas.	Buscar conforto em outro lugar cria uma distância e atrapalha a oportunidade de problemas reais serem abordados e resolvidos.
Ficar na defensiva contra críticas reais ou percebidas.	Evitar se ver ou que a outra pessoa a veja como um fracasso.	Ficar na defensiva atrapalha a autorreflexão e um estabelecimento de limites saudáveis, mascara sentimentos mais profundos e faz a outra pessoa sentir que não foi ouvida nem validada.
Negar suas próprias necessidades no relacionamento.	A pessoa não terá que se decepcionar se as necessidades não forem atendidas; ela não quer ser um fardo para o outro e piorar as coisas. Ao minimizar/negar suas necessidades no relacionamento, ela não corre o risco de ser engolida.	A pessoa não consegue defender suas necessidades, o que contribui para a incapacidade de dar conta das necessidades do outro. Negar as próprias necessidades leva a ressentimento.

Estratégias evitativas de gerenciamento das emoções	Benefícios percebidos (subconsciente)	Malefícios
Esquivar-se das preocupações da outra pessoa; rebater quando esta menciona preocupações: "O problema não é comigo, é com você, e vou te dizer por quê...".	A parte evitativa se sente segura sob uma lógica subconsciente do tipo: "Se eu conseguir fazer você ver que é a parte errada e que tem falhas, a pressão sairá de cima de mim e estarei a salvo. Não me verei como a parte errada ou vergonhosa, tampouco você me verá assim".	A outra pessoa se sente invalidada, atacada e insegura.
Lidar com a raiva de maneira passivo--agressiva e/ou com humor mordaz.	A pessoa não precisa reconhecer sua raiva, que é percebida como ameaçadora, ou se responsabilizar por ela.	A raiva não recebe a atenção necessária para ser abordada, validada e trabalhada.
Usar excessivamente a razão e fatos para "ganhar" a discussão.	Diante das provas "certas", a outra pessoa não vai achar que a parte evitativa é ruim ou que fracassou e o problema terá uma solução fácil.	Confiar demais na razão e nos fatos sacrifica a emoção e os significados mais profundos. Se uma parte está "certa", a outra parte tem que estar "errada", o que não contribui para a sensação de que as necessidades de apego estão sendo respeitadas e compreendidas e atrapalha a segurança emocional, a vulnerabilidade e a resolução de problemas.

Estratégias evitativas de gerenciamento das emoções	Benefícios percebidos (subconsciente)	Malefícios
Apaziguar e "manter a paz" a qualquer custo.	Quando a parte evitativa bota panos quentes (diz ou faz o que a outra pessoa quer que diga ou faça, mesmo não querendo) e se esforça para "manter a paz", pode conseguir estabilidade, evitar o conflito e impedir que a outra pessoa se decepcione.	As questões do relacionamento não são abordadas ou resolvidas. A autenticidade e a verdadeira intimidade são sacrificadas, há ressentimentos e a pessoa evitativa corre o risco de acabar explodindo por algo pequeno ou que não tem a ver com o relacionamento.
Supervalorizar a independência.	Evita a sensação de "dependência", fraqueza e sufocamento.	Independência demais atrapalha a interdependência saudável, a vulnerabilidade e a intimidade. A outra pessoa sente que é afastada.
Distanciar-se emocionalmente.	Afastando-se da proximidade emocional e/ou das tentativas de aproximação da outra pessoa, a parte evitativa não precisa se sentir um fracasso por não saber como responder ou por ser engolfada e achar que está se perdendo no relacionamento.	Afastar a conexão atrapalha a intimidade e a proximidade no relacionamento. Mesmo quando a pessoa evitativa não reconhece isso fica se sentindo vazia e só, o que faz a outra parte se sentir vazia e só também.
Fechar-se durante o conflito.	"Tenho medo do conflito e do impacto negativo que ele pode ter no relacionamento." "Me fechar me ajuda a não sentir a sobrecarga."	A outra pessoa se sente só e insegura quanto à importância do relacionamento para quem se fecha. O problema não é resolvido.

Estratégias evitativas de gerenciamento das emoções	Benefícios percebidos (subconsciente)	Malefícios
Distanciar-se quando a outra pessoa pergunta sobre sentimentos.	"Sentimentos são fraquezas. Se eu mostrar os meus a você ou mesmo a mim, sou fraca. Se sou fraca, sou indigna."	A pessoa não consegue se sentir conectada e fica isolada. Falta vulnerabilidade e intimidade emocional no relacionamento.
Dar um gelo.	"Posso mostrar minha mágoa sem ter que expressá-la diretamente, o que não me parece seguro. Assim você vai me enxergar."	A outra pessoa se sente impotente, ansiosa e deixada no escuro.
"Consertar."	"Se eu conseguir consertar tudo, os problemas desaparecerão e ficaremos bem."	Os problemas reais (questões emocionais e de apego) não são abordados.
Evitar temas difíceis.	Evitando temas difíceis a pessoa evita sentimentos incômodos ou mesmo o conflito, que pode "estragar tudo".	Se não há um espaço amplo para abordar temas difíceis, a outra pessoa sente que não é ouvida nem vista, e nada é resolvido.
"Alvo móvel" (quando alguém diz que se sente de determinada maneira, mas logo muda de ideia e diz que não se sente assim).	Se a pessoa for firme em seus sentimentos, pode ser que eles sejam usados contra ela mais tarde. Outra possibilidade é que esses sentimentos sejam vistos por ela própria ou pela outra pessoa como "fracos" ou "errados".	Não ser capaz de reconhecer e falar sobre sentimentos atrapalha a vulnerabilidade e a conexão.
Fazer comentários maldosos.	Se a pessoa conseguir fazer com que a outra sinta a dor que ela mesma sente, será compreendida; fazer o outro sentir que não está à altura a ajuda a se sentir segura consigo.	Palavras dolorosas são destrutivas para o relacionamento, porque corroem a segurança e a confiança.

MOVIMENTOS DA PESSOA COM APEGO ANSIOSO
NOS CICLOS NEGATIVOS

Comportamentos ansiosos	Benefícios percebidos (subconsciente)	Malefícios
Queixar-se ao sentir que não é ouvida, validada ou respondida, e/ou que não é compreendida.	Brigar para ser ouvida e vista. Se a pessoa ansiosa continua brigando há uma chance de que suas necessidades sejam atendidas e ela não precise encarar sentimentos de desespero e impotência.	Queixas diminuem a probabilidade de que a pessoa seja ouvida, afastam o outro e atrapalham a habilidade de se autorregular e aprender a conviver com sentimentos vulneráveis de tristeza, medo e vergonha.
Expressar emoções com intensidade.	Descarregar sentimentos de maneira intensa libera a energia dolorosa e pode parecer a segunda melhor opção à autorregulação, entorpecendo temporariamente a dor da falta de corregulação no relacionamento.	É exaustivo para o sistema nervoso da própria pessoa ansiosa e sobrecarrega o sistema nervoso da outra pessoa. Diminui as chances de que o problema real seja abordado. Faz com que a pessoa ansiosa sinta vergonha e solidão.
Controlar em excesso o ambiente e/ou a outra pessoa.	Manter o ambiente "perfeito" ou sob controle impede a pessoa de se sentir ansiosa quando as coisas dão errado e fornece uma falsa sensação de segurança.	É exaustivo e pode fazer com que o outro acabe ressentido e/ou se sentindo incompetente; atrapalha a oportunidade de aprender a autorregulação nos momentos difíceis (que são inevitáveis) e de desenvolver autoconfiança.

Comportamentos ansiosos	Benefícios percebidos (subconsciente)	Malefícios
Culpar, criticar, julgar o/a/e parceiro/a/e.	Culpando a outra pessoa, a parte ansiosa não precisa encarar a vergonha de ser demais, de errar e de ter seu sofrimento invalidado. Isso leva o/a/e parceiro/a/e a achar que é o problema e precisa mudar; assim, a pessoa ansiosa garante sua segurança.	Cria ressentimento por parte da outra pessoa e atrapalha a intimidade; não abre espaço para a autorreflexão.
Buscar o lado negativo.	Concentrar-se no que está errado mantém a pessoa em estado de alerta para o que precisa ser mudado. Ela não vai sentir que foi pega de surpresa quando algo ruim acontecer.	Concentrar-se no lado negativo dificulta desfrutar do positivo; deixa a outra pessoa desmoralizada e sentindo que não é estimada pelo modo como contribui com o relacionamento.
Encher de perguntas.	A pessoa acredita que se obtiver informações o bastante se sentirá segura e terá reafirmação.	Quando a necessidade de reafirmação vem do medo enraizado de não ser digna de amor ou de uma ruptura no relacionamento, não importa quantas respostas a outra pessoa der: nunca será o bastante. O/a/e parceiro/a/e se sente frustrado/a/e por ser incapaz de fornecer as respostas "certas".
Testar o amor e a responsividade da outra pessoa.	Se o/a/e parceiro/a/e passar no teste, a pessoa ansiosa finalmente se sentirá amada.	Se ela tiver um medo enraizado de não ser digna de amor, mesmo que o outro passe no teste sempre haverá mais testes.

Comportamentos ansiosos	Benefícios percebidos (subconsciente)	Malefícios
Exceder-se nas palavras, repetir-se nas conversas.	Dizendo a mesma coisa repetidamente, a pessoa acredita que enfim será ouvida.	Sobrecarrega o/a/e parceiro/a/e, que sente que não há espaço para o que tem a dizer; essa é uma maneira de se defender de sentimentos vulneráveis que precisam ser encarados e abordados. Repetir-se atrapalha a solução dos problemas reais se a outra pessoa não estiver ouvindo.
Ter dificuldade em encerrar ou dar um tempo nas discussões.	Não precisa ficar a sós com os sentimentos dolorosos; brigar é melhor que ficar sozinho.	Brigas contínuas e acaloradas muitas vezes levam a comportamentos que prejudicam o relacionamento, impedindo oportunidades de autorregulação e corregulação.
Apresentar detalhes e "provas" excessivos, às vezes repetidamente.	Quando a pessoa ansiosa apresentar "provas" o bastante receberá a validação que deseja e a outra pessoa enfim mudará.	Excesso de foco nos detalhes pode mascarar significados e padrões mais importantes; apresentar minúcias faz com que a outra pessoa se sinta culpada e não compreendida, levando a discussões.
Dar um gelo (como forma de protesto, o que é diferente da versão evitativa de dar um gelo).	Se for "abandonado/a/e", o/a/e parceiro/a/e vai sentir na pele a raiva e a solidão que a pessoa ansiosa sente; vai então querer reconfortá-la e mudar.	Mantém a comunicação pouco saudável.

Comportamentos ansiosos	Benefícios percebidos (subconsciente)	Malefícios
Subir o sarrafo.	Como não dá para confiar em "coisas boas", a pessoa ansiosa continua buscando a perfeição e mantendo expectativas irreais só para se sentir segura, como se um dia tudo fosse ficar bem.	A pessoa ansiosa nunca desfruta do "bom o suficiente". O/a/e parceiro/a/e fica desmoralizado/a/e porque acha que, não importa o que faça para mudar ou acertar, nunca será o bastante.
Ser emocional ou fisicamente "grudenta".	A pessoa ansiosa acredita que se mantiver a outra pessoa próxima não precisará encarar seus medos de abandono.	Nenhum grau de proximidade é capaz de curar o medo do abandono. Os medos não podem ser trabalhados quando evitados. O/a/e parceiro/a/e se sente sufocado/a/e e afasta a pessoa ansiosa com o intuito de manter seu senso de individualidade.
Agradar os outros.	Se o/a/e parceiro/a/e estiver sempre feliz, a pessoa ansiosa se sentirá digna de amor e segurança. Essa é uma maneira de "controlar levemente" a outra pessoa.	Ambas as partes provavelmente se ressentirão.
"Um pé fora" (quando há uma briga, ameaçar terminar como protesto, sem um plano real).	"Se eu fizer você pensar que vou terminar talvez me ouça por medo." "Estou sofrendo tanto que só consigo pensar em escapar."	A outra pessoa se sente confusa e magoada, e talvez leve a ameaça a sério. Ela também pode deixar de acreditar nas bravatas.
Cutucar para chamar atenção.	"Se eu conseguir uma resposta, de qualquer tipo, não vou me sentir só e desconectada."	A outra pessoa fica com medo, sente-se abandonada e não aprende a responder a pedidos saudáveis de conforto e conexão.

Comportamentos ansiosos	Benefícios percebidos (subconsciente)	Malefícios
Foco excessivo no comportamento e no crescimento da outra pessoa.	O excesso de foco no outro mantém a pessoa ansiosa alerta para como pode ser decepcionada. Se o/a/e parceiro/a/e for "perfeito/a/e", ela finalmente vai poder se sentir segura.	Afasta a outra pessoa; faz com que ela não tenha espaço para se apropriar do seu crescimento.
Ter dificuldade em reconhecer sua participação no problema e em como ele afeta o relacionamento.	A pessoa ansiosa viveu experiências legítimas em que foi decepcionada repetidamente, o que a deixou com uma necessidade de culpar e mudar o exterior para se sentir segura. Ela até pode trabalhar duro no relacionamento, mas sem perceber que parte do que faz para ajudar só piora as coisas. Como a situação não muda apesar do "trabalho duro", ela conclui que o outro é o problema.	Mentalidade fixa; impede de focar no eu; atrapalha a vulnerabilidade e a autorregulação; impede a pessoa de enxergar sua parte no problema que mantém o relacionamento empacado e trabalhar nisso.

Agradecimentos

Em primeiro lugar quero agradecer a meu marido, Mario, por me apoiar de mais maneiras do que eu seria capaz de enumerar. Você é meu porto seguro. Você me ensinou a mirar as estrelas sem tirar os pés do chão. Passamos por um bocado de coisas juntos e me orgulho muito de não termos desistido do crescimento em nossa parceria e na criação dos nossos filhos. Faz dez anos que você tenta me convencer a escrever um livro, e quando joguei as mãos para o alto e disse "Não vou conseguir de jeito nenhum", sua resposta foi: "Você *precisa* escrever esse livro". A mensagem que recebi naquele momento, na varanda de casa, foi: "Acredito em você e estou aqui. Estou no seu time". Eu te amo mais do que as palavras são capazes de expressar, e estou ansiosa pelo restante da nossa vida juntos.

Também agradeço a meus filhos. Este projeto constituiu um esforço coletivo, e cada um de vocês se sacrificou à sua própria maneira para que funcionasse. Quantas vezes nos últimos três anos vocês me ouviram dizer "Quando eu terminar o livro..."? Obrigada de coração por todo o apoio e por acreditarem em mim. Minha jornada pela teoria do apego começou com um desejo obstinado de ser a melhor mãe que eu podia para cada um de vocês. Minha intenção é criar um legado de apoio emocional para nossa família que atravessará gerações.

Jamie, há trinta anos você é meu outro porto seguro. Admiro e valorizo muitas coisas em você. Seu apoio inabalável faz meus olhos se encherem de lágrimas, e sua solidez permitiu que eu seguisse em frente de maneiras que você nunca saberá. Fora que você faz tudo isso com um estilo impecável.

Obrigada a minha mãe por ter acreditado em mim acima de qualquer dúvida. Obrigada a meu pai por se doar de todas as maneiras que sabia. Vocês também viveram nas estrelas, e com frequência sinto que minha vida é a extensão de uma jornada que vocês não tinham como concluir sozinhos por falta de recursos. Obrigada a minha avó por ser o exemplo da mistura de carinho e força a que aspiro ser, e por todas as risadas.

Agora, minha equipe:

Agradeço a Katrina, meu porto seguro no trabalho. Você é muito especial para mim. Obrigada por sua lealdade e por me ajudar incansavelmente a tornar tudo isso possível em termos de logística.

Alexandra Machinist, obrigada por acreditar em mim e em meu trabalho. Sou muito grata pelas habilidades inspiradoras que você tem como pessoa e profissional, e que fizeram este livro acontecer.

Stephanie Frerich, você é um presente do céu. Você trouxe uma pureza que me ajudou a me manter fiel ao espírito de *Amor seguro*, e sei que isso nem sempre acontece no mundo editorial. Valorizo sua amizade e as contribuições que fez a este livro. Também agradeço a todo mundo na Simon & Schuster que acreditou neste projeto e o apoiou. Pretendo deixá-los orgulhosos por terem me recebido.

Rachel Bertsche, você é um gênio. Fiquei deslumbrada com a velocidade com que você digeria as informações e me ajudava a transformá-las em algo mais palatável para os leitores. Você me ajudou a fazer *Amor seguro* passar de um ótimo livro a um livro fenomenal, e fico mais do que grata em tê-la na minha equipe, e não só no que diz respeito a este livro.

Agradeço a Helen e a toda a equipe da UK Penguin/Cornerstone. Helen, seu feedback ajudou este livro a ser inclusivo. Obrigada por acreditar nele.

E, é claro, onde estaria este trabalho sem meus professores?

John Bowlby, você criou algo maravilhoso... uma teoria do apego que tem o potencial de mudar o curso da humanidade nos fazendo dar um passo atrás para avançar.

Sue Johnson, seu brilhantismo é inegável. Tento imaginar a paciência, intuição e inteligência necessárias para moldar a Terapia Focada nas Emoções a partir da enganosamente simples teoria do apego. Seu trabalho impactou profundamente minha vida pessoal e profissional, e agradeço do fundo do coração por sua contribuição incansável na área da psicologia.

George Faller, você levou o conceito da TFE a outro patamar. Quando comecei a estudar com você, tudo mudou. Você trouxe verdade e coragem à TFE sem que isso diminuísse a gentileza e a empatia inatas à nossa amada modalidade, tornando-a algo ainda mais humano e com o qual é ainda mais fácil se identificar. Ao se dedicar à tarefa exaustiva de viajar o mundo para nos ensinar, você toca um número sem precedentes de vidas. Obrigada, obrigada, obrigada. Sinto orgulho de tê-lo como professor, mentor e amigo.

Wendy, você é a minha parceira de TFE. Obrigada por todo o crescimento como terapeutas que vivemos juntas, por tolerar o processo deste livro mesmo quando interrompia nossas caminhadas semanais e por me ensinar a ser uma "garota forte de Montana", o que obviamente ainda estou me esforçando para ser.

Também agradeço a todos os casais com quem trabalhei. Vocês tornaram possível dar vida a este livro, que nunca teria sido escrito sem sua disposição em confiar em mim e embarcar em uma jornada através da vulnerabilidade comigo a seu lado. Tenho o maior respeito por qualquer pessoa que se disponha a ficar vulnerável e encarar as partes mais dolorosas de si mesma, investindo tempo, energia e dinheiro para trabalhar em seu relacionamento. Não se trata de um trabalho fácil, e cada um de vocês é especial para mim. Nunca esquecerei suas histórias.

Obrigada a todos que me acompanham no Instagram, para quem este livro foi escrito. Nunca foi minha intenção ter um número tão grande e leal de seguidores, assim como nunca havia pensado em escrever um livro. Vocês, no entanto, pediram por isso desde o primeiro dia, com consistência, então aqui está, especialmente para aqueles com toda a motivação do mundo mas sem acesso à terapia de casal. É para vocês que eu escrevo.

Notas

2. ENTENDENDO A TEORIA DO APEGO [pp. 42-70]

1. Susan S. Woodhouse, Julie R. Scott, Allison D. Hepworth e Jude Cassidy, "Secure Base Provision: A New Approach to Examining Links Between Maternal Caregiving and Infant Attachment". *Child Development*, 2019.

2. Alexander Thomas e Stella Chess, *Temperament and Development*. Nova York: Brunner/Mazel, 1977.

3. Becky Kennedy, *Good Inside: A Guide to Becoming the Parent You Want to Be*. Nova York: HarperCollins, 2022. [Ed. bras.: *Eduque sem medo*. Trad. de Eveline Machado. Rio de Janeiro: Alta Life, 2023.]

4. John Bowlby, "Forty-Four Juvenile Thieves: Their Characters and Home-Life". *International Journal of Psycho-Analysis*, 1944.

5. John Bowlby, *Attachment and Loss*. v. 1: *Attachment*. Nova York: Basic Books, 1982. [Ed. bras.: *Apego e perda*. v. 1: *Apego*. Trad. de Álvaro Cabral e Auriphebo Berrance Simões. 3. ed. São Paulo: Martins Fontes, 2002.]

6. Mary Ainsworth, *Patterns of Attachment: A Psychological Study of the Strange Situation*. Nova York: Lawrence Erlbaum Associates, 1978.

7. Cindy Hazan e Phillip Shaver, "Romantic Love Conceptualized as an Attachment Process", *Journal of Personality and Social Psychology*, 1987.

8. Bowlby, *Attachment*, op. cit.

9. Ainsworth, *Patterns of Attachment*, op. cit.

10. Rainer Weber, Lukas Eggenberger, Christoph Stosch e Andreas Walther, "Gender Differences in Attachment Anxiety and Avoidance and Their Association with Psychotherapy Use: Examining Students from a German University". *Behavioral Sciences*, 2022.

11. Ibid.

3. IDENTIFICANDO SEU ESTILO DE APEGO [pp. 71-116]

1. Joseph E. Beeney, Aiden G. C. Wright, Stephanie D. Stepp, Michael N. Hall-quist, Sophie A. Lazarus, Julie R. S. Beeney, Lori N. Scott e Paul A. Pilkonis, "Disorganized Attachment and Personality Functioning in Adults: A Latent Class Analysis". *Personality Disorders*, jul. 2017.

2. Ibid.

4. QUAL É O SEU CICLO NEGATIVO? [pp. 119-43]

1. Sue Johnson, *Hold Me Tight: Seven Conversations for a Lifetime of Love*. Nova York: Little Brown Spark, 2008. [Ed. bras.: *Me abraça forte*. Trad. de Alessandra Esteche. Rio de Janeiro: Sextante, 2023.]

10. INTRUSOS MANEJÁVEIS [pp. 281-95]

1. Bessel van der Kolk, *The Body Keeps the Score: Brain, Mind, and Body in the Healing of Trauma*. Nova York: Viking, 2014. [Ed. bras.: *O corpo guarda as marcas: Cérebro, mente e corpo na cura do trauma*. Trad. de Donaldson M. Garschagen. Rio de Janeiro: Sextante, 2020.]

11. O FATOR SEXO [pp. 296-316]

1. Bianca Acevedo e Arthur Aron, "Does a Long-Term Relationship Kill Romantic Love?". *Review of General Psychology*, 2009.

2. Esther Perel, *Mating in Captivity: Unlocking Erotic Intelligence*. Nova York: Harper-Collins, 2007. [Ed. bras.: *Sexo no cativeiro: Como manter a paixão nos relacionamentos*. Trad. de Adagilsa Campos da Silva. Rio de Janeiro: Objetiva, 2018.]

3. Emily Nagoski, *Come As You Are: The Surprising New Science That Will Transform Your Sex Life*. Nova York: Simon & Schuster, 2015. [Ed. bras.: *A revolução do prazer: Como a ciência pode levar você ao orgasmo*. Trad. de Julia Debasse. Rio de Janeiro: Guarda-Chuva, 2018.]

12. QUANDO VOCÊ NÃO VÊ RESULTADOS [pp. 317-36]

1. Paul M. Spengler, Nick A. Lee, Stephanie A. Wiebe e Andrea K. Wittenborn, "A Comprehensive Meta-Analysis on the Efficacy of Emotionally Focused Couple Therapy". *Couple and Family Psychology: Research and Practice*, 2022.

Índice remissivo

abandono: apego ansioso e, 77; em ciclos negativos, 123-4; clima da infância e, 46-7; estilos de apego e, 68-9; invalidação como, 290; necessidades de apego e, 52-3

abertura, 272-3, 308

abordagem "um pé fora", 400

abordagem centrada no eu, 29, 218-9

abordagem de baixo para cima, 37-8

abordagem de cima para baixo para a mudança, 37-9

abordagem do "alvo móvel", 396

abordagem do conserto, 383, 396

abordagem eu contra você, 343

abordagens focadas no outro, 81, 218-9

abuso físico, 312-3

acalmar-se, 159-61

aceitação, 190, 308, 315, 334

acertar, 31-2, 84, 92, 189-91, 391

acordo: necessidade de, 225-6; resolução de problemas sem, 235, 237-8; validação versus, 204-6

adaptação excelente, temperamento, 48

agradar aos outros, 79, 234, 400

agressão, 197

Ainsworth, Mary, 51, 65

ajuda, pedir, 341-2

ajuda profissional, 239; com conexão sexual, 306-7, 313, 316; com trauma não resolvido, 290-2; para curar feridas, 276-7; para lidar com a depressão, 286, 288; para trabalhar no relacionamento, 321-2; resistência à, 328-9

alegria, 272

Alexander, Bruce, 293-4

ambiente favorável ao apego: autorregulação em, 195-6; comunicação em, 181-4; conexão sexual em, 306-10; criando um, 326-7, 333-4; curando feridas em, 263-5; definição, 145-6, 178-9; exercício de vulnerabilidade, 214-6; expressar preocupações em, 219-21; habilidades a cultivar, 179-80; intenções de apego e ótica do apego em, 184-7; lidando com intrusos manejáveis em, 285-7, 292; modelo para combater a vergonha e criar, 195-216; quatro Fs como resposta a gatilhos e, 196-9; reparando rupturas em, 245-50; sucesso em estabelecer, 319-20; vergonha e, 187-95 ambiente hostil, 388

ambiente punitivo, 388

ambientes abusivos e relacionamentos, 11, 68, 388

ambivalência, 67, 77, 82, 275-6

ameaças ao apego, 51, 57, 82-3, 129, 195-7, 255, 273-4

amizades, 74, 113

amor: da outra pessoa e amor-próprio, 58; ouvir com, 229-32, 267, 272; seguro, 22, 34-6, 281-2, 307

amor seguro, 22, 34-6, 281-2, 307

angústia aproximação/medo, 97

ansiedade: como resposta dos cuidadores, 386-7; em relação à raiva da outra pessoa, 359-60; empatia e, 199-200; impotência e, 81-2

aparência, foco na, 384

apaziguamento, 160, 196-8, 395

apaziguar, 160, 196-8, 395

apego, ameaças ao *ver* ameaças ao apego

apego ansioso: descrição, 67-8; desorganizado-ansioso versus, 98-9; espectro do, 72-4; na infância, 75-9, 386-7; na vida adulta, 79-86

apego desorganizado: descrição, 68-9; espectro do, 73; na infância, 96-8, 388-9; na vida adulta, 98-101

apego desorganizado-empobrecido, 101-2

apego desorganizado-oscilante, 98-102

apego evitativo: apego desorganizado-empobrecido versus, 101; descrição, 66-7; espectro do, 72-4; forças do, 103-4; infância e, 86-90, 383-5; vida adulta e, 90-6

apego inseguro: conflito, ciclos negativos, e, 120-1, 134; depressão e, 286; descrição, 67-8; desenvolvimento de, 49, 75; espectro do, 72-3; flexibilidade e, 235-6; na raiz do conflito, 28-34; necessidades não atendidas e, 55-7; ótica do apego para comportamentos relacionados a, 240; pontos fortes associados com, 103; prevalência de, 18-9, 69; relacionamentos entre pessoas com, 18-9, 85, 126; senso sentido de, 18; *ver também tipos específicos*

apego seguro: avaliar o nível de, 371-7; conquistado, 72-4; descrição, 66; na infância, 104-8; na vida adulta, 108-11; necessidades de apego e, 52-3; senso sentido de, 18, 35-6, 105-6, 372; sentimentos com, 372; sintonia parental para, 46-7

apego seguro conquistado, 73

apoio, 53, 61-2, 174, 284, 380

armadilha "Quem é a pessoa má?", 167-9

armadilha "Quem sofre mais?", 169

assertividade, 197-9, 234, 237

assunto, mudança de, 271

atacar verbalmente, 155-6, 289

atenção plena, 163-4

aterramento, 164, 166, 196, 201, 283

atração, perda da, 310

autenticidade, 180, 338

autoconsciência, 147-52, 161-3

autocuidado, 17, 112-3, 174, 287, 311-2

autorregulação: antes de conversas difíceis, 339; com apego ansioso, 84; com apego desorganizado, 103; com apego seguro, 106, 282; em ambientes favoráveis ao apego, 195-6; em intervalos em ciclos negativos, 174; estratégias para, 162-6; na abordagem da Experiência Somática, 292; na resolução de problemas, 234; para corregulação, 161-2 autovalidação, 164-5, 328, 380; buscar, 354-5

bagagem emocional, no relacionamento, 30
"bem", dizer que está, 352-4, 392
Beyond Addiction [Além do vício] (Foote), 295
"Boi na linha", armadilha, 170
Bowlby, John, 50-1, 59, 65

casais do tipo ansioso/evitativo: armadilha "Quem é a pessoa má?" para, 167-9; ciclos negativos para, 120-9, 135-9; conexão sexual em, 299-304; trabalhar no relacionamento para, 329-30
casais poliamorosos, 316
casos extraconjugais, 185-6, 274-6
ceticismo, 90
Chess, Stella, 48
chiliques, 79, 360-2
choro, 208-9
ciclos negativos, 21; abaixo da superfície, 375; autorregulação e corregulação em, 158-66; avaliando a segurança nos, 372-3, 376-7; ciclos vinculantes e, 142-3; com pessoas com apego ansioso, 397-401; com pessoas com apego evitativo, 391-6; combater a vergonha nos, 202, 206, 212; como o real inimigo no conflito, 139-42; conexão sexual e, 297, 300, 302-7; conexão sexual e, 306; curar feridas fora dos, 266, 269; definição, 121; estilos de apego e, 84, 119-22; eventos desencadeadores de, 129-33; evitar, 34, 127-9; ficar vulnerável nos, 153-8; identificar os, 146-52; impedir os, 145-6, 178, *ver também* ambientes

favoráveis ao apego; interromper os, 144-77; intervalos nos, 171-5; não reparados, 133-5; necessidades de apego não atendidas e, 122-9; nomear os, 166-70; ótica do apego para ver os, 186; para casais do tipo ansioso/evitativo, 121-9, 135-9; reafirmação em, 175-7; reconhecer o problema nos, 146-52; reparação após *ver* reparação de rupturas de apego; resposta dos quatro Fs nos, 197-8; reveses relacionados a, 242; sutis, 242-3; trabalhar no relacionamento como, 323-31
ciclos vinculantes, 142-3, 159, 272
clareza, 321, 336, 367
clima emocional: conexão sexual e, 297; em relacionamentos seguros, 56-7; feridas e, 274; geral, 43-50; infância, 43-50, 105, 388; mudança, 38-9, 274; rupturas e, 33, 242-4
codependência, 58
comida, 57, 77, 323-7
compaixão, 72, 115, 199, 211, 267
compartimentalização, 103-4, 312
Complex PTSD [TEPT complexo] (Walker), 196-7
comportamento predatório, 389
comportamentos positivos, 186
compreensão, 202-5, 211-3, 222, 249-50
comprometimento, 281
comunicação: ambiente favorável ao apego e, 181-4; ciclos negativos de *ver* ciclos negativos; conexão sexual e, 313-6; da sua perspectiva, 235; não verbal, 268, 339; para reparar rupturas, 249; problemas subjacentes de, 25-8, 61; relacionamentos seguros e, 36-41; sobre vulnerabilidade, 143

comunicação baseada no medo, 82

comunicação não verbal, 268, 339

conexão: apego evitativo e, 93-5; apego seguro e, 108; brigar/fazer as pazes para, 142; com outras pessoas, 380; construir, 335; curiosidade e, 211-2; depressão e, 286-7; física, 63-4, 268, 298-9, 339; influência e, 209-10; nos quatro Cs, 62-4, 104; ouvir e, 231-2; para a corregulação, 159-60; rejeição e, 357-8; vergonha e, 192-5; vício e, 294; *ver também* conexão sexual

conexão física, 63-4, 268, 298-9, 339

conexão sexual, 63-4, 296-316; casais do tipo ansioso/evitativo e, 299-304; ciclos negativos relacionados à, 306; conversas desconfortáveis sobre, 306-9; dor da rejeição e, 309-12; impasse sexual e, 304-5; importância da conexão física, 298-9; satisfação no relacionamento e, 296-8, 314-5; saudável, 314-6; trauma relacionado a, 312-4

confiança, 99, 225, 233-4, 262-3, 268, 273-4

conflito: apego inseguro na raiz do, 28-34; após trabalho no relacionamento, 317-8; ciclos negativos e, 120-1, 133-5, 139-42; crônico na infância, 389; empatia durante, 201-2; evitar, 91-2, 392; fechar-se durante, 395; mascarado versus óbvio, 181-3; não resolvido, 27, 38; nos quatro Cs, 61, 64-5, 104; ouvir durante o, 231; problemas de comunicação subjacentes ao, 25-8, 61; relacionamentos seguros e, 35; saindo de proporção, 25-8, 31, 93-4, 175-6, 348-9; *ver também* rupturas de apego

conforto: através do toque, 298; buscando, 158-9, 393; nos quatro Cs, 61-2, 104

consciência, 374

controle: controlar por uma resposta, 224-5; em relacionamentos seguros, 109; influência versus, 209-10; no trabalho no relacionamento, 329-30; para pessoas com apego ansioso, 397; resistência a ser controlado, 327; tentar controlar a outra pessoa, 81-2, 180

convencer outros, 237-8

conversas difíceis, 217-40; ciclos negativos em, 121-2, 125-6; começar valorizando, 224; crescimento após, 319-20; evitar, 396; foco em si em, 218-9; linguagem favorável ao apego em, 221-2, 344-6; necessidade de concordar em, 225-6; ouvir durante, 229-32; para curar feridas, 266-72; pedir e responder em, 217-8; preocupações versus crítica em, 219-21; resolução de problemas em, 232-40; reveses em, 242; "sempre" e "nunca" em, 228-9; sentido maior e detalhes em, 226-8; sobre conexão sexual, 305-9; tentar controlar a outra pessoa em, 224-5; validação em, 222-4

cooperação, 64, 104-5

corpo guarda as marcas, O (Van der Kolk), 292

corregulação: ciclos negativos e, 158-62; durante estresse excessivo, 284; intervalo para, 171; linguagem favorável ao apego para, 353-4, 367-8

crescimento pessoal, 390, 318-21, 332-5; buscando, 180-1, 332-5; definindo o sucesso como, 373-4; mensagens de infância incentivando o, 190; reconhecendo, 334-5

crítica, 344; ficar na defensiva em relação a, 348-9; pessoa com apego ansioso, crítica da, 398; preocupação e, 219-21, 365-6; vergonha e, 192

cuidadores emocionalmente intrusivos, 87, 385

culpa, 190-1

culpar: apego na infância e, 75-6; ciclos negativos e, 121, 167-9, 325; conexão sexual e, 308-9; escuta amorosa versus, 231-2; para a pessoa com apego ansioso, 398; para a pessoa com apego evitativo, 91; vergonha e, 192; virar a mesa, 138-9, 231, 344

curar feridas de apego: bloqueios a, 273-7; conversas para, 266-72; critério básico para, 263-6; para a pessoa que feriu, 272-3; relacionamento depois de, 277-8

curiosidade, 210-3, 347, 349, 351

cutucar, 400

DEAR MAN [querido homem], técnica, 345-6

decepção, 312, 357

deixar para lá, 128-9, 214, 343

dependência, 101

depressão, 114, 285-7

desconexão, 66-70, 127-8, 350-2

desconforto: com mudança, 333; com vulnerabilidade, 156; ficar confortável com o, 306-9; reduzir o, 372

desculpas, 249, 260

desregulação, 387

detalhes, 226-8, 399

diálogo do demônio, 121

diário, 175

digno de amor, necessidade de ser visto como, 52-3, 76-7

dinâmica busca-esquiva, 301-6, 309-12, 314

discordâncias, 33-4, 347-8

dissociação, 97, 100, 313, 388

distanciamento: conexão sexual e, 311-2; em reação à pressão, 324-7; por pessoa com apego evitativo, 152, 393, 395-6; quando trabalhar no relacionamento, 375

diversão, 63, 303-5, 378-9

doença mental, 288; *ver também* depressão

dor emocional, 55-6, 60; apego desorganizado e, 99; apego evitativo e, 89; armadilha do "Quem sofre mais?" e, 169; com apego seguro, 104-7; com gatilho, 129-32; comentários para infligir, 396; da rejeição sexual, 309-12; encarar a, 225; justificar comportamento com, 250; mudar de assunto para gerenciar a, 270-1; negar a, 391; vulnerabilidade como exposição à, 154-5

Eduque sem medo (Kennedy), 49

emaranhamento, 136

empatia: com posturas defensivas, 38; como objetivo, 246-7; conexão e, 63; em ambientes favoráveis ao apego, 179, 195; em conversas reparadoras, 267-8, 272; no modelo para combater a vergonha, 199-202

encher de perguntas, 212, 398

energia emocional, nos relacionamentos, 319

engolfado, medo de ser, 95

envolvimento emocional, 174, 282

envolvimento pessoal, 174

equilíbrio emocional, 136-7, 300

erguer uma barreira, 120-1, 179, 395-6

erros, vergonha devido a, 385

escaneamento corporal, 163, 175

escuta ativa, 230

espaço, criar, 247, 271-2, 332-3, 357

esperança, 130-1, 153

espiral de vergonha, 269-70

esquivar-se, 121, 153, 192, 394

estabelecimento de limites, 29; linguagem para, 344, 356-7, 360-2; para o adulto com apego desorganizado, 100; sexual, 315

estilo(s) de apego, 65-116; categorização dos, 51; ciclos negativos e, 119-22; compaixão com, 72; descrição, 65-70; desenvolvimento de, 48-9; espectro do, 72-4; identificando o da outra pessoa, 115-6; identificando seu, 71-115; importância de compreender, 69; infância e, 75-9, 86-90, 96-8, 104-8; mudanças em, 113-4; perguntas de autoavaliação, 85-6, 96, 101-2; pontos fortes associados com, 103; relacionamento consigo e, 111-3; relacionamentos casuais e, 74, 113-4; vida adulta e, 79-86, 90-6, 98-101, 108-11; *ver também estilos específicos*

estilos de apego organizados, 97

estresse excessivo, 110, 282-5

eventos desencadeadores (gatilhos): autorregulação para gerenciar, 195-6; combater a vergonha em resposta a, 207, 211-2; de ciclos negativos, 129-33; em conversas difíceis, 230-1; gerenciar, 182-4; identificar, 146-52, 166-7; no exercício de reparação, 251-9; para

pessoas com apego desorganizado, 100; quatro Fs em resposta a, 196-8; teoria do apego sobre, 49

evolução, apego e, 50-1

exercícios de respiração, 166, 283-4

expectativas realistas, 112

Experiência Somática, abordagem da, 103, 291-2

experiências, dividir: depois de trabalhar no relacionamento, 379; em conversas reparadoras, 266-7; linguagem favorável ao apego e, 337-40; para a pessoa que feriu, 272-3; quando lidando com depressão, 286-7

expressão emocional: intensa *ver* expressão emocional intensa; vulnerabilidade versus, 207-9

expressão emocional intensa: evento desencadeador e, 130-3; infância e, 46-7; pessoa com apego ansioso e, 77-9, 397; pessoa com apego evitativo e, 88-9

externalização, 166-70

falas centradas no eu, 29, 218-9

Faller, George, 130, 222, 316, 405

família de origem, 43-4

fechar-se, 93-4; como resposta do tipo fugir, 199; falar sobre o desejo de, 349-50; para a pessoa com apego evitativo, 38, 87-8, 395; persistente, 28; *ver também* distanciamento

felicidade, 296-7

feridas de apego, 34, 262-78; cura, 263-78; rupturas de apego cotidianas versus, 262-3

ficar na defensiva: ambientes favoráveis ao apego e, 179; ciclo negativo e, 325; com a outra pessoa,

115-6; como resposta do tipo lutar, 197-9; devido a crítica, 348-9; fazer um intervalo para não, 175; para a pessoa com apego evitativo, 393; queixar-se e, 340-1; vergonha e, 192

figura de apego, criança como, 389

filhos, relacionamento com seus, 74

filtrar em busca do lado negativo, 83, 398

flexibilidade, resolução de problemas, 235-6

fome, 15-6, 59

Foote, Jeffrey, 295

força, 103-4, 277-8

Foreplay Sex Radio, 316

fracasso: medo do, 89-90, 92-4; trabalhar no relacionamento e, 322-4, 331-6

Frankl, Viktor, 147

gelo, 120, 139, 258, 396, 399

gritos, 360-2

grudar, 400

Hazan, Cindy, 51

iceeft.com, 52

ignorado, ser, 155-6, 383

impasse sexual, 304-5

imprevisibilidade, 386

incompatibilidade, 28, 34, 239, 336

incompreensão, sentimento de, 366-7

independência, 343-4, 384, 395

influência, no modelo para combater a vergonha, 209-10

inseguranças sexuais, 307-9

intenções, 184-7, 249

intenções de apego, 184-7

interdependência, 95

intervalos, 171-5, 199, 399

intimidade, 93, 308

intrusos manejáveis, 281-95; critérios para amor seguro e, 281-2; depressão, 285-7; doença mental, 288; estresse excessivo, 282-5; trauma não resolvido, 288-92; vícios, 293-5

irritação, 343

Johnson, Sue, 19, 51, 121, 405

julgando a si, 211

justificar, 270

Kennedy, Becky, 49

Kolakowski, Shannon, 287

Linehan, Marsha, 345-6

linguagem do apego: ansiedade com a raiva da outra pessoa e, 359-60; buscar reafirmação e, 357-8; buscar validação emocional e, 354-5; buscar valorização e, 356; decepção e, 357; dividir experiências e, 337-40; em conversas difíceis, 221-2; estabelecer limites e, 343-4, 360-2; exemplos de, 337-69; fazer as coisas do seu jeito e, 343-4; ficar na defensiva em relação à crítica e, 348-9; irritação com assuntos importantes e, 342-3; para abordar a raiva negada, 352-4; para abordar a tristeza da outra pessoa, 362-3; para despertar o interesse em trabalhar no relacionamento, 363-5; para discordar da outra pessoa, 347-8; para entrar em assuntos difíceis, 344-6; pedir intervalos em ciclos negativos e, 172-3; preocupação interpretada como crítica e, 365-6; querer se fechar e, 349-50; questões relacionadas à raiva e, 352-4; resposta reativa por parte da outra pessoa e, 367-9; se sentir de fora e, 350-2; sentir incompreensão e, 366-7; sentir sobrecarga/precisar de ajuda e, 341-2; solidão e, 340-1

maldade, 360-2
Malkin, Craig, 287
manipulação, 206
Me abraça forte (Johnson), 121
medo(s): angústia aproximação/medo, 97; de ser engolfado, 95; do filho, 388; do fracasso, 89-90, 92-4; sentimentos associados com, 390
medos de apego, 57, 119-20, 140-1
membros da família estendida, 74
memórias conscientes, 87
mentalização, 163
minimização, 90-1, 232, 266, 391-3
modelo para combater a vergonha, 195-214
mudança comportamental: aceitação e, 190; ambiente favorável ao apego e, 245; ciclos negativos e, 141-2; comprometimento com, 249; de cima para baixo e de baixo para cima, 37-9; para redução do estresse, 283-4; para reparar rupturas, 260-1; reação a, 339-40; servir de exemplo para, 326-8, 330; tentativa de forçar, 323-5

Nagoski, Emily, 315
necessidades de apego, 52-9; apropriando-se das, 219, 307; articulando, 56, 59-60; atendidas de maneira inconsistente, 76-9; atendidas, 15-6, 30, 56-8; ciclo negativo e, 123-9; compreendendo suas, 54-5; consciência de, 14-7, 306; desati-

vação das, 87-8, 91; estilo de apego e, 119-20; estratégias consistentes para atender às, 96-7; expressando, com vulnerabilidade, 215-6; não atendidas, 16, 55-7, 122-9, 243-4, *ver também* rupturas de apego; negação das, 393; no processo de reparação, 253, 255-6; universalidade das, 15, 29, 54, 65
necessidades do relacionamento *ver* necessidades de apego
necessidades emocionais dos outros, minimizar, 90-1
negação, 352-4, 393
negociação, 304
"nunca", dizer, 228-9

oscilações de humor, 100
ótica do apego, 20; em ciclos negativos, 179, 186-7; em conversas difíceis, 240, 310; vergonha e, 190, 193-4
ótica do inimigo, 186
ouvir, 230-2, 234, 267-8, 272, 379

parceiro(a): abordar a raiva da, 352-4, 359-60; abordar a tristeza da, 362-3; autorregulação pela, 161-3; com depressão, 285-7; com vício, 294-5; controlar a responsividade da outra, 224-5; curiosidade pela outra, 210-3; diferentes velocidades de crescimento, 318-20; estilo de apego da, 115-6; excesso de estresse para, 284-5; excesso de foco na outra, 401; ferida, 263-6, 275-7; nomear o ciclo negativo com a outra, 166-7; ouvir a outra, 229-32, 234; preocupação interpretada como crítica pela, 365-6; que feriu, 263-7, 269-73; responder à outra, no processo de reparação, 258-9; resposta reativa da outra, 367-9

pedir e responder, 138-41, 217-40

pensamento preto no branco, 236

perdão, 272-3, 276

Perel, Esther, 311

perfeição, 36, 213, 318, 334, 373, 381-2

pessoa com apego ansioso: casais do tipo ansioso/ansioso e, 138; ciclo negativo para, 120-1, 126, 397-401; conexão sexual para, 299-301; controle para responder pela, 224-5; empatia por, 199-200; gatilhos para, 132-3; intervalos em ciclos negativos em, 172-4; minimizar os sentimentos da, 392; resolução de problemas pela, 235; trabalho no relacionamento para, 80; vulnerabilidade para, 207-8; *ver também* casais do tipo ansioso/evitativo

pessoa com apego desorganizado: ciclo negativo para a, 120-1; controle por uma resposta da, 225; gatilhos para a, 132-3

pessoa com apego evitativo: casais do tipo evitativo/evitativo e, 137-8; ciclo negativo para, 120, 126, 325, 391-6; conexão sexual para, 299-301; empatia por, 200-1; intervalo em ciclos negativos para, 171-5; trabalhar no relacionamento para, 91-2; *ver também* casais do tipo ansioso/evitativo

pessoa ferida, 263-6, 275-7

pessoa que feriu, 263-7, 269-73

pessoas assexuais, 316

pisar em ovos, 271, 339, 359-60

pontos inegociáveis, 33-4

posturas e sentimentos defensivos, 31-2, 255

prazo, para resolução, 239, 265, 271-2

preocupações: crítica versus expressão, 219-21; interpretação das, como crítica, 365-6; linguagem do apego para levantar, 221-2; ouvir, da outra pessoa, 229-32

presença emocional, 201, 282-5, 290, 386

presença física dos cuidadores, 386

presentes, dar, 232

privação materna, 50

problema(s): reconhecer sua participação nos, 401; reconhecer, 146-52; sem solução, 239-40; subjacentes, 25-8, 226-8

problemas com abuso de substâncias, 276, 293-5

problemas médicos, sexo e, 297

projetos de apego, 74

provas, apresentação de, 399

proximidade: inconsistência na, 387; evitar, 395; necessidade de, 14-5, 53-4, 93-5, 139

psicoterapia, 291

quatro Cs do apego, 60-5, 104, 125, 302

quatro Fs em resposta a gatilhos, 196-9, 255

queixas: com apego inseguro, 31; críticas, 344; da pessoa com apego ansioso, 67-8, 138-9, 397; em ciclos negativos, 123, 126, 133; ficar na defensiva e, 340; reparação de rupturas e, 247-8; rupturas de apego relacionadas a, 150-2; sob a ótica do apego, 188

rabugice, 187, 359-60

raciocínio, uso excessivo do, 88-91, 394

raiva: ansiedade em relação à da outra pessoa, 359-60; chorar de, 208-

9; ciclos negativos e, 130-1; com apego ansioso, 83, 88-9; com apego evitativo, 89, 93-4; como bloqueio à cura, 276; como resposta dos cuidadores, 387; discutir com, 352-4, 359-60; estratégias para gerenciar a, 394; negação da, 352-4; sentimentos associados a, 390; validação da, 205-6, 222-3, 353-4

Rat Park, estudo, 294

reação exagerada, 191, 196, 386-7

reafirmação: apego ansioso e, 77-9, 83-4; ciclos negativos e, 175-7; durante o sexo, 314; linguagem favorável ao apego para, 357-8

recriação, 111-3

reenquadrar o relacionamento, 39

rejeição: conexão e, 357-8; infância, 388; necessidades de apego e, 52-3; no clima emocional da infância, 43-5; sexual, 309-12

relacionamento consigo, 17, 111-3, 154-5, 320-1, 333

relacionamento(s): após curar feridas, 277-8; bom o suficiente, 104, 381-2; casual, 74, 113-5; consigo, 17, 111-3, 154-5, 320-1, 333; crescimento e desenvolvimento pessoal, 39; desequilíbrios em, 327; desfrutando de, 377-8; energia emocional em, 319; equilíbrio emocional em, 136-7; estilos de apego em, 113-5; impasse sexual em, 304-5; interações repetidas em, 180; longevidade de, 137-8; nutrindo, 380-1; protegendo, 381; reenquadrando, 39; saudável, 13, 17, 145, 314-6; sentimentos comuns em, 390; teoria do apego no, 15-20; terminando, 32-4, 239-40, 277-8, 335-6; vício e, 293-5; *ver também* trabalho no relacionamento

relacionamento(s) seguro(s), 18-9; atividades em, 377-82; casais do tipo seguro/seguro, 137; consigo mesmo, 109-10, 320-1, 333; conversas difíceis em, 125-6; criar, 36-41, 115; cuidado em, 179-80; espectro do, 18; gerenciar ciclos negativos em, 128; identificar, 13-5; imperfeição em, 381-2; resiliência e, 33; senso sentido em, 34-6

relacionamentos abertos, 316

relacionamentos bons o suficiente, 104, 381-2

relacionamentos casuais, 74, 113-5

relacionamentos de apego na infância, 20-1, 37; ansiosos, 75-9, 386-7; clima emocional regular e, 43-50; conexão física em, 298-9; desorganizados, 96-8, 388-9; estilo de apego na vida adulta e, 65-6; evitativos, 86-90, 383-5; relacionamentos na vida adulta e, 42-4; seguros, 104-5; teoria do apego sobre, 50-2; vergonha em, 188-90; vínculos em, 30

relacionamentos de trabalho, 74, 114

relacionamentos pai/mãe-filho: conexão física em, 298-9; estilos de apego em, 75-9, 86-90, 96-8, 104-8; pais e mães, conexão sexual para, 311-2

relacionamentos românticos: estilo de apego ansioso em, 79-86; estilo de apego desorganizado em, 98-101; estilo de apego evitativo em, 90-5; estilo de apego seguro em, 108-11; estilos de apego em, 79-86, 90-5, 98-101, 108-11; vínculos de apego em, 30, 57

relacionamentos saudáveis, 13, 17, 145, 314-6

reparação de rupturas de apego, 241-61; acelerar o processo, 271-2; ambiente para, 245-50; após ciclos

418

negativos, 241-2; avaliação da segurança com base em, 375-6; ciclos negativos e, 134-5; ciclos negativos não reparados e, 133-5; clima emocional e, 56-7; criar espaço para, 247; exemplos, 256-9; nutrir o relacionamento e, 380-1; pedido de desculpas/mudança no comportamento e, 260-1; processo de, 250-6; resolução de problemas após, 232-3; sucesso como, 318; *ver também* feridas de apego

repetição, 235, 399

resiliência, 33, 63, 179, 377

resolução de problemas, 107; ciclos negativos e, 128-9, 391; em conversas difíceis, 232-40; segurança baseada na, 376-7

respeito mútuo, 238-9

respiração quadrada, 166

responsividade, 106, 156, 224-5, 398

resposta do tipo apaziguar, 196-8

resposta do tipo congelar, 195-9

resposta do tipo fugir, 196-9

resposta do tipo lutar, 196-8

respostas reativas: autorregulação para superar, 195-6; lidar com as, da outra pessoa, 367-9; minimizar a vergonha e, 194; nos ciclos negativos, 130-1; vulnerabilidade e, 124-6, 154-6, 214-6

ressentimento, 233, 304, 311

retrocesso, 339-40

revolução do prazer, A (Nagoski), 315

rigidez, 192

rupturas de apego, 33; ciclos negativos e, 126; definição, 56-7; feridas de apego versus, 262-3; identificando, sutis, 242-4; não reparadas, 57, 129; *ver também* reparação de rupturas de apego

satisfação com o relacionamento, 35-6, 296-8, 314-5, 320;

seca sexual, 315-6

Secure Relationship, The (perfil no Instagram), 21-2

segurança: ciclos negativos e, 129; como intenção de apego, 184-7; linguagem favorável ao apego para criar, 339-40; minimizar vergonha com, 193; na família de origem, 44; necessidade de, 14, 52-4, 57, 88; para criança com apego desorganizado, 96-7; para curar feridas de apego, 264-5; para validação emocional, 222; senso sentido de, 273-4; trauma não resolvido e, 290-2

"sempre", dizer, 228-9

sensações fisiológicas, no exercício de reparação, 253

sensibilidade, 271, 365-6, 392

senso sentido: de apego inseguro, 18; de apego seguro, 18, 35-6, 105-6, 372; de gatilho, 129-32; de necessidades atendidas, 58; de ruptura de apego, 33; definição, 15-6

sentido, senso *ver* senso sentido

sentimentos: com apego seguro, 372-3; como indicadores de ruptura, 243-4; da pessoa que feriu, 272-3; desencorajar crianças de falar sobre, 384; dividir, 379; em conversas reparadoras, 254-5; "irracionais", 165; linguagem favorável ao apego com, 369; nos relacionamentos, 390; reprimir, 45, 89, 354, 391; vivenciar, 362

sentimentos positivos, 372-3, 390

sentimentos ruins, 362-3

Sexo no cativeiro (Perel), 311

Shaver, Phillip, 51

significado, 226-8, 253, 263-4, 272-3;
sintonia parental, 46-7
sistema de comportamento de apego, 50, 59-60, 123, 129, 132
sistema nervoso: com apego desorganizado, 97, 100; conexão física e, 63-4; desconforto com mudança no, 333; necessidades de apego e, 16, 52, 56
sobrecarga, sensação de, 310, 341-2, 386
solidão, 284, 340-1
solução, problemas sem, 239
subir o sarrafo, 400
sucesso: definição, 318, 373; infância focada no, 384

temperamento, 48-9
tempo passado juntos, 340-1
tentar mudar a outra, 116, 180-1; trabalhar no relacionamento para mudar a outra, 323-31; *ver também* pessoa com apego ansioso; pessoa com apego evitativo
teoria do apego, 42-52; clima emocional na infância e, 43-9; história do, 50-2; intenções de apego e ótica do apego na, 184-7; na TFE, 19-20; quatro Cs do apego, 60-5; relacionamentos e, 15-20
TEPT (transtorno do estresse pós-traumático), 290
TEPT-C (transtorno de estresse pós-traumático complexo), 289
terapia de casal, 19-21, 322, 328-30, 336; *ver também* Terapia Focada nas Emoções (TFE)
Terapia Focada nas Emoções (TFE), 19-20, 51-2, 154, 322
terapia: aversão/resistência a, 90-2, 363-5; reparação de ruptura em,

245-50; trauma não resolvido como gatilho na, 291
testando comportamentos, 84, 398
TFE *ver* Terapia Focada nas Emoções
Thomas, Alexander, 48
tolerância, 213-4
trabalho no relacionamento: autocuidado como, 112; buscar ajuda profissional para, 321-2; buscar crescimento pessoal e, 332-5; como ciclo negativo, 323-331; conflito após, 317-8; crescimento pessoal com, 39, 116, 318-21; definir sucesso pelo, 318-9; iniciar conversas sobre, 363-5; manter tudo como está após, 331-2; pela pessoa com apego ansioso, 80-1; pela pessoa com apego evitativo, 90-2; seguir em frente após tentativas fracassadas de, 322-3, 331-6; separar-se após, 335-6
traição, 263-5, 267-8, 277
transtorno bipolar, 288
transtorno de ansiedade, 288
transtorno de estresse pós-traumático (TEPT), 290
transtorno de estresse pós-traumático complexo (TEPT-C), 289
transtorno de personalidade borderline, 288
transtorno de personalidade narcisista, 288
transtornos de personalidade, 288
trauma: apego desorganizado e, 68, 98, 100; emocional, 289-90; físico, 290; não resolvido, 288-92, 388; sexual, 312-4; significado do, 263
trauma emocional, 289
trauma físico, 290-1
trauma sexual, 312-4
traumahealing.org, 103, 292

tristeza, 362-3, 390
tudo como está, manter, 331-2

validação emocional, 198; apego ansioso e, 77-8, 84; autovalidação, 164-5, 328, 380; buscar, 354-5; conexão sexual e, 307-8, 310; em ambientes favoráveis ao apego e, 179; em conversas difíceis, 222-4; em conversas reparadoras, 248, 267-8, 272-3; linguagem favorável ao apego para, 368; na família de origem, 43-4; na resolução de problemas, 236-7; necessidade de, 15; no modelo para combater a vergonha, 202-6; para corregulação, 160; raiva e, 205-6, 222-3, 353-4; servir de exemplo para, 327-8; trauma relacionado a falta de, 290-1
valorização, 224, 356
Van der Kolk, Bessel, 292
ver em cor-de-rosa, 335, 391
vergonha, 231; ambientes favoráveis ao apego e, 187-95; apego evitativo e, 89, 383, 385; autovalidação para superar a, 164-5; modelo para combater a vergonha, 195-216; na reparação de rupturas, 247-8, 254; pedir reafirmação para dissipar a,

175-7; sentimentos associados com, 390; sexo e, 307-8, 312; trauma não resolvido e, 288-90
vício, 276, 293-5
vício em sexo, 276, 293
vínculos de apego, 29-30, 57; *ver também* ciclos vinculantes
violência doméstica, 389
virar a mesa, 138-9, 231, 344, 394
vulnerabilidade: apego seguro e, 108; comunicar-se com, 37, 62-3, 143; em ciclos negativos, 153-8; em ciclos vinculantes, 142-3; em conversas reparadoras, 254-5; escolher, 381; linguagem favorável ao apego sobre, 349-50; mostrar, 214-5; na conexão sexual, 299-300, 306-7; no modelo para combater a vergonha, 206-9; respostas reativas e, 124-6; validação da, 204-5

Walker, Pete, 196-7
Watson, Laurie, 316
When Depression Hurts Your Relationship [Quando a depressão prejudica seu relacionamento] (Kolakowski e Malkin), 287

xingamentos, 360-2